경상국립대학교 해외지역연구센터
2022 총서

유라시아 지역의 인문학적 연구 방향

············

경상국립대학교 해외지역연구센터 2022 총서

유라시아 지역의 인문학적 연구 방향

ⓒ 박선아·이정민·정경택·최수경·김정남·김혁·김정필, 2023

1판 1쇄 인쇄__2023년 06월 20일
1판 1쇄 발행__2023년 06월 30일

지은이__박선아·이정민·정경택·최수경·김정남·김혁·김정필
펴낸이__홍정표
펴낸곳__글로벌콘텐츠
　　　　등록__제25100-2008-000024호

공급처__(주)글로벌콘텐츠출판그룹
　　　　대표_홍정표 이사_김미미 편집_임세원 강민욱 백승민 권군오 기획·마케팅_이종훈 홍민지
　　　　주소__서울특별시 강동구 풍성로 87-6
　　　　전화__02) 488-3280 팩스__02) 488-3281
　　　　홈페이지__http://www.gcbook.co.kr
　　　　이메일__edit@gcbook.co.kr

값 22,000원
ISBN 979-11-5852-390-9 93060

경상국립대학교 해외지역연구센터
2022 총서

유라시아 지역의 인문학적 연구 방향

박선아·이정민·정경택·최수경·김정남·김혁·김정필 지음

글로벌콘텐츠

머리말

유럽과 아시아를 아우르는 명칭인 유라시아는 1991년 12월 소련의 해체로 나타난 신생 독립국을 접함으로써 본격적으로 우리의 관심을 끌게 되었다. 1880년대 오스트리아인 학자 쥬스(Eduard Suess, 1831~1914년)가 유라시아라는 고유 명칭을 만들어 사용하면서 널리 퍼지기 시작했는데, 지금은 포스트 소비에트 공간을 의미하는 것으로도 사용하고 있다. 2022년 2월 러시아의 우크라이나 침공으로 시작된 전쟁은 대다수 학자나 일반인들의 예상과는 달리 현재도 계속되고 있다. 이 전쟁은 해당 지역을 넘어서 유라시아 전역, 그리고 더 나아가 전 세계에 커다란 영향을 끼치고 있는데, 이는 전쟁 당사국뿐만 아니라 이를 배후에서 지원하는 미국 외 유라시아 지역 각 민족과 국가의 정보와 정체성을 바로 알아야 한다는 책임감, 그러면서도 순수 인문학적 연구를 계속 진행해야 한다는 의무감을 우리 연구자들에게 안겨 주고 있다.

따라서 이번 총서는 프랑스, 러시아, 중국에서의 문화, 역사, 언어에 관한 연구를 내용으로 담고 있다.

먼저 박선아 교수는 『프랑스 인문과학 총서 〈인류문화기〉 연구』를 통해 이론 중심의 기존 문화 연구를 보완하고 있다. 즉 프랑스에서 1955년 출간을 시작으로 95여 종에 이르는 전집의 성격을 파악하기 위해서, 개개의 작품을 분석하기보다는 양적인 측면에서 전체적인 기획 의도와 지적 배경 그리고 유형별 특징을 살펴보았다. 아날학파와 구전역사의 전통, 인문·사회과학의 영향 아래 탄생 된 총서의 지적 기원을 파악하고, 문화 연구의 차원에서 총서를 어떻게 다룰 수 있을지 장르와 관점, 주제와 공간지표에 따른 유형화와 문학성을 토대로 총서 전체의 성격을 드러내었다. 박선아 교수는 이 연구에서 총서가 학술적, 이론적 기원에도 불구하고 독자들에게 평범하고 소외된 구체적 인간들에 대한 미시적 성찰을 유도하여 이론과 실천의 통합, 중심과 주변의 통일, 유명 저자와 무명 저자의 조화, 장르 간의 혼용으로 방대한 문화적 에큐메니즘에 이르렀다는 점을 밝힘으로써, 실용적이고 적합한 문화 연구로서의 가능성과 변별적 가치에 주목하고 있다.

이정민 교수는 『9세기 카롤루스 왕들의 형제애(fraternitas)에 관한 고찰』에서 고대 프랑스 왕조의 통치 전통을 다루고 있다. '유럽'의 틀을 마련한 카롤루스 마그누스(Carolus Magnus)의 손자들은 프랑크 왕국의 분할상속을 둘러싼 치열한 정쟁(政爭)을 벌였는데, 카롤루스 왕들 간의 갈등은 842년 스트라스부르그 서약(the Oath of Strasbourg)이나 843년 베르됭 조약(the Treaty of Verdun)으로 잘 마무리되었다. 이 과정에서 카롤루스 왕들을 하나로 묶어내는 카롤루스적 통치원리가 등장하는데 바로 이것이 '형제애(fraternitas)'임을 밝히고 있다. 카롤루스 왕실 혈통을 지녔으나 왕국 상속자가 될 수 없었던 카롤루스 마그누스 외손자 니타르두스(Nithardus)는 『역사(Historiae)』 속에서 외사촌들의 왕국 분할상속의 진통 과정을 담아내며 그들에게 '형제애'라는 카롤루스적 통치 이데올로기에 주목한다. 카롤루스 2세의 총신이자 정치적 지지를 포기하지 않았던 니타르두스는 카롤루스 왕들의 불화와 분쟁부터 무력 충돌과 협상까지 끌고 오는 과정에 카롤루스 왕들을 하나로 묶어내는 독특한 개념이자 통치원리였던 '형제애'를 제안하였던 것이다.

정경택 교수는 『우즈베키스탄의 민족-언어 문제』에서 소련의 민족-언어정책의 결과로 지금 우크라이나를 포함한, 유라시아의 포스트 소비에트 공간에서 발생하고 있는 부정적인 현상을 우즈베키스탄 사례를 들어 설명하고 있다. 우즈베키스탄은 다민족 국가로서 지금도 각 소수민족이 자신들의 모어를 사용하지만, 1876년 현재의 우즈베키스탄 지역이 러시아제국에 완전히 병합된 이후 러시아어가 가장 선호되는 언어가 되었고 현재도 도시 지역을 중심으로 널리 사용되고 있다. 그렇지만 독립 이후 러시아인의 본국 이주로 인한 수적 감소, 우즈벡어의 유일한 국어이자 민족 간 의사 소통어 규정, 우즈벡어의 지위 격상, 그리고 우즈벡어의 공공활동에서의 사용 의무화, 그리고 키릴문자의 라틴문자로의 교체 등으로 인해 상대적으로 러시아어의 지위가 하락했음은 분명하다. 우즈베키스탄에서의 이러한 러시아어의 지위 하락, 문자교체 등의 상황은 러시아 정부를 자극할 수 있었지만, 국경이 직접 접하지 않고, 우즈베키스탄 정부의 점진적이고도 유연한 민족-언어정책의 시행, 우즈베키스탄의 국제적 지위의 확고함 등으로 러시아의 부정적인 영향력을 극복할 수 있었다. 이렇게 최근까지 우즈베키스탄의 언어 상황을 소수민족의 상황과 관련하여 살펴보고, 특히 우즈벡어-러시아어 이중언어상황이 계속되고 있음을 알 수 있었다. 또한, 2022년 2월 러시아의 우크라이나 침공은 우즈베키스탄을 포함한 중앙아시아 전역에서 러시아의 정치, 경제, 군사적 영향력 외에 러시아가 가진 문화, 정보 그리고 러시아어의 영향력 등, 즉 러시아의 소프트 파워(Soft power)가 급격히 추락할 것을 예측할 수 있다.

최수경 교수는 『'女將'의 추억과 明淸代 廣東의 로컬리티』에서 지방지(地方志)와 지역 문헌을 중심으로 명·청대(明·淸代) 문인들이 과거 광동(廣東)에서 활약했던 여장(女將)을 로컬리티의 지형 속에 수용하는 과정에 초점을 맞추었다. 중원(中原)의 이념과 의례(儀禮)가 비교적 늦게 전파된 광동에는 고대 여성 권력자나 지도자의 기록이 다수 남아 있다. 이 연구에서는 수대(隋代)의 고량(高凉) 세부인(洗夫人)과 원대(元代) 채구낭(蔡九娘)을 주요 연구 대상으로 삼았다. 영남(嶺南)의 성모(聖母)이자 권력자였고 사후에는 지역의 신명(神明)으로 추앙받았던 세부인의 여러 정체성 중 명·청 시기에 가장 유력하게 부각 된 것은 충의로운 신민(臣民)의 이미지였다. 채구낭은 지역의 역사를 국가 체제와 이데올로기 내부로 수용할 필요가 있었던 지역 문인들에 의해 열녀(烈女) 서사의 틀 속에 진입한다. 그러나 이들에 관한 묘사에는 여전히 주류적 여성성(女性性)의 표준에 부합하지 않는 흔적들이 남아 있었고, 이는 중원 문명의 표준에서 이탈한 광동 로컬리티의 표현이라 할 수 있다. 하지만 이것은 토착문화의 직접적 반영을 의미하는 것이 아니라, 서술 주체인 지역 문인들이 토착민들의 풍속과 관행을 인가된 정통성의 지형 위에서 수용하기 위한 타협과 조정의 과정을 말하는 것임을 밝히고 있다.

김정남 교수는 『'逸周書' 난독(難讀) 현상의 원인과 관련 용례 해석 - 淸華簡『皇門』을 중심으로』라는 연구에서 최근 공포된 '청화간'(淸華簡) '황문'(皇門)과 전래본 '일주서'(逸周書) '황문'(皇門)을 비교하여 이러한 난독 현상을 유형별로 분석하였다. 한 무제 이후 유교가 국교로 채택된 후 각종 전적을 정리하는 과정에서 '일주서'는 다른 전적보다 주목받지 못하였고 심지어 위서로 간주되었다. 결과적으로 '일주서'가 본래 갖추고 있었던 갖가지 언어 습관이나 시대적 배경, 사상적 특징에 대해 제대로 분석하지 않고 후대인의 주관적 판단으로 인해 왜곡된 채 전수되었다. 따라서 이와 같은 왜곡을 바로 잡고 정확한 전적의 내용을 파악하기 위한 시도로 '청화간' '황문'과 전래본 '일주서' '황문'을 비교 분석하였다. 분석 결과, 현재의 오류와 왜곡은 고문자 자형에 대한 지식이 부족했고 시대별 통기 습관에 맞지 않는 의도적인 수정으로 인하여 발생한 것으로 추정하고 있는데, 의도적인 수정은 다시 "의미 보충", "누락", "해석에 의한 변형"으로 구분하였다. 이러한 연구 방식은 왕조별로 간행된 판본을 모두 확인할 수 없는 상황 하에서 시도할 수 있는 가장 객관적인 연구 방식으로 볼 수 있다고 설명한다.

김혁 교수는 『交와 爻의 同源 관계에 대한 시론』에서 한자 가운데 交(사귈 교)자가 어떻게 만들어졌는지에 대한 새로운 연구 결과를 서술한 것이다. 기존의 학자들은 '交'자가 사람이 다리를 꼬고 있는 모양을 형상화 한 글자라고 생각하였다. 그러나 갑골문(甲骨文)에 등장하는 '✙' 자가 '交'가 아닌 '黃'자라는 학설이 제기되면서 '交'자는 사람이 다리를 꼬고 있는 모양이라는 기존의 설에 문제가 있다는 것을 알게 되었다. 김혁 교수는 이러한 연구에 입각하여 '交'자가 사실은 '爻'(효)라는 글자에서 분화되어 생성된 것으로 보았다. X 형태를 겹친 ☒이 '爻'자인데, 이것은 추상적인 필획을 서로 교차시켜 음과 양이 '교차하다'는 의미를 나타낸 것이고, 그 의미가 다시 파생되어 사람과 사람 사이의 '교차', 즉 인간들의 사귐을 나타내게 되면서 글자 모양을 변형시켜 '交'자가 만들어졌다는 것이다. 이와 같은 사례는 卿/鄕, 或/國, 間/聞, 命/令, 史/吏/事, 老/考 등에서도 보인다.

김정필 교수는 『한중 '동소(同素)한자어'의 활용과 인지 사유』에서 한자 사용의 혼란을 살펴보고 있다. 한자문화권'에서는 자국의 언어기호 이외에 '漢字'를 공용으로 사용하게 되는데, 최근 '심심한 사과'에서 한자어 '甚深'을 한글 '심심하다'로 잘못 사용한 것과 같은 '동음어'로 인한 오해(誤解)나 곡해(曲解)가 많이 발생한다. 특히 서구 외래어가 유입된 이래, 한국어는 한글과 한자, 그리고 외래어의 유의성으로 인해 어휘의 활용에 많은 혼란을 초래하는 것과 관련하여 김정필 교수는 한국인의 이러한 언어 감각은 오랜 기간 한자어를 사용하는 과정에서 적응에서 나온 외래어와 한국어의 비변별성에서 비롯되었다고 판단하였으며, 한자 본래의 의미보다는 한자어의 파생의미에 집중하는 한국인의 인지 사유에서 비롯된다고 판단하였다. 이에 따라 한중 간 한자어를 구성하는 '동일형태소'의 의미 차이가 어떻게 변화하고 있는지를 연구자 자신의 기존 연구에서 제시했던 다양한 사례, 즉 동형어, 동소역순어, 이형동의어 등의 예시를 그대로 적용하여, '언어 환경과 사유 논리', '시대 전환과 지시 대상', '비유 의미와 사유 방식', 그리고 '문맥과 문체색채'의 대비를 통해, 한중 한자 의미의 이질화 배경을 살펴보고 있다.

이렇게 2022 해외지역연구센터 총서는 프랑스, 러시아, 중국을 아우르는 유라시아 지역에서의 문화, 역사, 언어의 연구 내용을 담고 있다. 총서에 흔쾌히 논문을 게재하여 주신 연구자들께 감사의 말씀을 드리고 꼼꼼하게 편집하고 깔끔한 총서를 완성시켜 준 글로벌콘텐츠출판그룹에도 고맙다는 인사를 드린다.

앞으로도 경상국립대학교 국제지역연구원 해외지역연구센터는 시의성이 있으면서도 학술성을 가미한, 연구자 및 일반 대중도 모두 관심을 가질 수 있는 주제로 총서를 발행할 것이다.

경상국립대학교 국제지역연구원 해외지역연구센터 정경택

차례

경상국립대학교
해외지역연구센터
2022 총서

프랑스 인문과학 총서 〈인류문화기〉 연구[*]

박선아(경상국립대학교 불어불문학과 부교수)

프랑스 플롱(Plon) 출판사에서 시리즈로 구성한 〈인류문화기(記) *Terre Humaine*〉는 지리, 민족, 계층, 시간의 경계를 뛰어넘어 특수한 개인의 삶과 미지의 문화 그리고 개인이나 집단이 겪은 문화변용 현상을 이야기 방식으로 직접 서술한 원(原)사료 차원의 인문과학 총서이다. 총서의 원제목은 〈인간의 대지, 문명과 사회. 증언 및 연구 총서 *Terre Humaine. Civilisations et sociétés. Collection d'études et de*

---

* 출처 : 「프랑스 인문과학 총서〈인류문화기(記)〉의 지적계보와 미학적 형식 탐구」, 『프랑스어문교육』 제47집, 한국프랑스어문교육학회, 2014. 11. 30. pp. 245-269. 이 논문은 2012년 정부(교육부)의 재원으로 한국연구재단의 지원을 받아 수행된 연구임(NRF-2012S1A5A2A01018259) / 본 저서에서는 이 논문의 일부 내용을 소개하고자 함.

témoignages〉이다. 보다 간략히 〈인간의 대지 총서 *La Colletion Terre Humaine*〉라고 불린다. 하지만 필자는 총서의 성격을 보다 분명히 드러내기 위해 〈인류문화기〉로 바꾸어 번역하였다. 만약 〈인간의 대지〉라고 우리말 직역을 하는 경우, 마치 박물학지나 쎙 텍쥐페리의 소설 제목을 연상시킬 수 있고, 95종이 넘는 작품들마다 인류의 다양한 삶을 스펙트럼처럼 펼쳐 보이는 총서의 실재를 축소시킨다고 보았기 때문이다.

1950년대부터 시작된 〈인류문화기〉의 작품들은 저마다의 고유한 가치가 있지만, 여기서는 총체적 관점에서 총서의 특징들을 살펴보고자 한다. 우선 총서의 역사와 기획 의도를 소개하고, 둘째 총서의 지적 기원을 밝히며, 마지막으로 문화연구 차원에서 총서를 어떻게 다룰 수 있을지 유형화 방법을 제시할 것이다.

Ⅰ. 〈인류문화기〉의 역사와 기획 의도

〈인류문화기〉는 본래 1954년 기획되어 1955년부터 출간을 시작한 플롱 출판사의 3대 총서 중 하나이다. 이 총서의 기획자 장 말로리는 '극지방연구센터(CEAr, Le Centre d"études arctiques)'를 설립하였고, 1955년 총서 창간 작품으로 『튈레의 마지막 왕들 *Derniers Rois de Thulé*』이라는 에스키모인들과 나눈 자신의 경험담을 내놓았다. 역사지

리학자로서 그는 흑인, 백인, 황인, 명망이 높은 사람들, 행동파, 소외된 사람들로 이루어진 다양한 문화와 민중들의 세계를 인간 조건의 동질성 차원에서 균형적으로 펼쳐 보이고자 하였고, 한 대담에서 다음과 같이 밝히고 있다.

> 지성인들과 보잘것 없는 하층민들을 대립시키는 이런 계층 간의 갈등을 없애고 싶었다. 나는 죄수들에게, 텍사스의 가장 혹독한 감옥에서 집행을 기다리던 사형수들에게조차 그렇게 약속한 적이 있었다.

이처럼 말로리는 자기 목소리를 내지 못하는 사람, 특히 문자의 역사에서 잊힌 사람들, 인생의 난파자들에게 새로운 의미를 부여하고자 했다. 그것은 과학적 틀의 유효성을 들어, 이들의 삶과 문화를 함부로 재단하거나 간과하는 학계 풍토에 대한 회의 때문이었다. 실제로 〈인류문화기〉가 창간되었을 때, "범주를 분류할 수도 없고 비순응주의적인 이 총서에 대해 학계는 차갑게 반응했다."[1] 그러나 지성은 머리만이 아니라 심장에도 있으며, 말로리는 심장의 지성을 통해 호소하는 방법을 택하고 있다. 이러한 의중을 가지고 총서는 틀에 박힌 '거짓된 과학'과 맞서고 있는 것이다.

---

1) Guilia Bogliolo Bruna, *Jean Malaurie, une énergie créatrice*, Armand Colin, 2012, p. 188.

과학적 엄밀함과 감성적 이해의 배제라는 미명 아래 대학의 원칙은 분명 단순화시키고 거세콤플렉스를 일으키기 때문이다. 반면 통합적 사고 안의 감성적인 부분은 내적 삶에서 전제되는 것을 지니고 있어, '보다' 과학적인 것 같다. 그것이 마치 지적 결함인양 철저하게 제거되어서도, 창조적 연구의 장애로 간주되어서도 안 될 것이다.

말로리에게 '앎'이라는 것은 객관적이고 중립적인 개념들을 나열하는 것이 아니라 체험을 통해 경험하는 것이다. 따라서 〈인류문화기〉는 정태적인 학문을 벗어나 행동하고 체험하는 인간들의 능동적인 문화를 전하고자 탄생했다. 이는 교양과 학식이 있는 사람들만이 사고할 줄 아는 것이 아니라, 문맹자들도 그만큼, 때로는 그보다 더한 인간애를 품고 창의적으로 사고할 줄 안다는 점을 보여주려는 것이다. 그것은 또한 감수성을 내포하는 경험의 사유물이 지적 결함이 아니라 '보다 학문적'이라는 점을 입증하는 것이기도 하였다. 따라서 총서 기획자는 인본중심적인 참여의 학문을 지향하며, 이를 통해 시민들을 각성시켜 결국 그들의 자율적 행동을 이끌어 내고자 하였다.

현재 95종이 넘는 실(實)문화 이야기로 이루어진 총서의 역사는 크게 두 시기[2]로 나누어 볼 수 있다.

---

[2] http://www.fabula.org/atelier.php?La_collection_Terre_humaine%3A_dans_et_hors_de_la_litt%26eacute%3Brature

첫째, 1955년부터 1975년까지의 작품들로, 문인이나 인류학자 등 지식인의 자서전과 학술적 여행기가 중심을 이루고 있으며 먼 곳의 이국적 문화를 소개한다. 작품명만 언급하면, 『튈레의 마지막 왕들 *Derniers Rois de Thulé*』, 『슬픈 열대 *Tristes Tropiques*』, 『태고(太古) *Les immémoriaux*』, 『오세아니아의 풍습과 성 *Moeurs et sexualité en Océanie*』, 『모호한 아프리카 *Afrique ambiguë*』, 『이국적인 일상 *l'Exotique est quotidien*』, 『네 개의 태양 *Les Quatre Soleils*』 등이 있다.

둘째, 1975년부터 현재까지의 경향으로, 역사 속 소수자, 외지의 무명의 소수자가 직접 이야기하는 자서전이나 증언록이 중심을 이루고 있다. 특히 이들의 목소리는 당대의 진보된 문화 속에 가려져 있던 것이어서, 우월의식에 빠져있던 자민족의 그늘진 이면을 스스로 드러나게 해주는 역할을 하고 있다. 작품으로는 『자존심 센 말 *Cheval d'orgueil*』, 『그리스의 여름 *L'Été grec*』, 『열쇠공 가스통 뤼카스 *Gaston Lucas, serrurier*』, 『투아누 *Toinou*』 등이 있다.

그런데 이처럼 방대하고 지속적인 총서의 출간을 장 말로리와 출판사의 기획력으로만 설명할 수는 없을 것이다. 총서는 엄격하고 때로 경직되어 보이는 대학의 학문에 저항하여, 감성적인 차원에서 인간의 삶과 문화현상을 연구하려는 목적에서 창간되었다. 하지만 역설적이게도 그것은 서구의 학문적 경향 안에서 태어난 것이다. 따라서 총서에 담긴 서구 지성의 지속적 흐름과 문화적 반영에 관해 알아보고자 한다.

II. 총서의 지적 기원

총서는 특히 인간과 문화에 관한 인식의 변화를 가져온 20세기 중반 이후의 학문적 경향과 밀접하다. 이제부터 〈인류문화기〉에 관한 피에르 오레강의 연구3)를 토대로, 그 지적, 문화적 기원을 밝혀 보고자 한다.

1. 구술사(Histoire orale)의 전통

총서의 다수 작품 속에는 프랑스 구술사의 전통이 녹아있다. 총서의 원제목인 〈인간의 대지, 문명과 사회. 증언 및 연구 총서〉에서 드러나듯이, '증언(témoignages)'은 구술사와 연관이 깊다. 또한 총서는 미국의 시카고 학파와 더불어 민중들의 원전과 구술문화에 관심을 가졌던 미국 사회학과 민족지학의 영향에서도 멀지 않다. 이를테면 〈인류문화기〉의 세 번째 작품인 『태양 호피 *Soleil Hopi*』는 미국인 사회학자가 한 인디언의 구술을 모아 자서전 이야기로 만든 것이다. 1948년 콜롬비아 대학에 세워진 '구술사 센터'를 시작으로, 구술을 통한 증언은 비디오의 출현으로 더욱 탄력을 받아 유럽으로 옮겨간다. 즉 70년대 영국에서는 '구술사협회(Oral History Society)'가 세워지고, 프랑스에서는 1964년 역사학자 피에르 노라(Pierre Nora)에 의해 '고문서(Archives)'라는 구술

---

3) Pierre Auregan, *Terre Humaine*, Pocket, 2004, pp. 9-47.

이나 서술 증언에 토대를 둔 새로운 역사가 보급된다.

이러한 구술사에 영향을 받은 작품들이 총서 안에는 적잖게 등장한다. 글을 쓸 수 없는 주인공이 자기의 삶을 직접 이야기한 사료를 토대로 재구성된 자서전 또는 전기적 장르의 구술사인 것이다. 일례로, 『열쇠공 가스통 뤼카스』는 어느 열쇠공이 자기의 삶을 구술한 내용을 토대로 여성작가 아델라이드 블라스케즈(Adélaïd Blasquez)가 재구성한 작품이다. 여기서 더 나아가 프랑스의 자서전 이론가 필립 르죈(Philippe Lejeune)은 『나 또한 *Moi aussi*』이라는 저서에서, 바로 이 『열쇠공 가스통 뤼카스』를 다루며 구술된 개인사의 탄생 과정에 관심을 두었다.[4] 그것은 전사되거나 녹음된 개인의 인류학적 사료들을 어떻게 문학적으로 재구성했는지에 관한 인류학, 문학, 역사 장르의 통합 과정에 관한 탐문이었다. 이처럼 20세기 구술사의 영향을 받은 총서의 작품들은 혼성 장르의 자연스러운 융합을 보여주는 학제 간 문화연구의 가능성을 열어두고 있다.

2. 아날학파(Ecole des Annales)의 정신

본래 연보를 뜻하는 아날(Annales)은 프랑스 현대 역사학에서 현재

---

4) Philippe Lejeune, *Moi aussi*, Seuil, 1986, pp. 273-291.

까지도 간행되고 있는 잡지의 이름이기도 하고, 또한 그 잡지를 중심으로 활동하는 프랑스 역사가들의 역사인식과 접근방법의 통칭이기도 하다. 1929년 뤼시엥 페브르와 마르크 블로크에 의해 설립되어 처음에는 역사의 절대적인 객관성을 추구하는 사건사나 정치사 대신에 인간 활동에 대한 전체사, 사회사적 연구를 시작했으나, 점차 인간집단의 정신적 구조에 관심을 두면서 집단심성(Mentalité) 역사에 다시 주목하여 심리사학, 인류문화사적인 요소들을 수용하는 사회문화사적 연구방향으로 선회한다. 일명 '신문화사'는 20세기 중반 이후 실증주의적 역사관에 맞서서 아날학파가 주장해온 문화사 운동이다.

총서의 기획자이자 편집장인 장 말로리는 1957년 대학이 아닌 바로 이 아날학파의 본거지인 사회과학고등연구원(Ecoles des hautes études en sciences sociales)에서 사유와 연구를 위한 자유공간을 찾았다고 회고한다. 그는 아날학파를 따라서 인문과학의 학제 간 접근법을 배우고, 규범을 벗어나 지형학과 인류학, 문학적 글쓰기를 접목하는 연구 방법을 시도했다고 밝히고 있다. 총서 전반에 나타나는 이종혼성 장르의 조화로운 공존은 말로리가 체험한 아날학파식의 자유공간을 표현한 것으로 보인다.

궁극적으로 아날학파의 역사가들은 점차 문화라는 개념을 정치, 경제, 사회, 문화로 구분되는 사회구조의 부수적인 영역이 아니라, 인간들의 끊임없는 주체적인 활동과 그들 간의 무수한 관계에서 빚어진 결과물로서 바라본다. 인간의 역사를 추구하기 위해 끊임없이 역사 인식과 방법론을 변화시킨 아날학파의 영향 아래, 총서는 문화에 대한 아날학파의 정신을 은연중 아로새기고 있다. 일례로 총서는 집단적, 단수적, 추상적 인간이 아닌 복수적, 구체적 개인들을 주요 대상으로 바라본다. 유명인들만이 아닌 무명인들의 평범한 삶에 관심을 갖고, 이들이 스스로 저자가 되어 직접 말하도록 장치하고 있는 것이다.

또한 앞서 언급한 것처럼 총서의 원제목을 직역하면 '인간의 대지'인데, 이는 말로리가 2차 대전 직후 미국과 소련의 냉전기를 거치며 인류의 문화가 보호받을 수 있는 은신처로서의 대지가 필요하다는 점을 절감하고 있었기 때문이다. 따라서 인간의 대지가 시장경제와 산업사회 안에서 교환 가능한 자본 공간으로 축소되어, 점차 오염, 파괴, 획일화되어가는 것을 우려하고 붙인 제목이라고 하겠다. 이는 대지라는 공간의 역사에 관심을 가지며, 땅과 함께 하는 인간들의 삶과 문화를 재구성하여 전체사에 이르러야 한다는 아날학파의 역사관과 맞물려 있다.

3. 인문·사회과학의 영향

총서는 바슐라르, 푸코 등의 철학적 저작뿐 아니라 인류학자 말리노브스키나 사회학자 뒤르켐의 연구에서도 영향을 받았다. 이 점은 총서 관련 다양한 인터뷰 자료나 연구서에서 언급되고 있다. 특히 총서에 끼친 푸코의 영향이라면, 그 다양한 테마에 있다. 푸코가 다룬 수감자, 빈민, 노숙자, 소외 여성 등 다양한 유형의 인간들을 총서에서도 다루고 있으며, 종교, 학교, 의학, 사법과 관련하여 감추어진 고문서(그림, 사진 등의 이미지, 구술 증언 같은 다양한 원사료 텍스트)들을 활용하고 있다는 점에서도 유사하다. 광기, 감옥, 성(性)과 같은 푸코의 혁신적 테마를 총서에서도 쉽게 찾아볼 수 있는데, 죄수들의 이야기 『무기수들 Les Perpétuités』, 사형수를 다룬 『죽음의 거리 Le Quartier de la mort』, 장애인들의 이야기 『필사적으로 살기 Vivre à corps perdu』, 소외된 노숙자들의 이야기 『난파자들 Les naufragés』 등이 바로 그 예이다.

총서는 사실들에 의존하는 사회과학에서만 영향을 받은 것이 아니다. 말로리는 발자크, 졸라, 플로베르, 지오노 등 사실주의 문학과 자연주의 문학에서 미학적 요소를 차용한다. 이를 통해 사실에 근간하되, 가공하지 않은 시원적 문학성을 되살려 독자들에게 인간적 공감을 이끌어내는 것이다.

물론 말로리에게 문학의 영향은 긍정적이지만은 않다. 그가 총서의 이야기 형식을 사실주의 문학의 대가들에게서 찾은 것은 20세기 중반 이후 실험적 문학에 대한 거부감 때문이기도 하다. 인간도 사물로 취급하여 사물 중심의 글쓰기를 시도한 누보로망(Nouveau Roman)에 대한 거부감과 철저한 제3의 관찰자로서 타자와 타문화를 인식한 당대 식민문학과 이국취향 문학에 대한 비판이 작용했기 때문이다. 그러나 외부

자 시점으로 사물의 객관성을 유지하고 완성하려는 누보로망의 소위 '비인간화된 문체'는 말로리로 하여금 그 반대편에 서서 인간과 인간, 인간과 사물의 소통을 옹호하도록 자극했다.

한편 총서는 서구 학문적 지성의 영향 이외에도, 프랑스 민중문화의 전통을 잇는 수많은 문화 원전들의 집약이라고도 볼 수 있다. 특히 18세기 후반부터 인생 이야기(récit de vie)의 유행을 가져온 민중문학, 농민문학과 사회투쟁의 역사와 밀접한 프롤레탈리아 문학의 전통이 바로 이 총서 안에 살아있다. 잊힌 민중문학을 포함한 다수의 문학작품과 프랑스 사회의 의식변화에 영향을 미친 대표적 사회학적, 민족지학적 저서들이 총서의 지적 기원이 되고 있다.

III. 총서의 유형화

총서의 방대한 규모로 볼 때, 작품 하나하나 내용면에서 접근하는 것은 무리가 따른다. 하지만 총서의 작품들을 유형화할 때 그 고유한 특성이 잘 드러난다. 유형화 작업을 통해, 총서가 단편적이고 비체계적인 컬렉션이 아니라 탄탄한 유기적 구조와 다양한 의미망을 갖추고 있음을 알 수 있기 때문이다.

우선 총서는 장르와 시점이라는 표현방식에 따른 유형으로 나누어 볼 수 있다. 총서를 장르별로 나누어 보면, 문학 장르인 소설, 에세이, 자서전, 민족지학적 문학에서부터 인류학적 전기, 역사, 여행기, 사회학적 탐구조사 등 사실 텍스트에 이르기까지 다양한 이종혼성(hybridité)의 장르들을 포함하고 있다. 이를 몇 가지 장르군(群)으로 정리해 보면, 자서전과 전기, 대담집, 회고록 등을 포함하는 증언 텍스트가 30종, 인류학(민족지학)과 사회학적 텍스트가 24종, 에세이 10종, 소설 4종으로 분류해 볼 수 있다.5) 인간의 진실을 꾸밈없이 표현하고 전달할 수 있다면 어떤 장르에도 구속될 필요가 없음을 알리려는 총서의 기획의도 안에서 이러한 다(多)장르의 서술이 쓰였다고 볼 수 있다.

한편 시점에 따라 구분하면, 글이나 구술로 고백하는 1인칭 주인공-화자 시점, 제3자의 실자료를 전기적 입장에서 기술하는 3인칭 관찰자 시점, 타인의 생을 가까이서 목격한 증인이 서술하는 1인칭 화자 시점이 있다.6) 사실 총서는 대부분 1인칭 시점으로 이루어진 다양한 발화 양태를 선보이고 있다. 일반적으로 증인으로서의 1인칭 화자는 인류학자, 민족지학자, 사회학자의 실증적 자세를 띠고 있으며, 저자이자 사건을 이야기하는 작중인물로서의 1인칭 화자는 자신의 경험을 중심으로 자서전 형식의 이야기를 구성해 나간다. 그런데 총서의 저자들은 한 집단문

---

5) Pierre Auregan, *op. cit.*, pp. 60-61.

6) *Ibid.*, pp. 66-68.

화에 뿌리 내린 단일한 구성요소로서 타문화와 단순히 접촉하는 것이 아니다. 이들은 이미 다문화를 지닌 개인으로서 또 다른 다문화를 지닌 개인을 만나, 보다 역동적이고 복합적으로 간문화적 접촉을 이루는 기록자임을 포착할 수 있다.

둘째, 주제에 따라 연작(cycle)내지 한 짝(diptyque)의 구성으로 분류할 수 있다. 이는 총서를 시리즈별로 묶어 주제를 심화시키려는 총서의 기획 의도를 반영하고 있다. 즉, 북극 시리즈(⟨*Derniers Rois de Thulé / Ultima Thulé / Hummocks* (1. 2)⟩) , 열대 시리즈(⟨*Tristes Tropiques / Afrique ambiguë / L'Exotique est quotidien*⟩), 직업군 시리즈(⟨*Cheval d'orgueil / Toinou / Gaston Lucas, serrurier / Mineur de fond / La Maison Yamazaki /Louons maintenant les grands hommes*⟩), 감금·형벌 시리즈(⟨*Perpétuités / Leurs prisons / Le Quartier de la mort / Les naufragés*⟩), 장애자 시리즈(⟨*Vivre à corps perdu / Moi, Armand, né sourd et muet*⟩), 피식민자 시리즈 (⟨*Soleil Hopi / Les immémoriaux*⟩)등 총서의 몇몇 작품들을 유사 주제로 묶어 유형화시킬 수 있다.

세 번째, 공간좌표와 문화의 위치에 따른 유형으로 나눌 수 있다.[7] 총

---

7) 베르너 파울슈티히『근대 초기 매체의 역사-매체로 본 지배와 반란의 사회 문화사(1998)』(황대현 옮김, 지식의 풍경, 2007)를 참조하여 필자가 유형화한 것임.

서에서 드러나는 공간들은 자연, 농촌, 도시, 열대 밀림, 감옥, 거리, 극지방 등이다. 이 공간들은 경계를 넘나들며 타문화와 접촉하고 소통하거나 저항한다. 총서의 작품들은 내부와 외부, 주변과 중심이라는 공간의 인위적 좌표설정을 통해 공간상 문화의 움직임과 위치를 파악하여 유형화할 수 있다. 즉 1) 내부에서 내부로의 유입, 2) 내부에서 외부로의 유입, 3) 외부에서 내부로의 유입, 4) 내부와 외부의 상호교차 유입, 5) 내외부가 없는 추상적 유입으로 나누어, 차별과 배제에 의한 주변과 중심이라는 경계선이 형성되는 현상과 그 이종혼성 문화를 그려낸 작품들을 유형화할 수 있다. 예를 들면, 프랑스 브르타뉴 지방의 한 농민의 구술을 그대로 옮겨 적은 피에르 자케 엘리아스(Pierre-Jakez Hélias)의 자서전 『자존심 센 말』과 남프랑스의 가난한 소작인의 아들로 태어나 입신양명한 독학자 앙투완 실베르가 자신의 성장기를 담은 자서전 『투아누』(1980)를 통해 이해해 볼 수 있다. 두 작품 모두 '내부에서 내부로의 유입'에 해당하며, 저자들은 한 나라 안에서 차별과 배제의 경계선상에 위치했던 인물들이다. 엘리아스는 프랑스 내 소수자로서 가난한 소작인이었지만 영예와 자부심을 잃지 않았던 브르타뉴 농민의 확고한 삶을 통해 주변문화에서 중심문화로 당당히 이입했던 실재를, 아니 어쩌면 중심과 주변이 존재하지 않았던 농민 문화의 실재를 포착할 수 있다. 또한 실베르는 '벨 에포크'라는 부귀와 영광을 누리던 시대에 철저히 소외되어 비참했던 삶을 부끄러움이 아닌 당당한 필체로 그려내고 있다. 당대의 부와 문명을 자랑스럽게 여기고 여전히 그 시대를 동경하는 프랑스인들에게 경계선상에 서 있던 한 어린아이의 외침을 통해 문명과 야만을 가르며 내부에서 외부로, 해외 식민지 개척에 혈안이 되어있던 유럽 민족주의의 그늘을 내부로부터 알리고있는 것이다. 이처럼 엘리아스와 실베르의 작품들은 농촌이라는 공간좌표와 주변 문화의 유입과 접촉을 통해 수세기동안 변치 않았던 농민에 대한 문화적 경시나 경멸을 폭로하고, 이에 대한 저항과 도전 그리고 비판적 성찰의 기회를 제공했다는 점에서 의미가 있다. 나아가 농촌뿐 아니라 자연, 열대 밀림, 남극, 감옥, 게토(Ghetto) 등 반문명 혹은 주변 문화로 폄하되어 온 공간과 그 문화에 대한 재해석을 통해, 중심과 주변이라는 이원적 좌표의 허상과 타자관의 수정이라는 총서의 의도를 발견할 수 있다.

마지막으로는 문화접촉과 시간성에 따른 유형[8]이다. 사건이 장시간에 걸쳐 규칙적, 반복적으로 이루어졌는지, 아니면 짧은 시간에 일회적으로 또는 간헐적으로 불규칙하거나 급격한 방식으로 이루어졌는지에 따라 문화의 진폭은 달라진다. 브로델의 정의와 관련하여 문화에 파동을 가져오는 접촉이라는 구체적 사건들을 떠올려 보면, 흔히 전쟁, 식민통치, 범죄, 사고, 침입, 무역, 여행, 정치적 사건, 연대운동과 같은 사건들

---

8) 프랑스 아날학파에 속한 지리역사학자 브로델(Braudel)의 장기지속시간에 대한 이론을 변용하여 필자가 총서를 유형화하여 일부 작품에 분석 적용함. Fernand Braudel, *La Méditerranée et le monde méditerranéen à l'époque de Philippe II*, Paris, Armand Colin, 1949.

을 들 수 있다. 일반적으로 문화연구는 이런 사건들에 의한 중심문화와 주변 문화의 접촉과 영향을 다루어왔다. 하지만 '사건'을 정의하는 브로델의 시각을 고려하면, 문화접촉이라는 사건은 우연성일 뿐 문화를 움직이는 진정한 동력은 되지 못한다. 선행 문화연구들이 사건으로 인한 문화의 파동, 혼종성, 일방적 동화 등을 강조해 왔다면, 기존 문화연구의 문제점을 인지하고 출발한 총서는 반복과 규칙성을 갖춘 장기적인 시간대를 고려한 사건, 즉 장기 지속적으로 파악된 사건에 초점을 맞추어 정신 현상까지 아우르는 모든 층위에서 움직이는 문화현상에도 관심을 둔다. 따라서 총서에 나타나는 증인 당사자 개인들의 생애 체험과 의식의 기록은 시간성과 문화접촉의 상관관계에 따라 '단기접촉'에 의한 문화유형과 '장기접촉'에 의한 문화유형으로 나눌 수 있다. 다만 이 유형들은 작품의 내용 파악이 선행되어야 실제 적용이 가능하다.

우선 단기 접촉에 의한 문화유형은 두 가지 양상을 띤다. 하나는 거의 움직이지 않는 구조를 지니고 단기적인 국면의 변동이 있으며 표면적으로 단기 접촉한 경우에 해당하며, 주로 문화 간 일시적 접촉에 의해 이루어지고 문화변동의 진폭이 짧은 문화유형에 속한다. 또 다른 하나는 거의 움직이지 않는 구조를 지니고 장기적인 국면의 변동이 있으며 표면적으로 단기 접촉한 경우에 해당한다. 이는 문화 간의 일시적 접촉에 비해서 문화변동의 진폭이 길었던 문화유형에 속한다. 짧은 시간의 접촉이 깊은 인상과 영향을 남겨 완만한 리듬으로 오랜 시간 규칙적으로 변화해온 경우이다. 따라서 이 경우 주목할 점은 단기접촉이라 하더라도 장기 지속적 구조 안에서 이해되어야 한다는 점이다.

두 번째, 장기접촉에 의한 문화유형 역시 두 가지 양상을 띤다. 그 하나는 거의 움직이지 않는 구조를 지니고 단기적인 국면의 변동이 있으며 표면적으로 장기 접촉한 경우에 해당한다. 경계와 경계 사이를 넘어 이주, 전쟁 등 문화 간 접촉 시간이 길었음에도 불구하고 문화변동의 진폭이 비교적 짧았던 문화유형에 속한다. 또 다른 하나는 거의 움직이지 않는 구조를 지니고 장기적인 국면의 변동이 있으며 표면적으로 장기 접촉한 경우에 해당한다. 경계와 경계 사이를 넘어 이주, 전쟁, 망명 등의 장기적 접촉이 이루어진 경우로 문화 간 접촉 시간이 길고, 문화변동의 진폭도 길었던 문화유형에 속한다.

이들 유형은 총서에 담긴 복합적인 삶의 형식과 문화현상들을 한층 더 효과적으로 나눌 수 있는 유용한 방법론이 될 수 있다. 이를테면, 총서에서 첫 번째 출간된 『튈레의 마지막 왕들』은 총서의 기획자이자 저자인 말로리가 에스키모인과 장기간 생활하면서 목격한 그들의 운명과 사적으로 나눈 문화 체험을 개인의 관점과 지리인류학자의 관점에서 기록한 책이다. 현지 지도를 작성하기 위해 에스키모인과 두달 간의 탐험에 나선 말로리는 우연히 302명의 에스키모인이 사는 지역 중앙에 미국 에어포스 핵 기지가 비밀리에 들어선 것을 발견하고 이들과 함께 항거하기 위해 동고동락했던 극지방 사람들의 이야기를 쓰게 된다. 거의 움직이지 않는 구조를 지닌 에스키모 사회의 성격뿐 아니라 핵 기지를 무단 설립하기 위해 들어온 외부 침입자와의 단기 접촉을 계기로 강한 저항에 나선 에스키모인의 연대(solidarité)의 서사를 통해, 문화 간의 일시적 접촉에 비해서 문화변동의 진폭이 길었던 문화유형을 찾아볼 수 있다. 또한 에스키모인과 장기간 지속적으로 접촉하면서 인간 본성에 대한 깨달음과 문화적 연대를 이루어가는 작가 자신의 개인적 진화과정을 보여주기에, 장기접촉에 의한 문화유형이 피관찰자인 여느 집단뿐만 아니라 관찰자 개인에게 미치는 영향 관계까지도 분석할 수 있다.

지금까지의 유형화 작업을 통해, 총서가 인류학과 문학 사이를 교차하며 간문화적 접촉과 소통의 사례를 제시하고, 관찰자와 피관찰자 사이에 흔히 나타나는 문화적 위계를 벗어나 다양하고 균형적인 시점들을 드러내려고 노력한 점을 알 수 있다. 아울러 중심과 주변이 사라진 문화의 역동성을 강조하여 주류와 비주류라는 통념적인 문화의 위치에 대한 재고와 성찰을 이끌어내고자 하는 의도를 파악할 수 있다.

IV. 총서의 문학성

〈인류문화기〉는 평범하거나 소외된 사람들의 사실적이고 직접적인 이야기들이 모인 1차 사료에 해당한다. 특히 지식인들의 언어와 결별된

언어를 통해 인간적인 공감대를 이끌어낸다. 증언 중심의 사실 텍스트가 독자의 공감을 이끌어내는 이유는 단순히 이야기의 내용에만 국한되지 않는다. 앞선 유형화 연구에서 보았듯이, 총서는 잘 짜인 구성과 잠재된 의미들의 도출을 염두에 두고 총체적 시각에서 기획되었으며, 이와 마찬가지로 작품마다 대중의 감수성에 호소할 수 있는 문학성을 고심해왔기 때문이다. 물론 그것은 '증언'하고 '묘사'하고 '설명'하려는 총서의 일관된 사실적 서사 방식 안에서 이루어진다.

사실 〈인류문화기〉는 특수하고 구체적인 삶의 일화들이 많이 담겨 있고, 특히 구술이나 사료를 통한 증언의 성격이 강하여 인류학 총서로 인식되는 측면이 있다. 하지만 인류학에서 흔히 나타나는 구조주의나 마르크스주의의 실증적, 과학적 글쓰기는 아니다. 다양한 느낌과 인상들, 체험에서 오는 상처와 흔적, 내면에서 일어나는 인성의 표현들 때문에 오히려 사실 문학(littérature réel)에 가깝다.

이를테면 총서 안에는 기획자 말로리의 요청에 따라 무명인들이 쓴 텍스트도 있고 유명 작가들이 쓴 텍스트도 있다. 『슬픈 열대』를 쓴 레비스트로스, 『태고(太古)』를 쓴 빅토르 세갈렌, 에밀 졸라를 비롯하여 라뮈, 발랑디에, 뒤비노, 라카리예르, 뤼카스, 리펠리노 등 매우 유명한 작가들뿐 아니라, 익명의 노동자, 농민, 광부, 어느 가문의 후손, 때로 구술로 참여할 수밖에 없는 문맹자들이 참여하고 있는 것이다. 이들을 동일한 레벨에 놓고 출간하는 〈인류문화기〉에는 서로 다른 글쓰기 장르들이 혼용되어 있는데, 이러한 여러 장르의 존재 양상은 인간의 문화를 하나의 특정 구조 속에 끼워 맞추어 이해하지도 않고, 타문화 속의 피토레스크나 이국주의적 매력에 맹목적으로 빠지거나 관찰자의 편협한 시선에 위축되지도 않는 균형적이면서 감성에 호소하는 인문 담론을 만들어낸다.

우선 『타지인(他地人) Le Horsain』이란 증언 중심의 텍스트는 미리 계산된 문학적 구성을 거쳐 소설처럼 읽힌다. 이와 반대로, 『태고(太古)』와 같이 소설로 분류되는 작품들은 전통적인 민족지학과 증언록의 서술형식을 오가며 장르의 위치를 변화시키므로 독자로 하여금 문학의 확장 효과를 이끌어낸다. 이는 인간 문화의 진정한 이해를 바탕에 두고 인류학을 교차하여 본연의 문학 장르보다 더 넓은 문학 공간 안에서 글쓰기를 지향하고 있기 때문이다.

이와 더불어 에밀 졸라의 미발간 노트인 『취재 수첩』(1986) 안에는, 제2제정기에 유전적으로 다른 두 가족이 결합하여 겪는 파란만장한 운명을 실험적으로 연구한 보고서 형식의 소설들인 『목로주점 L'assommoir』(1877)과 『제르미날 Germinal』(1885)과의 상호텍스트성을 살펴볼 만한 자료들이 들어 있다.

이렇게 차곡차곡 이야기가 쌓여있는 총서는 협의의 문학 장르가 아닌 그 자체로 하나의 거대한 '사실 문학'을 이룬다. 다(多)장르의 공존에도 불구하고, 모든 서술은 사실에 근간한 문학적 글쓰기를 지향하고 있다. 총서는 전문작가이든 아니든, 전통 문학 장르를 뛰어넘는 확장된 문학

장(場)의 글쓰기를 지향하는데, 이는 독자의 공감을 불러일으키는 이야기의 효율적 전달이 무엇보다 중요하기 때문이다.

V. 맺는말

프랑스 총서 〈인류문화기〉는 우리에게는 거의 소개되지 않았지만 국외에서는 다수의 작품들이 번역되었으며, 2005년 총서 50주년을 계기로 프랑스 국립도서관(BNF)에서 주최한 특별전시회와 각종 세미나, 평론, 잡지 등의 성과물이 나와 있을 정도로, 프랑스 사회 속에서 차지하는 문화적 비중은 결코 작지 않다.

지금까지 살펴본 〈인류문화기〉에 관한 역사와 지적 기원, 작품의 유형화 그리고 문학 장의 실제는 이 총서가 집단보다는 개개인이 지닌 다문화적(multiculturel) 양상들에 주목하고, 그 개인들과 집단 간의 개별적인 상호문화소통(échange interculturel)과 연대로 향하는 인간 의식의 확장을 알리고자 기획되었음을 보여준다. 점차 사회적 개인보다는 '경험적 개인'이 중시되는 글로벌 사회 안에서, 후자를 문화접촉과 소통의 주체로 삼고 있는 〈인류문화기〉는 아카데믹하고 사회계급 이론에 치중해온 문화연구를 한번쯤 되돌아보게 만든다.

궁극적으로 〈인류문화기〉에 관한 탐색은 기존 문화연구의 한계를 상쇄하거나 보완할 시의적이고 실천적인 문화연구로서의 가능성을 엿보고자 한 것이다. 이에 대한 몇 가지 이유를 들어 결론을 대신하고자 한다.

첫째, 총서에서는 책과 인생이 하나를 이룬다. 당사자의 증언에 의한 가공하지 않은 원사료가 소개되는 것이 특징이다. 이는 소외와 차별과 억압의 체험을 지닌 당사자가 증언내지 직접 서술한 1차 사료로서, 총서의 저자들은 자신이 체험한 문화적 경험에 대해 자긍심을 잃지 않고 문화접촉에 따른 내적, 외적 변화를 주체적으로 증언하기 때문이다. 사실 문화의 동질성과 또 다른 문화의 동질성이 혼성되는 과정에서 획득되는 개별성을 '차연(différance)'9)이라고 한다면, 여기서 차연은 동화(assimilation)와는 성격이 엄연히 다르다. 동화라는 것이 한 문화가 권력을 지닌 이질문화의 영향을 받아 모방의 양상으로 주류 문화와 같아지려는 일종의 동일화 현상이라면, 차연은 한 문화 고유의 동질성과 정체성에 의해 동일화가 끝없이 연기되는 현상이다. 즉 순응적인 예속을 거부하고 억압적인 동일화로부터 벗어나 고유의 동질성과 정체성을 지키려는 능동적 차원의 문화현상이다. 기존의 문화연구가 문화와 권력 사이에 존재하는 지배문화에 의

---

9) 차연(différance)은 전통적 텍스트에 있는 이원성의 횡포를 해체하고자 등장한 데리다의 개념이지만, 여기서는 그 이원성의 파괴라는 인식방법을 차용하여 다문화시대의 문화연구에 적용해 보았다. 기존 문화연구가 지배층인 주류문화 중심으로 비주류 문화를 흡수하는 동화(assimilation)의 차원에서 다루어져 왔는데, 여기에는 우열관계가 존재한다. 하지만 차연의 개념을 적용할 경우, 동일화가 지연되어 이종 혼성문화의 형성과정을 균형적으로 밝힐 수 있다고 보았다.

한 동질적 동일화 현상에 비판적 초점을 맞추었다면, 총서의 대다수 저자들은 위계적 문화 패러다임에 맞서는 저항적 개념으로서의 차연 안에서 경험적 개인을 해석하고, 그 안에서 이루어진 이종혼성 문화를 이해하려는 균형적 시각을 제공하고 있다.

둘째, 총서는 인간의 진정한 이해에 다다르기 위해서는 인위적 장르 구별을 지양하고 이종혼성 장르라는 장르의 융합을 통한 경계 지대의 학문으로 나아가야 함을 보여주고 있다. 사실 문화연구는 아카데믹한 사회과학 장르의 글쓰기로 이루어지는 것이 보편적인데, 〈인류문화기〉는 독자의 감성에 호소할 수 있는 다양한 장르의 글쓰기를 혼용하고 있다. 이는 다채로운 인간의 삶과 문화의 실체를 있는 그대로 담기 위해 특정 장르에 갇히지 않으려는 노력의 일환으로서, 장르 간의 상호 연관성에 대해 미흡했던 인식을 바로 잡아 인류 문화연구의 쇄신을 가져올 수 있다.

셋째, 그 어느 문화연구보다도 문화적 다양성과 이질성을 실제로 듣게 하고 보여주는 효과를 낸다. 문명국으로 자처하는 유럽 내의 주변 문화와 소수자 문화, 유럽이 열등한 문화라고 평가해온 원시 문화와 오지 문화 안에 당당히 존재하는 인간 개체들의 삶과 문화를 그들의 목소리로 듣게 하고 그들의 표정으로 바라보게 한다. 이들의 증언은 평범하거나 소외된 사람들의 가감 없는 직접적이고 사실적인 이야기들이다. 이러한 이야기들로 인해, 총서는 그 자체로 하나의 거대한 '사실 문학'에 이르는 단일성을 띤다.

넷째, 기존 문화연구는 대학비평과 연구소 중심의 제도권 학문으로 문화연구의 대상과는 물리적으로 유리되어 있다. 하지만 총서를 이루는 저자들은 그 대상 자체이기도 하고 그 대상과의 직접적 문화접촉자이기도 하다. 따라서 이들은 총서 안에서 만남의 네트워크와 연대감을 형성하고 있다. 총서를 구성하는 각각의 책은 별개의 독립된 저서가 아닌 그 자체로 만남의 공간이 되며, 특히 다양한 민족과 상이한 사회적 상황을 지닌 저자들의 특수하고 이질적인 구성은 오히려 총서 안에서 일종의 우애와 연대감에 바탕을 둔 인간적 만남을 형성한다.10) 바로 이런 점이 아카데믹한 문화연구와 달리 독자들의 호응을 더욱 이끌어 낸다고 하겠다.

다섯째, 앞선 유형화 연구에서 보았듯이 총서는 하나의 짝을 이루는 구조상의 특징을 보인다. 개별 작품으로 출간되기에, 겉으로 보면 불평등한 문화메커니즘을 밝히는 데 필요한 집단 표본 연구에는 부적합해 보이지만, 사실 총서 작품들은 아마존 시리즈, 아프리카 시리즈, 직업군 시리즈, 인디언 시리즈, 유대인 시리즈, 북극 시리즈 등 출간 시기는 다르지만 한 짝의 구성을 이루는 통일성과 조화를 보여준다. 이를 통해 사회 계층 연구, 오리엔탈리즘과 탈식민주의 연구, 디아스포라와 현상 연구, 인종문화연구 등의 주제가 심화되고 비교문화연구의 길도 열린다.

---

10) *Terre Humaine 50 ans d'une collection*, BNF, 2005, p.43. 〈인류문화기〉 출간 20주년 기념일, 에 플롱 출판사에 모인 사진을 참조하면, 총서의 저자들과 번역가가 모여 담소하고 있다.

마지막으로, 총서가 이론과 실천의 괴리를 메우기 위해 '플롱 출판사' 외에 '르 리브르 뒤 무아 Le Livre du mois', '클럽 club', '프랑스-루와지르 France-Loisirs'와 같은 대중 총서로 다시 발간되어 독자들에게 저렴하게 확대 보급되어왔다는 점도 언급해야 하겠다. 이 점은 총서가 특정 출판사의 독점 간행물로 취급되거나 홍보 차원으로 전락하는 것을 막아준다.

다문화 시대의 진정한 문화연구는 일부 지배집단이나 강대국의 힘으로 전복되고 타자화된 지역문화를 연구하는 것으로 완결되는 것이 아니다. 공간적, 지역적 특성을 달리하는 개개인들의 개별 문화를 그 자체로 긍정하고, 이들 상호간의 접점과 접촉 속에 주체적이고 창의적인 문화가 스스로의 자태를 뽐내며 실재하고 공존을 이루어왔다는 사실을 밝히는 데 있다.

총서 〈인류문화기〉는 프랑스의 자민족중심주의, 자문화중심주의에 대한 비판의 여지가 없진 않지만, 그럼에도 불구하고 궁극적으로 이론과 실천이라는 학문계파의 통합, 전통과 현대의 통합, 중심과 주변의 융합, 개인과 또 다른 개인이 만나 이루는 문화적 소통, 유명 저자와 무명 저자의 연대, 지식인 독자와 대중 독자의 공감, 장르의 혼합과 공존으로 나아가는 일종의 대(大)통합문화운동(oecuménisme culturel)[11]의 성격

---

11) Pierre Aurégan, *op.cit.*, p.32.

을 띤다. 이러한 관점에서 총서는 앞으로의 문화연구에 균형과 활력을 가져올 시의적이고 실천적인 문화연구서로서 충분한 가치가 있다고 본다.

궁극적으로 이 글은 다문화적 개인과 개별성, 우연성에 근간한 간문화적 접촉의 실(實)사례를 담은 총서의 지적 기원과 형식의 탐구를 통해, 기존 문화연구의 미흡함을 보완할 실천적 차원의 통합문화연구로서 그 가치를 입증해보고자 하였다.

참고문헌

Pierre Aurégan, *Terre Humaine - Des récits et des hommes*, Nathan/Her, 2001 ; Pocket, 2004.

Mauricette Berne et Jean-Marc Terrasse(dir.), *Terre Humaine (hommages) - cinquante ans d'une collection*, BNF, 2005.

Guilia Bogliolo Bruna, *Jean Malaurie, une énergie créatrice*, Armand Colin, 2012, p. 188.

Fernand Braudel, *La Méditerranée et le monde méditerranéen à l'époque de Philippe II*, Paris, Armand Colin, 1949.

Pierre Chalmin, *Terre Humaine - Une anthologie*, Pocket, 2005.

Terre Humaine - 50ans d'une collection, entretien avec Jean Malaurie, BNF, 2005.

총서 〈인류문화기〉 수록 작품 (*Plon출판사, *연도순)

Jean Malaurie, *Les Derniers Rois de Thulé*, 1955.

Claude Lévi-Strauss, *Tristes Tropiques*, 1955.

Victor Segalen, *Les Immémoriaux*, 1956.

Georges Balandier, *Afrique ambiguë*, 1957.

Don C. Talayesva, *Soleil Hopi* - L'autobiographie d'un Indien Hopi, 1959.

Margaret Mead, *Mœurs et sexualité en Océanie*, 1963.

Georges Condominas, *L'Exotique est quotidien* - Sar Luk, Vietnam central, 1966.

Jacques Soustelle, *Les Quatre Soleils* - Souvenirs et réflexions d'un ethnologue au Mexique, 1967.

James Agee et Walker Evans, *Louons maintenant les grands hommes* - Trois familles de métayers en 1936 en Alabama, 1972.

Bruce Jackson, *Leurs prisons* - Autobiographies de prisonniers et d'ex-détenus américains, préface de M. Foucault, 1975.

Pierre Jakez Hélias, *Le Cheval d'orgueil* - Mémoires d'un Breton du pays bigouden, 1975.

Jacques Lacarrière, *L'Été grec* - Une Grèce quotidienne de quatre mille ans, 1976.

Adélaïde Blasquez, *Gaston Lucas, serrurier* - Chronique de l'anti-héros. 1976.

C. F. Ramuz, *La pensée remonte des fleuves* - Essais et réflexions, Préface de Jean Malaurie, 1979.

Antoine Sylvère, *Toinou* - Le cri d'un enfant auvergnat, 1980.

Margit Gari, *Le Vinaigre et le Fiel* - La vie d'une paysanne hongroise, 1983.

Bruce Jackson et Diane Christian, *Le Quartier de la Mort* - Expier au Texas, 1986.

Emile Zola, *Carnets d'enquêtes* - Une ethnographie inédite de la France, 1986.

Bernard Alexandre, *Le Horsain* - Vivre et survivre en pays de Caux, 1988.

Michel Ragon, *L'Accent de ma mère* - Une mé ㅏ moire vendéenne, 1989.

Robert F. Murphy, *Vivre à corps perdu* - Le témoignage et le combat d'un anthropologue paralysé, 1990.

Laurence Caillet, *La Maison Yamazaki* - La vie exemplaire d'une paysanne japonaise devenue chef d'une entreprise de haute coiffure, 1991.

Augustin Viseux, *Mineur de fond* - Fosses de Lens / Soixante ans de combat et de solidarité, 1991.

Claude Lucas, *Suerte* - L'exclusion volontaire, 1996.

Kenn Harper, *Minik* - l'Esquimau déraciné, "Rendez-moi le corps de mon père.", 1997.

Jean Malaurie, *Hummocks 1* - Relief de mémoire. Nord-Groenland, Arctique central canadien, 1999.

Anne-Marie Marchetti, *Perpétuités* - Le temps infini des longues peines, 2001.

Patrick Declerck, *Les Naufragés* - Avec les clochards de Paris, Lettre de Jean Malaurie à l'auteur suivie de la réponse, 2001.

Armand Pelletier, Yves Delaporte, "*Moi, Armand, né sourd et muet⋯*" - Au nom de la science, la langue des signes sacrifiée, 2002.

Dibie, *La Village métamorphosé*. Révolution dans la France profonde, 2006.

9세기 카롤루스 왕들의
형제애(fraternitas)에 관한 고찰[*]

이정민(경상국립대학교 사학과 교수)

I. 들어가며

9세기 프랑크 왕국은 그야말로 카롤루스 왕들의 끊임없는 정치적 도전
과 변화를 맞이하며 새로운 단계로 나아갔다. 고대 로마제국을 이어 이른
바 '유럽(Europe)'의 틀을 마련한 카롤루스 마그누스(Carolus Magnus)
의 손자들은 프랑크 왕국의 분할상속을 둘러싼 치열한 정쟁(政爭)을 벌였
다. 프랑크 왕실 최측근에서 카롤루스 왕들의 숨막히는 권력 의지를 지켜
본 이가 바로 니타르두스(Nithardus)이다. 그는 840년-842년 사이에 발

---

*   이 글은 『세계 역사와 문화 연구』 제65호(2022년 12월)에 게재된 논문을 수정·보완하였음.

생한 역동적인 사건을 목격한 유일한 역사가였다. 카롤루스 마그누스의 둘째 딸 베르타(Berthe)[1]와 유명한 궁정 시인이자 생 리퀴에(Saint Riquier) 수도원장이었던 안길베르투스(Angilbertus) 사이에서 출생한 사생아였던[2] 니타르두스는 외삼촌 루도비쿠스 경건왕(Ludovicus Pius)의 궁정에서 자랐으며, 후일 자신의 아버지처럼 생 리퀴에 대수도원장을 지냈다. 카롤루스 마그누스의 외손자이자 카롤루스(Carolus Calvus) 2세와는 이종사촌이었던 니타르두스는 카롤루스 2세의 총신이자 후견인으로서 프랑크 왕국의 궁정 한복판에서 9세기 프랑크 왕국의 분할상속 정

---

1) 카롤루스 마그누스는 힐데가르드(Hildegarde)와의 결혼에서 세 딸(Rotrude, Berthe, Gisèle)을, 파스트라드(Fastrade)와의 결혼에서 두 딸(Théoderade, Hiltrude)을, 동거혼에서 다섯 딸(Rothaide, Madelgarde, Rothilde, Gersvinde, Adaltrude)을 두었으며, 819년 7월 8일 사망한 피피누스 카를로마누스(Pippinus Carlomannus)의 다섯 딸(Adelheid, Atule, Gondrade, Berthaide, Théoderade)을 더하여 총 열다섯 딸이 있다; Janet Laughland Nelson, "La Famille de Charlemagne", *Byzantion* 61(1991), p.204.

2) ≪Qua quidem die terrae motus magnus per omnem paene hanc Galliam factus est, eademque die Angilbertus vir memorabilis Centulo translatus et anno post decessum eius XXVIIII. corpore absque aromatibus indissoluto repertus est. Fuit hic vir ortus eo in tempore haud ignotae familiae. Madhelgaudus autem, Richardus et hic una progenie fuere et apud Magnum Karolum merito magni habebantur. Qui es eiusdem magni regis filia nomine Berehta Hartnidum fratrem meum et me Nithardum genuit. Centulo opus mirificum in honore omnipotentis Dei sanctique Richarii construxit, familiam sibi commissam mirifice rexit, hinc vitam cum omni felicitate defunctam Centulo in pace quievit. His paucis de origine mea delibatis ad historiae seriem redire libet.≫; Nithard, Alfred Holder (ed.), *Nithardi Historiarum libri quattuor*(Freiburg and Leipzig: Akademische Verlagsbuchhandlung von J.C.B. Mohr, 1895), Liv.IV, c.5, p.46.

쟁을 생생하게 증언하고 있다.

루도비쿠스 경건왕의 아들들 사이에 발화된 정치적 갈등과 대립, 프랑크 왕국 분할상속을 둘러싼 842년 스트라스부르그 서약(the Oath of Strasbourg)이나 843년 베르됭 조약(the Treaty of Verdun)에 관한 니타르두스의 증언과 역사 기술은 높이 평가되었다.[3] 19세기 이후 근대 프랑스와 독일의 출발을 알리는 사건으로 간주되는 842년 스트라스부르그 서약이나[4] 843년 루도비쿠스 경건왕이 세 아들이 베르됭 부근 뒤니(Dugny)에서 체결한 베르됭 조약[5]에 관한 니타르두스의 증언은 9세기 프랑크 왕국 분할상속에 관한 거의 유일한 사료이다. 페르디난드 로(Ferdinand Lot)와 루이 알펜(Louis Halphen)의 평가처럼, 오랫동안 역사가들은 자신의 군주였던 카롤루스 2세의 정치적 입장을 지지하는 니타르두스의 진술을 거의 그대로 수용했다. 『4권의 이야기(Historiarum libri quattuor)』로 불리기도 하는 『역사(Historiae)』의 원제목은 『루도비쿠스 경건왕 아들들의 불화에 관한 4권 이야기(De dissensionibus filiorum Ludovici Pii libri quattuor)』, 『843년 루도비쿠스 경건왕 아

---

3) Ferdinand Lot and Louis Halphen, *Le règne de Charles le Chauve, 1:(840-851)*(Paris, 1909), p.115.

4) 이정민, 「842년 스트라스부르그 서약-근대 프랑스와 독일의 탄생 신화?-」, 『통합유럽연구』 제12권 2집(2021년 7월), p.218.

5) 이정민, 「유럽 분할의 시작: 베르됭 조약과 메르센 조약」, 『통합유럽연구』 제17권 1집(2016년 3월), p.10.

들들의 불화에 관해서, 또는 841년-843년 이야기 4권(De dissensionibus filiorum Ludovici Pii ad annum 843 seu Historiarum libri quattuor 841-843)』 등으로 알려져 있다.6) 원제목에서 유추할 수 있듯이, 니타르두스는 프랑크 왕국의 분할상속을 둘러싼 루도비쿠스 경건왕의 아들들 정치적 갈등과 불화를 면밀하게 다루고 있다.

　카롤루스 왕조의 구성원으로서 상속을 둘러싼 정치적 갈등과 내전을 지켜보면서 니타르두스는 정치적 중립보다 명백한 자신의 정치 판단과 견해를 드러내는 것을 선택했다. 주군 카롤루스 2세에 대한 끊임없는 정치적 지지를 지켜내면서도 때로는 파편화된 자신의 경험과 기억이 스며든 소리를 분명하게 들려준다. 그러나 줄곧 『역사』에서 직접적으로 표출되는 니타르두스의 정치적 견해와 입장과는 대조적으로 개인의 기억과 감정은 상당히 절제된 인상을 준다. 예를 들면, 형들과의 정치적·군사적 갈등과 충돌하는 카롤루스 2세를 적극적으로 응원하는 니타르두스의 어조는 호의적이다. 그러나 카롤루스 2세의 결혼과 그해 겨울의 혹독함을 묘사하는 그의 어조는 확연하게 달라진다. 또 다른 예로 『역사』 제4권 마지막 장에서 보여주듯이, 위대한 카롤루스 마그누스의 시대를 칭송하는 것과는 대조적으로 정치적 혼란과 적대감으로 가득 찬 현실을 애탄스럽게 묘사하고 있다.7) 이러한 그의 진술에서 알 수 있듯이, 9세기

---

6) 이 글에서는 니타르두스의 『역사(Historiae)』로 줄여서 사용하기로 한다.

위대한 카롤루스 마그누스를 승계하는 가장 이상적인 군주처럼 묘사되던 카롤루스 2세에 대한 니타르두스의 심경은 미세하게 변화하고 있다.

하지만 카롤루스 2세의 총신이자 정치적 지지를 포기하지 않았던 니타르두스는 그의 『역사』에서 842년 스트라스부르그 선서나 843년 베르됭 조약으로 이어지는 카롤루스 왕들의 불화와 분쟁부터 무력 충돌과 협상까지 끌고 오는 과정에 카롤루스 왕들을 하나로 묶어내는 독특한 개념이자 통치원리였던 '형제애(fraternitas)'를 제안하였다. 바로 형제애는 카롤루스 왕실 혈통의 연속성과 정당성을 부여함과 동시에 왕국 통치권의 합법성과 운영원리로 작동하였으며 정치적 갈등과 분열을 봉합하는 해결책이 되었다. 카롤루스 왕실 혈통을 지녔으나 왕국 상속자가 될 수 없었던 니타르두스는 『역사』 속에서 사촌들의 왕국 분할상속의 진통 과정을 담아내면서 사촌들에게 '형제애'라는 카롤루스적 통치 이데올로기를 강조했다. 즉, 카롤루스 마그누스의 아들 루도비쿠스 경건왕과 손

---

7) Janet Laughland Nelson, "Public Histories and Private History in the Work of Nithard", *Speculum*, Vol.60, No.2(1985), p.268; ≪Nam temporibus bonae recordationis Magni Karoli, qui evoluto iam paene anno XXX. decessit, quoniam hic populus unam eandemque rectam ac per hoc viam Domini publicam incedebat, pax illis atque concordia ubique erat, at nunc econtra, quoniam quique semitam quam cupit incedit, ubique dissensiones et rixae sunt manifestae. Tunc ubique abundantia atque laetitia, nunc ubique penuria atque maestitia. Ipsa elementa tunc cuique rei congrua, nunc autem omnibus ubique contraria, uti scriptura divino munere prolata testatur: Et pugnabit orbis terrarum contra insensatos.≫; Nithard, Alfred Holder (ed.), *Nithardi Historiarum libri quattuor*, Liv.IV, c.7, p.48.

자들은 '형제애'로 새로운 카롤루스 왕들로 거듭나기 시작했다.

II. 카롤루스 마그누스의 외손자, 역사가 니타르두스

카롤루스 마그누스 전기 작가 에인하르트(Einhard)가 증언하듯이, 카롤루스 마그누스는 자신의 딸들을 매우 사랑하여 그녀들을 자신의 곁에 두고자 하였으며 그녀들의 결혼을 허락하지 않았다.8) 궁정 시인이자 오를레앙 주교였던 테오둘프(Theodulf d'Orléans)는 궁정에 있는 여인들, 즉 카롤루스 마그누스의 딸들을 소개하고 있는데 그녀들은 궁에 있는 남자들과 '정치적인 우애(amicitia 또는 familiaritas)'를 원했다. 바로 니타르두스의 부모인 베르타와 안길베르투스의 사랑이 그 대표적인 예이다.9) 현실적으로 카롤루스 마그누스의 결혼하지 않은 딸들은 자신들의 연인들에게 상당한 정치적 이점을 제공했다. 이른바 카롤루스 마그누스의 딸들은 그녀들만의 남자들에게 궁정에서 일어나는 사건과 정보를 신속하게 전달해주는 '소식통'이었다. 더 나아가 그녀들은 오빠나 남동생의 정치적 지지를 선택했다.10) 현실적으로 카롤루스 마그누스의

---

8) Einhard, Louis Halphen (ed.), Vie de Charlemagne(Paris, 1938), c.19, p.62.

9) Janet Laughland Nelson, "La Famille de Charlemagne", p.210.

딸들과 특별한 관계를 맺은 궁정에 있는 남자들도 자연스럽게 카롤루스 마그누스의 아들들에게 정치적 지지를 보내기 시작했다.

그러나 814년 카롤루스 마그누스가 사망하자 그의 딸들은 궁정의 중심에서 급속히 추락하였다. 카롤루스 궁정은 왕권의 중심이자 정치 기억의 장소였다.[11] 루도비쿠스 경건왕은 누이들과 권력을 나누지 않으려고 했고 누이의 남자들 역시 경계와 배제의 대상으로 전락했다. 니타르두스의 모친 베르타도 예외가 아니었다. 루도비쿠스 경건왕 전기 작가는 루도비쿠스 경건왕이 베르타와 누이들을 궁정에서 내쫓아낼 수밖에 없는 그녀들의 충격적인 행위들을 기술하고 있다.[12] 그러나 놀랍게도 니타르두스는 『역사』에서 자신의 모친은 루도비쿠스 경건왕의 누이들 중 한 명이지만 모친이 궁정에서 축출당한 사건에 관해서 전혀 아는 바가 없다고 기술한다.[13] 그러나 이는 니타르두스의 거짓말이다. 왜냐면 모친 베르타가 궁정에서 축출되었을 당시 그의 나이는 이미 15살이었다. 외삼촌

---

10) Ibid., "La Famille de Charlemagne", p.210.

11) Stuart Airlie, "The Palace of Memory: The Carolingian Court as Political Center", Sarah Rees Jones, Richard Marks, Alastair Minnisin (ed.), *Courts and Regions in Medieval Europe*(Rochester, N.Y.: York Medieval Press, 2000), p.10.

12) Astronomer, Ernst Tremp (ed. and trans.), *Vita Hludowici imperatoris*, MGH SRG 64 (Hanover, 1995), c.21, p.348.

13) Nithard, Philippe Lauer (ed.), *Historiae, Histoire des fils de Louis le Pieux*(Paris, 1926), pp.150-151.

루도비쿠스 경건왕이 모친 베르타와 누이들을 궁정에서 제거하고자 무분별한 성적 공격을 퍼부었던 끔찍한 그 사건을 기억하지 못하는 것이 아니라 기억하고 싶지 않은 것일 수 있다. 모친 베르타를 포함한 자신의 누이들을 궁정에서 축출한 루도비쿠스 경건왕에 대한 충격과 분노를 니타르두스가 쉽사리 잊을 리 만무하며 오히려 그의 기억 속 깊숙이 응어리져 있었을 것이다. 이러한 맥락에서 볼 때, 루도비쿠스 경건왕과는 달리 자신에게 무례한 짓을 감행한 누이를 관대하게 용서하는 카롤루스 2세의 '오누이사랑'을 이상적인 형제애의 또 다른 모습으로 그리는 니타르두스의 기술은 다분히 의도적이라고 할 수 있다.

부친 피피누스(Pippinus)의 18년 통치와는 달리 카롤루스 마그누스는 43년이라는 기나긴 세월을 통치했다. 그 결과 카롤루스 마그누스는 성인이 된 자식들과 손자들까지 함께 궁정에서 거주하게 되자 이른바 '조카-삼촌(nepos-patruus)'이라고 불리는 특별한 친족관계가 매우 중요한 역할을 담당하게 되었다. 806년 2월 6일에 작성된 『Divisio Regnorum(프랑크 왕국 분할령)』에서 카롤루스 마그누스는 '자신의 아들들 중 어느 누구도 조카들을 괴롭히거나 죽이거나 앞을 못 보게 만들거나 고문을 해서는 안된다'라는 명령을 내리고 있다.14) 현실적으로 프

---

14) *Capitularia* I, Alfredus Boretius (ed.), *Monumenta Germaniae Historica*(Hannover: Hahn, 1883), t.I, no.45, c.18, p.129.

랑크 왕국의 분할상속을 둘러싼 정치 구도 안에서 카롤루스 왕들에게 이복형제들과 조카들 역시 또 다른 잠재적 경쟁자였던 것이다. 이러한 위기 상황을 예상한 카롤루스 마그누스는 '조카-삼촌'이라는 특별한 관계를 통해서 삼촌들보다 나이가 어린 왕들을 보호하려는 의도를 가진 것은 아닐까?

니타르두스의 『역사』는 총 4권으로 구성되어 있다. 제1권은 카롤루스 마그누스부터 루도비쿠스 경건왕까지의 통치를 다루고 있으며 제2권은 주변에 발생하는 사건들을 기술하고 있다. 점점 늘어나는 걱정으로 시작되는 『역사』 제1권 서문에서 니타르두스는 카롤루스 2세를 '나의 주군'으로 소개하며 자신이 카롤루스 2세의 총신이자 정치적 지지자라는 것을 직설적으로 드러내고 있다.[15] 니타르루스는 『역사』 제3권 서문에서 '카롤루스 왕실의 불행한 이야기를 듣는 것은 창피하지만 직접 보고 들었던 사실을 전달하고자 기술한다'는 제3권 집필 동기를 밝히고 있다.[16] 니

---

15) ≪Cum, ut optime, mi domine, nostri...≫; Nithard, Alfred Holder (ed.), *Nithardi Historiarum libri*, Liv.I, p.1.

16) ≪Quoniam sinistrum me quiddam ex genere nostro ut audiam pudet, referre presertim quam maxime piget, quam ob rem imperio haud quaquam malivole contempto, ut finis optatus libri secundi affuit, per omnia finire hoc opus animus decrevit; sed ne forte qui libet, quocumque modo deceptus, res nostro in tempore gestas praeterquam exactae sunt narrare presumat, ex his, quibus interfui, tertim libellum ut adderem, acquievi.≫; *ibid.*, Liv.III, p.26.

타르두스는 항간에 떠도는 카롤루스 왕실의 불행한 이야기를 전하는 것은 자신의 치부를 드러내는 것처럼 부끄러운 일이지만 동시에 자신이 카롤루스 왕실 혈통을 가진 구성원이라는 자기 인식을 드러내고 있다.17) 마지막으로 『역사』 제4권 서문에서 니타르루스는 개인적인 감회를 덧붙이면서 후손들이 같은 실수를 반복하지 않기를 당부하고 있다.18) 이처럼, 그는 카롤루스 왕실의 일원이라는 명백한 자기 인식과 카롤루스 2세에 대한 정치적 지지와 더불어 놀랍게도 카롤루스 왕들의 정쟁을 비교적 객관적인 시각으로 전달하고 있다.

카롤루스 2세를 향한 정치적 호의를 유지하던 니타르두스는 『역사』 제4권에서 미묘한 입장 변화를 드러낸다. 카롤루스 2세와 에르망투르드(Ermentrude D'Orléans)19)의 결혼을 언급하면서 여태껏 보여주지 않던 달갑지 않은 어조로 결혼 진행 과정을 기술한다.20) 심지어 니타르

---

17) 'genere nostro'; *ibid.*, Liv.III, p.26.

18) ≪Non solum me, uti prefatum est, ab hoc opere narrationis quiescere delectat, verum etiam, quo ab universa re pulica to[i]us secedam, mens variis querimoniis referta, assiduis meditationibus anxia versat...Ergo huic rerum operi quarto assistam, et si in ceteris rebus futuris prodesse nequivero, saltem in liis errois nubeculam proprio labore posteris detergam.≫; *ibid.*, Liv.IV, p.38.

19) 모동(Modon과 잉길트루드(Ingiltrude)의 딸이자 아달하르드(Adalhard)의 손녀이다.

20) ≪Accepit quidem Karolus, uti prefatum est, in coniugio Hirmentrudem Vodonis et Ingeltrudies filiam et neptam Adelardi. Dilexerat autem pater eius suo in tempore hunc Adelardum adeo, [ut quod] idem vellet, in universo imperio hoc pater facerat; qui utilitate

두스는 못마땅한 어조로 '카롤루스 2세는 세간의 주목을 집중시키고자 에르망투르드와 결혼했다'라고 증언하고 있다. 이어서, 일찍이 카롤루스 마그누스는 에르망투르드의 조부였던 아달하르드(Adalhard)를 아꼈으나 아달하르드는 사적 욕심으로 가득 차서 카롤루스 마그누스에게 레스 푸블리카(res publica)를 분배해달라고 청하였다. 결국 그의 탐욕은 프랑크 왕국 질서를 어지럽게 만들었다는 것이다. 니타르두스가 아달하르드를 비판하는 힐난하는 이유는 바로 '레스 푸블리카' 남용이다. 레스 푸블리카의 남용에 관한 또 다른 예를 들어보자. 829년 8월 셉티마니아(Septimania)의 베르나르두스(Bernardus)를 부정적으로 묘사하는 이유 역시21) '레스 푸블리카' 남용이다.22)『역사』에서 니타르두스는 레스 푸블리카를 마치 '왕국' 또는 '통치권'처럼 사용하고 있다.23)

---

publicae minus prospiciens, placere cuique intendit. Hinc libertatesm hinc publica in propriis usibus distrubuere suasit, ac dum quod quique petebat, ut fieret, effecit, rem publicam penitus annullavit.≫; *ibid.*, Liv.IV, c.6, p.47.

21) ≪Ad quod Bernardum quendam, ducem Septimaniae, pater in supplementum sibi sumens camerarium constituit Karolumque eidem commendavit ac secundum a se in imperio praefecit. Qui dum inconsulte re publica abuteretur, quam solidare debuit penitus evertit.≫; *ibid.*, Liv.I, c.3, p.3.

22) Philippe Depreux, "Nithard et la Res Publica: un regard critiques sur le règne Louis le Pieux", *Médiévales*, n°22–23(1992), p.153.

23) *Ibid.*, n°22–23, p.157.

III. '사랑(caritas)과 형제애'를 제안하다

카롤루스 마그누스가 사망하자 루도비쿠스 경건왕은 자신들의 누이들을 궁정에서 내쫓아 수녀원에 은폐시켰는데 니타르두스의 모친 베르타 역시 예외가 아니었다. 『루도비쿠스 경건왕 전기(Vita Hludowici imperatoris)』 작가는 먼저 루도비쿠스 경건왕의 장례식 경비(causa funeralis)에 관한 관심을 강조한 후 카롤루스 마그누스의 유언에 따라 남겨진 유산을 나누고 있음을 기술한다.24) 이때 루도비쿠스 경건왕이 배려한 장례식 경비에는 교회 기증, 가난한 자들(pauperes)과 도움이 필요한 자들에게 나누어주는 선물 등이 포함되어 있다. 또한 교회로의 기증을 포함한 장례식 경비는 루도비쿠스 경건왕이 카롤루스 왕실의 중심이자 교회의 후원자임을 드러내기 위한 선전 수단이었다고 볼 수 있다.

814년 사건에 관한 니타르두스의 기술은 대부분 『루도비쿠스 경건왕 전기』에 의존하고 있다.25) 그러나 『루도비쿠스 경건왕 전기』와는 미묘한 차이를 가진다. 황제로서 통치를 시작하자 루도비쿠스 경건왕은 자신의 아버지가 남긴 방대한 유산을 3개로 나누었다. 먼저 하나는 장례식

---

24) Astronomer, Georg Heinrich Pertz (ed.), *Vita Hludowici imperatoris, MGH*(Hannoverae: impensis bibliopolii Hahniani, 1829), c.22, pp.618-619.

25) Matthew Innes, "Charlemagne's Will: Piety, Politics and the Imperial Succession", *The English Historical Review*, Vol.112, No.448(Oxford University, 1997), p.839.

비용으로 루도비쿠스 경건왕이 사용했고 나머지 2개는 자신과 카롤루스 마그누스의 합법적인 결혼에서 태어난 누이들이 함께 나누었다.26) 카롤루스 마그누스는 딸들의 결혼에는 너무나 폐쇄적이었고 니타르두스의 모친 베르타 역시 그녀의 연인 안길베르투스와 결혼할 수 없었으므로 니타르두스는 사생아로 태어났다. 이러한 까닭에 니타르두스는 합법적인 상속자의 자격을 아예 요구할 자격이 없었다. 또 다른 전기 작가 테칸(Thegan of Trier)에 따르면, 카롤루스 마그누스가 사망하자 루도비쿠스 경건왕은 누이들에게 합법적인 몫을 나누어 주고 나머지는 카롤루스 마그누스의 영혼을 위해 기증했다고 전한다. 또한 최상의 몫은 로마 교황청에 기증하고 나머지는 성직자, 가난한 이들, 이방인들, 과부와 고아들에게 나누어 주었다고 기술하고 있다.27)

전기 작가들의 증언처럼, 루도비쿠스 경건왕은 부친의 혼인으로 출생한 누이들과 유산을 나눈 다음 그녀들을 궁정에서 수녀원으로 내몰았다.28) 그러나 카롤루스 마그누스의 혼외 출생 이복형제들, 드로공

---

26) Nithard, Philippe Lauer (ed.), *Histoire des fils de Louis le Pieux*, p.6; Bernhard Walter Scholz (trans.), *Carolingian Chronicles*(University of Michigan Press, 1970), p.130.

27) Thegan, Georg Heinrich Pertz (ed.), *Gesta Hludovici Imperatoris*, MGH SS 2(Hanover, 1829), c.8, pp.509-604, p.592.

28) ≪Initio quidem imperii suscepti pecuniam ingenti numero a patre relictam trifariam dividere iussit et unam partem causa funeris expendit, duas vero inter se et sorores suas a patre iusto matrimonio susceptas divisit, quas et instanter a palatio ad sua monasteria

(Drogon)[29], 위그(Hugues)와 테오도리쿠스(Theodoricus)를 자신의 식탁에 앉히고 궁정에 머물게 하였다.[30] 그러나 루도비쿠스 경건왕은 자신처럼 합법적인 결혼에서 출생한 형제들에게는 보다 적극적인 전략을 선택했다. 피피누스 카를로마누스(Pippinus Carlomannus)의 아들 베르나르두스의 군사 쿠데타 이후 혼외 출생한 이복형제들을 수도원으로 보내서 감시하에 둔 것과는 달리 계모 주디트(Judith de Bavière)가 출산한 카롤루스 2세를 포함한 혼인으로 출생한 동생들과 프랑크 왕국을 나누었다.[31] 니타르두스는 루도비쿠스 경건왕이 형제들에게 저지른 잘못이 바로 그의 아들들 사이에서 벌어진 불화의 원인으로 주목한

---

abire praecepit.≫, Nithard, Alfred Holder (ed.), *Nithardi Historiarum libri quattuor*, Liv.I, c.2, p.2.

29) 카롤루스 마그누스의 아들 드로공(Drogon)은 823년-855년 메츠(Metz) 주교이자 왕실전속사제(archichapelain)였다. 왕실전속사제는 카롤루스 왕들을 섬기는 주요한 임무를 가지고 있는 관리이자 동시에 카롤루스 왕실 예배당을 담당하였다; Ferdinand Lot, "Les jugements d'Aix et de Quierzy (28 avril et 6 septembre 838)", *Bibliothèque de l'école des chartes*, t.82(1921), p.283.

30) ≪Fratres quoque adhuc tenera aetate, Drugonem, Hugonem et Teodericum, participes mensae effecit, quos et in palatio una secum nutriri praecepit, et Bernardo nepoti suo, filio Pippini, regnum Italiae concessit.≫, Nithard, Alfred Holder (ed.), *Nithardi Historiarum libri quattuor* LIV.I, c.2, p.2.

31) ≪Hinc autem metuens, ne post dicti fratres populo sollicitato eadem facerent, ad conventum publicum eos venire praecepit, totondit ac per monasteria sub libera custodia commendavit. Quo peracto filios suos iusto matrimonio iunxit et universum imperium inter eos ita divisit...post Lodhuwicus imperator Iudith in matrimonium sumpsit, ex qua Karolus creatur.≫, *ibid.*, Liv.I, c.2, p.2.

다. 누이들을 수녀원으로 내쫓고 이복형제들을 수도원을 보내버렸던 자신의 그릇된 선택이 바로 생전에 아들들 사이의 불화로 그대로 재현되리라고는 상상도 하지 못했을 것이다. 심지어 루도비쿠스 경건왕이 '형제애'를 강조하며 화해를 제안하더라도 왕권을 장악하고자 벌이는 아들들의 불화를 더 이상 막을 수는 없었다.

니타르두스는 9세기 카롤루스 왕들의 왕국 분할상속을 앞두고 벌이는 정치적 갈등과 불화의 원인을 바로 814년 사건으로 설명한다. 814년 궁정에서 누이들과 그녀들의 정치 세력을 제거한 뒤 이복형제마저 수도원으로 보낸 후, 루도비쿠스 경건왕은 부친 최측근들의 충성심과 자신의 승계를 위협할 수 있는 동생들을 의식했다. 다시 말하자면, 새로운 황제로 등극한 루도비쿠스 경건왕은 누이들을 내쫓으면서 궁정과 카롤루스 왕실을 완전히 장악하고자 했다. 이미 그는 카롤루스 마그누스의 유산에 대한 권리를 이해하고 있는 지식을 겸비한 누이들이 그녀들의 남자들을 이용한 정치력을 적극적으로 행사할 수 있는 위험성을 파악하고 있었다. 그러므로 한시라도 바삐 그녀들을 궁 밖으로 완전히 내보내는 것이 필요하다고 판단했을 것이다. 루도비쿠스 경건왕은 누이들을 수녀원으로 내쫓음과 동시에 이복형제들을 교회로 보내면서 자신 주변의 남계 혈통을 최소한으로 좁혀 나갔다. 카롤루스 왕조를 위협할 수 있는 잠재적 정치 경쟁자들을 제거해나갔던 것이다.[32]

특히 피피누스 카롤로마누스[33]의 아들 베르나르두스의 군사 쿠데타 이후 루도비쿠스 경건왕의 경계는 더욱 심해졌다. 정치적 변동과 혼란이 소용돌이치는 외삼촌이 통치하는 궁정에서 비록 사생아이지만 왕실 혈통을 이어받은 니타르두스의 입장 역시 매우 조심스러웠을 것이다.[34] 이러한 위기를 정면으로 돌파하는 선택으로 니타르두스는 스스로 성직자가 되었다. 니타르두스가 루도비쿠스 경건왕의 의심과 경계를 회피한 결정적인 이유는 정확하지 않다. 그러나 806년『프랑크 왕국 분할령(Divisio regnorum)』[35]에서 카롤루스 마그누스는 통치자들의 조카들이 지닌 취약점과 삼촌들을 통해 그들을 보호할 것을 강조하고 있다.[36] 그러나 부친의 뜻과는 다르게 루도비쿠스 경건왕은 반란을 일으

---

32) Matthew Innes, "Charlemagne's Will: Piety, Politics and the Imperial Succession", *The English Historical Review*, Vol.112, No.448(Oxford University, 1997), pp.844-845.

33) 'Pippinus rex Italiae', 이탈리아 왕 피피누스는 카롤루스 마그누스와 힐데가르트 사이에서 태어났으며 그의 아들 베르나르두스는 817년 군사 쿠데타를 일으켰으나 실패하고 루도비쿠스 경건왕에 의해 두 눈을 뽑혀 시력을 잃고 사망하였다.

34) Matthew Innes, 위의 논문, p.845.

35) 이 논문에서는 'Divisio regnorum'을 『프랑크 왕국 분할령』으로 번역한다.

36) ≪De nepotibus vero nostris, filiis scilicet praedictorum filiorm nostrorum, qui eis vel iam nati sunt vel adhuc nascituri sunt, placuit nobis praecipere, ut nullus eorum per quaslibet occasiones quemlibet ex illis apud se accusatum sine iusta discussione atque examinatione aut occidere aut membris mancare aut excaecare aut invitum tondere faciat; sed volumus ut honorati sint apud patres vel patruos suos et obedientes sint illis cum omni subiectione quam decet in tali consanguinitate esse.≫, Capitula 45: *Divio regnorum*, Alfredus Boretius (ed.), *Monumenta Germaniae Historica, Capitularia* I(Hannover: Hahn, 1883), c.18, pp. 129-130.

킨 조카와 삼촌을 강하게 응징했다. 베르타와 안길베르투스의 공식적인 관계에도 불구하고 사생아로 태어났기 때문에 니타르두스는 루도비쿠스 경건왕의 정치적 탄압을 다소 피해 갈 수도 있으나 왕의 정치 경쟁자가 아님을 안심시킬 필요성도 있었을 것이다.

루도비쿠스 경건왕은 부왕 카롤루스 마그누스가 고안했던 프랑크 왕국의 분할상속에 숨어있는 정치적 전략을 재현하고자 했다. 그러나 817년 『Ordinatio Imperii(프랑크 왕국 법령)』 이후 루도비쿠스 경건왕은 세 아들에게 '사랑(caritas)과 형제애에 기반한 정치 연합체'를 제안해야만 했다.37) 그러나 카롤루스 왕들의 프랑크 왕국 분할상속 갈등과 불화의 원인을 제공한 루도비쿠스 경건왕이 '사랑과 형제애에 기반한 정치 연합체'를 제안한 사실은 역사적 모순이 아닐 수 없다. 누이들과 이복형제들을 궁정에서 내몰아 내고 강력한 왕권을 구축하고자 했던 루도비쿠스 경건왕 역시 아들들에 의해서 왕권에서 쫓겨나는 비극을 맞이했다. 이러한 정치적 혼란을 숨죽이고 지켜보던 니타르두스가 『역사』에서 강조하는 카롤루스적 가치이자 통치원리가 바로 형제애이다.

---

37) 843년부터 855년 사이에 등장하는 모든 사료에는 공식적으로 '사랑(caritas)와 형제애(fraternité)의 통치'가 사용되고 있다: Carlrichard Brühl, *Naissance de deux peuples*(Fayard: Paris, 1994), p.170.

Ⅳ. 루도비쿠스 경건왕 아들들의 형제애

니타르두스는 루도비쿠스 경건왕의 궁정에서 카롤루스 2세의 궁정으로 위치를 옮겼다. 842년 스트라스부르그 서약의 주요 증인이자 기록자였던 니타르두스는 카롤루스 2세의 정치적 대변인으로 자리를 잡아갔다.38) 니타르두스는 프랑크인들은 만약 형제가 자신의 형제를 돕지 못한다면, 후손들에게 얼마나 불명예스러운 자로 기억될 것인가에 대한 두려움이 존재한다는 것에 주목한다.39) 니타르두스는 루도비쿠스 경건왕의 세 아들 사이에 벌어진 정치 군사 충돌의 주원인이었던 형제간 불화의 씨앗은 바로 루도비쿠스 경건왕의 통치하에서 발아했다고 본다. 루도비쿠스 경건왕 아들들 사이에 발생한 불화의 뿌리를 814년 사건으로 보는 것은 니타르두스의 개인적인 기억이 작용하는 결과로 보인다. 그러나 가장 직접적인 원인은 바로 819년 루도비쿠스 경건왕과 주디트와의 재혼으로 얻게 된 카롤루스 2세의 탄생이다.40) 817년 7월 『Ordinatio

---

38) M. Dana Polanichka and Alex Cilley, "The very personal history of Nithard: Family and honour in the Carolingian World", *Early Medieval Europe*, Vol.22(2014), p.177.

39) ≪...verumtamen, quamquam se haec ita haberent, timentes, ne forte, si ab auxilio fratris frater deficeret, posteris suis indignam memoriam reliquissent.≫; Nithard, Alfred Holder (ed.), *Nithardi Historiarum libri quattuor*, Liv.II, c.10, p.23.

40) ≪Sequenti vero anno(819) accepit filiam Hwelfi ducis sui, qui erat de nobilissima progenie Bawariorum, et nomen virginis Iudith, quae erat ex parte matris, cuius nomen

Imperii(프랑크 왕국 법령)』으로 결정된 프랑크 왕국 분할상속은 수정이 필요했다.[41] 817년 7월 루도비쿠스 경건왕은 첫 번째 배우자였던 에르멘가르드(Ermengarde de Hesbaye) 사이의 세 아들에게 분할상속 원칙에 따라 프랑크 왕국을 나누어 줄 것을 결정하였다.[42]

하지만 루도비쿠스 경건왕의 새로운 왕비 주디트는 친아들 카롤루스 2세의 상속권을 확보하고자 했다.[43] 결국 817년 프랑크 왕국 분할상속의 원칙을 그대로 관철하고자 하는 로타리우스(Lotharius) 1세와 부친 루도비쿠스 경건왕과 왕비 주디트의 정치적 대립과 갈등이 본격적으로

Eigilvi, nobilissimi generis Saxonici, eamque reginam constituit. Erat enim pulchra valde. Eodem anno Ingilenheim in villa regia generale placitum suum inibi habuit.≫, Jacques Paul Migne (ed.), *Thegani chorepiscopi trevirensis, Gregorii IV, Sergii II, pontificum Romanorum, Jonae, Freculphi, Frotharii, Aurelianensis, Lexoviensis et Tullensis episcoporum, Opera omnia*(J.P. Migne editorem: Paris, 1851), p.417.

41) 817년 7월 「*Ordinatio Imperii*(프랑크 왕국 법령)」으로 장남 로타리우스 1세는 왕국과 왕위를, 둘째 아들 피피누스 1세(Pippinus, Pépin d'Aquitaine)는 아키텐, 가스고뉴(Gascogne)를, 툴루즈(Toulouse)와 부르고뉴의 아발롱(Avallon), 오툉(Autun), 네베르(Nevers), 셉티마니아(Septimanie)의 카르카손(Carcassonne) 등 4개의 백령을, 당시 막내 루도비쿠스 2세는 바이에른과 보헤미아(Bohemiens), 케르텐(Carinthiens), 아바르(Avars), 슬라브(Slaves), 노르트카(Nortgaoe)의 루트라호프(Lutrahoff)와 인골데스타(Ingoldestat)를 가지기로 했다; *Capitularia regum Francorum*, Alfredus Boretius (ed.), *Monumenta Germaniae Historica*(Hahn, 1883), t.I, pp.270-271.

42) *Hludowici Pii Capitularia(814-827)*, ibid., t.I, pp.270-273.

43) 이정민, 「842년 스트라스부르그 서약-근대 프랑스와 독일의 탄생 신화?-」, 『통합유럽연구』 제12권 2집(2021년 7월), pp.209-212.

전개되자 우선 피피누스 1세와 루도비쿠스 2세는 맏형 로타리우스 1세 편에 섰다. 830년 피피누스 1세와 루도비쿠스 2세는 부친 루도비쿠스 경건왕을 가두고 왕비 주디트를 수도원에 유폐했다. 44) 831년 새로운 분할상속에 관한 협상에 따라 이탈리아와 'imperator' 호칭을 유지하게 된 로타리우스 1세와는 달리 피피누스 1세, 루도비쿠스 2세는 막내 카롤루스 2세와 함께 나머지 왕국을 분할받게 되었다. 더욱이 루도비쿠스 경건왕은 피피누스 1세에게 주었던 아키텐(Aquitaine)을 막내 카롤루스 2세에게 부여했으나 이에 만족하지 못한 채 아들의 상속분을 확장하려고 하는 왕비 주디트는 로타리우스 1세와 협상을 재개하였다. 로타리우스 1세는 피피누스 1세와 루도비쿠스 2세와 함께 부왕 루도비쿠스 경건왕에게 맞섰고 이복동생 카롤루스 2세를 프륌(Prüm) 수도원에 가두었다. 이러한 과정에서 피피누스 1세와 루도비쿠스 2세는 맏형 로타리

---

44) ≪Alio vero anno perrexit domnus imperator de Aquisgrani palatio, pervenit ad Compendium, ibique venit obviam ei Pippinus filius eius cum magnatis primis patris sui, Hilduvion archicapellano, et Iesse Ambianensi episcopo… et voluerunt domnum imperatorem de regno expellere, quod prohibuit dilectus aequivocus filius eius…Dixerunt Iudith reginam violatam esse a quodam duce Bernhardo, qui erat de stirpe regali, et domni imperatoris ex sacro fonte baptismatis filius, mentientes omnia, suscipientes reginam Iudith, eamque vi velantes et in monasterium mittentes, et fratres eius Chuonradum et Rudolfum tondentes et in monasterio mittentes.≫, Jacques Paul Migne (ed.), *Thegani chorepiscopi trevirensis, Gregorii IV, Sergii II, pontificum Romanorum, Jonae, Freculphi, Frotharii, Aurelianensis, Lexoviensis et Tullensis episcoporum, Opera omnia*(J.P. Migne editorem: Paris, 1851), p.419.

우스 1세에게 대항하는 정치적 연대를 맺었다.

833년 11월 13일 수아송(Soissons)의 생 메다르(Saint-Médard) 교회에서 개최된 주교회의에서 루도비쿠스 경건왕은 공개적으로 항복을 알리는 의식을 거행했다. 카롤루스 왕조의 굴욕 중의 하나로 평가되는[45] 이 의식을 통해서 로타리우스 1세가 실질적인 프랑크 왕국의 계승자로 등극하였다. 동시에 형제간의 정치적 갈등이 발화되는 결정적인 전환점이 되었다. 835년 루도비쿠스 경건왕은 티온빌 공의회(Le Concile de Thionville)에서 자신의 왕좌를 되찾았으나 838년 12월 피피누스 1세가 사망하자 프랑크 왕국은 거의 로타리우스 1세와 카롤루스 2세가 양분하였다. 결국 바이에른만을 차지한 루도비쿠스 2세는 카롤루스 2세와 정치적 연대를 결성하였다. 과연 카롤루스 2세는 모친 주디트를 유폐시키고 자신을 프륌 수도원에 가뒀던 로타리우스 1세에게 '형제애'를 느낄 수 있었을까?

840년 루도비쿠스 경건왕이 사망하자 그의 세 아들의 첨예한 정치적 갈등은 결국 전쟁으로 확대되었다. 그해 8월 루도비쿠스 경건왕의 장자 로타리우스 1세는 인겔하임(Ingelheim)에서 '황제(empereur auguste)'로

---

45) Louis Halphen은 'odious comedy'라고 평가한다; Louis Halphen, *Charlemagne and the Carolingian Empire*(Amsterdam; New York; North-Holland, 1978), p.252; Mayke de Jong, *The Penitential State: Authority and Atonement in the Age of Louis the Pious, 814-840* (Cambridge: Cambridge University Press, 2009), p.2.

즉위했다. 그러나 루도비쿠스(Ludovicus Germanicus) 2세와 카롤루스 2세는 형 로타리우스 1세의 황제 선포를 수용하지 않았다. 이에 로타리우스 1세는 두 동생의 영역을 공격했다.[46] 『역사』 제2권에서 니타르두스는 841년 6월 25일 오세르(Auxerre) 부근 퐁트누아(Fontenoy-en-Puisaye) 전투를 상세히 서술하면서[47] 자신도 이 전투에 직접 참가하고 있음을 알리고 있다.[48] 형제애는 형제간 불화의 심각성을 강조할 때 더욱 두드러진다. 니타르두스의 시각에서 볼 때 로타리우스 1세의 가장 큰 문제점은 형제를 적으로 간주한다는 것이다.[49] 퐁트누아 전투에서 니타르두스는 어떻게 로타리우스가 형제들에게 맞서 무기를 들 결정을 하게 되었는지를 전달한다. 그러나 형제들 사이에 발생한 불화는 형제애와 프랑크인들의 평화에 바탕을 둔 화해로 마무리되었다. 이어서 제4권에서는 카롤루스 2세와 루도

---

46) 이정민, 「842년 스트라스부르그 서약-근대 프랑스와 독일의 탄생 신화?-」, 『통합유럽연구』 제12권 2집(2021년 7월), p.213.

47) 841년 3월 카롤루스 2세는 서쪽에서 센느(Seine)강을 따라 진격하였으며, 5월에는 샬롱(Châlons-sur-Marne)까지 도달했다. 또한 동쪽에서는 루도비쿠스 2세가 라인강을 따라 진격하였다. 마침내 841년 6월 25일 오세르(Auxerre) 부근 퐁트누아(Fontenoy-en-Puisaye)에서 루도비쿠스 2세와 카롤루스 2세의 연합 군대는 형 로타리우스 1세에게 큰 승리를 거뒀다; 이정민, 「842년 스트라스부르그 서약-근대 프랑스와 독일의 탄생 신화?-」, pp.212-213.

48) ≪...pars vero, quae in Solennat Adhelardum ceterosque, quibus haud modicum supplementum Domino auxiliante praebui, appetiit, strenue conflixit...≫; Nithard, Alfred Holder (ed.), Nithardi Historiarum libri quattuor, Liv.II, c.10, p.24.

49) ≪et, quod maximum est, in fratrem hostiliter irruit nec non et suffraguim a paganis illum querere compulit.≫; ibid., Liv.II, c.8, p.21.

비쿠스 2세가 영토를 조금 분배할 것을 청하는 사절을 형 로타리우스 1세에게 보냈으나 오히려 로타리우스 1세가 보다 많은 영토를 획득하게 된 사실을 속임수의 결과라고 설명한다. 니타르두스는 '어떤 능수능란한 술책으로 카롤루스 2세와 루도비쿠스 2세를 속였는지 도무지 이해할 수 없다'라는 입장을 표명한다.50) 니타르두스의『역사』중 제3권은 형 로타리우스 1세의 공격에 공동 대응을 하고자 842년 2월 14일 스트라스부르그에서 맺은 루도비쿠스 2세와 카롤루스 2세의 서약을 상세하게 증언하고 있다.

때로는 루도비쿠스 경건왕의 세 아들의 정치적·군사적 갈등을 증언하는 관찰자로서, 때로는 주군 카롤루스 2세의 총신이자 전쟁 당사자로서, 니타르두스는 '왕(rex)들'의 정치적·군사적 충돌을 '형제'들의 애정으로 해결하고자 하는 의도를 보여준다. 모친 베르타를 정치적 숙청으로 감행한 외삼촌 루도비쿠스 경건왕의 세 아들이 벌이는 프랑크 왕국 분할 상속을 둘러싼 전쟁을 지켜보면서 '형제애'를 강조하는 이유는 무엇일까? 프랑크 왕실 혈통을 이어받은 구성원이자 루도비쿠스 경건왕의 세 아들의 사촌지간이었던 니타르두스 역시 넓은 의미에서는 그들의 '형제'이다. 형제애란 형과 아우의 혈연적 관계만을 뜻하는 것이 아니다. 니타르두스가 사용하는 형제애란 엄밀히 말하자면 '그리스도교적 사랑과 가

---

50) ≪Quam ob rem, ignoro, qua fraude decepti hi qui missi fuerant augent illi supra definitam partem usque in Carbonarias...≫; *ibid.*, Liv.IV, c.3, p.32.

치'와 '그리스도교 공동체' 의미가 더해진 형과 아우 사이의 애정이다. 이는 스트라스부르그 서약문에 잘 드러난다.51) 카롤루스 2세는 형 로타리우스 1세에게 반복해서 형제애를 주지시키면서 형들에게 끈끈한 형제임을 상기시키고 있다.52) 니타르두스가 평가하는 프랑크 사회가 가진 가장 숭고한 가치 중 하나가 바로 형제애였다.53)

V. 나가며

『역사』 제1권에서 니타르두스는 카롤루스 마그누스를 '유럽 전체를 복되게 만든 대제'로 부르고 있다.54) 또한 제4권에서도 카롤루스 마그

---

51) ≪Cum autem nec fraternitas nec Christianitas nec quodlibet ingenium, salva iustitia ut pax inter nos esset, adiuvare posset, tandem coacti rem ad iudicium omnipotentis Dei detulimus, ut suo nutu, quid cuique deberetur, contenti essemus. In quo nos, sicut nostis, per misericordiam Dei victores exstitimus, is autem victus una cum suis quo valuit secessit. Hinc vero fraterno amore correpti nec non et super populum Christianum compassi persequi atque delere illos noluimus, sed hactenus sicut et antea, ut saltem deinde cuique sua iustitia cederetur, mandavimus...quoniam vos de nostra stabili fide ac firma fraternitate dubitare credimus,...≫; Nithard, Alfred Holder (ed.), *Nithardi Historiarum libri quattuor*, Liv.III, c.5, p.34.

52) *Ibid.*, Liv.II, c.4, p.15,

53) 'fraterno amore', *ibid.*, Liv.II, c.1, p.13; 'fraterno amore,' 'fraternitas,' *ibid.*, Liv.III, c.5, p.34.

54) ≪Karolus bone memoriae et merito Magnus imperator ab universis nationibus vocatus,

누스가 작센족(Saxones)을 굴복시켜 그리스도교로 개종시킨 사실을 상기시키면서 '유럽'이라는 단어를 사용하고 있다.55) 9세기 연대기 작가들이 '유럽'이라는 개념을 선택하는 경우는 매우 드물다. 이것은 고대 로마제국을 이어 등장한 프랑크 왕국의 위상을 드높이려는 설정을 의도한 니타르두스의 정치적 판단으로 추측할 수 있을 것 같다. 고대 로마제국의 정치 행정 조직과 운영을 수용할 수밖에 없었던 프랑크왕들의 현실적 고민을 해결시켜 줄 또 다른 선택은 그리스도교 개종이었다. 800년 카롤루스 마그누스의 대관식 이후 그리스도교적 세계관으로 정비된 프랑크왕국은 새로운 사회질서와 윤리를 갖추게 되었다. 바로 이러한 맥락 속에서 형제애라는 개념은 새롭게 등장한다. 즉, 카롤루스적 '형제'는 단순한 혈연관계를 뛰어넘어 그리스도교적 세계관과 윤리의식을 품게 된다. 니타르두스는 자신의 주군 카롤루스 2세와 혈연관계로 연결된 사실을 드러내면서도56) 카롤루스 마그누스를 '우리의(nostri) 조부'가 아니라

[hora videlicet plus min[im]us diei tertia] in senectute bona decedens, omnem Europem omni bonitate repletam reliquid; vir quippe omni sapientia et omni virtute humanum genus suo in tempore adeo praecellens,≫; *ibid.*, Liv.I., c.1, p.1.

55) ≪Quorum casus quoniam maximos esse perspicio, pretereundos minime puto. Saxones quidem, sicut universis Europam degentibus patet, Karolus, magnus imperator ab universis nationibus non inmerito vocatus, ab idolorum uana cultura multo ac diversio labore ad veram dei Christianamque religinem convertit≫; *ibid.*, Liv.I., c.1, p.1.

56) ≪Quae gens omnis in tribus ordinibus divisa consistit: sunt etenim inter illos qui edhilingui, sunt qui frilingi, sunt qui lazzi illorum lingua dicuntur; Latina vero lingua hoc

'당신의(vestri) 조부'로 기술하고 있다.57) 애초에 카롤루스 마그누스의 외손자였던 니타르두스는 왕국 상속자의 자격이 없었으나 카롤루스 마그누스를 '조부'라고 부를 수 있는 자격을 가진 카롤루스 왕조의 구성원이라는 자기 정체성은 분명하게 표출하고 있다. 불행하게도 니타르두스는 루도비쿠스 경건왕이 모친 베르타를 불명예스럽게 만들었다는 기억을 간직하고 있었다. 루도비쿠스 경건왕이 누이 베르타를 궁정에서 내쫓은 명분은 아마도 베르타와 안길베르투스의 관계 때문이었을 것이다. 비록 교회에서 축복받은 결혼으로 맺어진 부부는 아니었더라도 카롤루스 마그누스의 암묵적 동의를 획득하고 있었던 그들의 관계를 마치 심각한 범죄인 것처럼 취급하여 누이 베르타의 명예를 더럽힌 것으로 판단하고 있는 루도비쿠스 경건왕의 변명은 다분히 정치적이다.58)

'사랑과 형제애에 기반한 정치 연합체'를 건설하고자 했던 루도비쿠스 경건왕의 정치적 전략은 결국 아들들 사이의 갈등과 불화로 위기를 맞이했다. 또한 외삼촌 루도비쿠스 경건왕의 치밀한 정치 전략으로 제거당한 베르타의 아들이었지만 카롤루스 왕실 구성원이라는 자기 인식을 명

---

sunt: nobiles, ingenuiles atque serviles.≫; *ibid.*, Liv. IV, c.2, p.40.

57) ≪Avi quoque insuper vestri venerandam memoriam per omnia obmittere ratum minime videtur; ac per hoc textus hinc sumat exordium.≫; *ibid.*, preface, p.1.

58) M. Dana Polanichka and Alex Cilley, "The very personal history of Nithard: Family and honour in the Carolingian World", *Early Medieval Europe*, vol.22(2014), p.188.

확히 지닌 니타르두스는 카롤루스 왕조의 전통과 권위를 스스로 거부할 수 없었을 것이다. 『역사』 제3권에서 니타르두스는 842년 랑(Laon) 근처에서 발생한 카롤루스 2세와 이복 누이 힐데가르드(Hildegarde)의 긴장감 가득 찬 일화를 들려준다. 어떠한 이유인지는 언급되지 않으나 힐데가르드는 카롤루스 2세의 부하 중 아델가리우스(Adelgarius)를 감옥에 가두었고 이에 카롤루스 2세의 부하들이 무력 대응하고자 하였다. 그러나 카롤루스 2세는 무력 사용을 저지시키고 밤새 걸어가서 랑 둘레를 에워싸자 다음날 힐데가르드는 아델가리우스를 되돌려주었다.59) 카롤루스 2세는 자신의 허락이나 양해도 없이 자신의 부하를 감옥에 가둔 힐데가르드의 도가 지나친 행위를 너그러이 용서함으로써 이상적인 '오누이' 관계를 완성했다. 이것은 루도비쿠스 경건왕이 베르타를 포함한 누이들을 궁정에서 내쫓은 냉혹함과는 대조를 이룬다.

니타르두스는 카롤루스 2세가 루도비쿠스 2세와 하나의 정치 연합체를 결성하고 형 로타리우스 1세에게 사랑과 형제애에 기반한 정치 연합

---

59) ≪quod soror sua Hildigardis Adelgarium quendam ex suis captum haberet et in urbe Laudunensi una secum custodiri fecisset...quoque die Hildigardis ad fidem suam, sicut spoponderat, venit urbemque illaesam et absque conflictu sui iuris restituit. Sororem suam siquidem Karolus benigne excepit et omnia quae hactenus erga illum deliquerat illi donavit, multisque verbis blande illam allocutus omnem benignitatem, quam frater sorori debet...≫; Nithard, Alfred Holder (ed.), *Nithardi Historiarum libri quattuor*, Liv. III, c.4, pp.32-33.

체를 완성하길 희망했다. 그러나 824년 스트라스부르그 서약과 843년 베르됭 조약으로 마무리된 프랑크 왕국 분할상속을 증언하는 카롤루스 2세의 총신 니타르두스는 『역사』의 맺음말에서 카롤루스 2세에 대한 실망감을 드러내고 있다. 즉, '843년 겨울에 카롤루스 2세가 아내와 함께 아키텐으로 떠났는데 이 겨울은 너무 길고 혹독하여 아픈 이들이 많고 농사, 가축과 벌이 피해가 많았다'라며 주군의 결혼에 관한 기술로 마무리하고 있다.[60] 이 결혼에 관한 자신의 불편한 입장을 '길고 혹독한 겨울'이라는 자연현상, 질병과 흉년의 이유를 카롤루스 2세의 잘못된 결혼 때문이라는 복선으로 표현하고 있다. 니타르두스가 이상적으로 그리는 '형제애'란 고귀한 혈통을 가진 남성이 지녀야 할 미덕이자 자신에게 반기를 든 누이마저도 관대하게 용서해주는 그리스도교적 가치를 담고 있다. 니타르두스의 『역사』에 담긴 형제애는 그리스도교적 윤리를 품은 카롤루스적 개념이자 루도비쿠스 경건왕의 아들들을 묶어내는 중요한 매개체였다.

---

60) ≪Fuit autem eadem hiemps prefrigida nimis ac diuturna, langoribus insuper habundans, nec non et agriculturae peccorique apibusque satis incongrua.≫; *ibid.*, Liv.IV, p.47.

참고문헌

1. 1차 사료

Boretius, Alfredus, ed., *Hludowici Pii Capitularia(814-827), Capitularia regum Francorum, Monumenta Germaniae Historica.* t.I, Hannover: Hahn, 1883.

_____, ed., Capitulare Disciplina palatii Aquisgranensis(?820), *Monumenta Germaniae Historica.* t.I, Hannover: Hahn, 1883.

Dümmler, Ernst, ed., *Theodulfi Carmina, Poetae Latini aevi Carolini, Monumenta Germaniae Historica*, XXV, t.I, Berolini: apud Weidmannos, 1881.

Holder, Alfred, ed., *Nithardi Historiarum libri quattuor*, Freiburg and Leipzig: Akademische Verlagsbuchhandlung von J.C.B. Mohr, 1895.

Lauer, Philippe, ed., *Nithard, Historiae, Histore des fils de Louis le Pieux*, Paris: H. Champion, 1926.

Tremp, Ernst, ed. and trans, *Vita Hludowici imperatoris, Monumenta Germaniae Historica SRG 64*, Hannover: Hahnsche Buchhandlung, 1995.

2. 연구문헌

이정민, 「842년 스트라스부르그 서약–근대 프랑스와 독일의 탄생 신화?–」『통합유럽연구』 제12권 2집, 2021년.

_____, 「유럽 분할의 시작: 베르됭 조약과 메르센 조약」, 『통합유럽연구』 제17권 1집, 2016년.

Airlie, Stuart, "The Palace of Memory: The Carolingian Court as Political Center", in *Courts and Regions in Medieval Europe*, ed., Sarah Rees Jones, Richard Marks, Alastair Minnis Rochester, N.Y.: York Medieval Press, 2000.

Brühl, Carlrichard, *Naissance de deux peuples*, Paris: Fayard, 1994.

De Jong, Mayke, *The Penitential State: Authority and Atonement in the Age of Louis the Pious, 814-840*, Cambridge: Cambridge University Press, 2009.

Depreux, Philippe, "Nithard et la Res Publica: un regard critiques sur le règne Louis le Pieux", *Médiévales*, n°22-23, 1992.

Einhard, ed. Halphen, Louis, *Vie de Charlemagne*, Paris: reproduit par les procédés Dorel; Les Belles lettres, 1938.

Innes, Matthew, "Charlemagne's Will: Piety, Politics and the Imperial Succession", *The English Historical Review*, Vol.112, No.448, Oxford: Oxford University, 1997.

Lot, Ferdinand, "Les jugements d'Aix et de Quierzy(28 avril et 6 septembre 838)", *Bibliothèque de l'école des chartes*, t.82, 1921.

Lot, Ferdinand and Halphen, *Louis, Le règne de Charles le Chauve (840-851)*, Paris: H. Champion, 1909.

Nelson, Janet Laughland, "La Famille de Charlemagne", *Byzantion*, 61,

1991.

_____, "Public Histories and Private History in the Work of Nithard", *Speculum*, vol.60, 1985.

Polanichka, M. Dana and Cilley, Alex, "The very personal history of Nithard: Family and honour in the Carolingian World", *Early Medieval Europe*, vol.22, 2014.

우즈베키스탄의 민족-언어 문제[*]

정경택(경상국립대학교 러시아학과 교수)

I. 서론

우즈베키스탄공화국(우즈벡어 O'zbekiston Respublikasi)은 1991
년 8월 31일 소련의 해체 과정에서 독립한 중앙아시아 5개국 중의 하나
이다.[1] 영토는 447,400㎢으로 카자흐스탄, 투르크메니스탄 다음으로
넓지만, 인구는 약 36,024,000명(2022년 추정)에 달하여 다른 4개국에
비해 압도적으로 많다.[2] 이와 같은 인구는 소련 당시에도 15개 연방공

---

[*] 이 논문은 2018년 러시아어문학연구논집 제62집에 게재한 우즈베키스탄의 민족-언어상황 연구를 현재
상황에 맞게 알기 쉽도록 수정한 것임.

1) 우즈벡인 자신들은 Uzbek이라는 자신의 민족 명칭에서 Uz - 나, Bek - 주인이라고 주장하며 자신들이
우즈베키스탄의 주인임을 명확하게 밝히고 있다.

화국 중에서 러시아와 우크라이나 다음으로 많은 것으로 지금도 포스트소비에트 지역에서 3위를 차지하고 있다. 현재 공화국의 토착주도민족(Titular nation)인 우즈벡인들이 84% 이상을 차지하고 있지만 130여 개 민족이 거주하는 다민족 사회로서 타지크인, 카자흐인, 러시아인, 카라칼팍인, 키르기스인, 타타르인, 투르크멘인, 고려인, 우크라이나인 등이 일정 규모의 비율을 보이고 있다.

현재 우즈벡어가 공화국의 유일한 국어이자 민족 간 의사소통언어로서 기능하고 있지만, 언어 사용자 비율을 보면 우즈벡어 화자 74.3%, 러시아어 화자 14.2%, 타지크어 화자 4.4%이다.3)

또한 우즈벡인 외 대부분의 소수민족은 지금도 자신들의 모어를 사용하고 있지만, 1876년 현재의 우즈베키스탄 지역이 러시아제국에 완전히 병합된 이후 러시아어가 가장 선호되는 언어가 되었고 현재도 도시 지역을 중심으로 널리 사용되고 있다.

그렇지만 독립 이후 러시아인의 본국 이주로 인한 수적 감소, 우즈벡어의 유일한 국어이자 민족 간 의사 소통어 규정, 우즈벡어의 지위 격상, 그리고 우즈벡어의 공공활동에서의 사용 의무화, 그리고 키릴문자의 라

---

2) 카자흐스탄의 인구는 19,082,467명(2021년 8월), 키르기지야 6,389,500명(2019년 1월), 타지키스탄 9,661,600명(2020년 9월), 투르크메니스탄 약 620만 명(2022년 2월 추정)으로 확인된다.

3) Library of Congress(2007), Country Profile: Uzbekistan. http://lcweb2.loc.gov/frd/cs/profiles/Uzbekistan.pdf.

틴문자로의 교체 등으로 인해 상대적으로 러시아어의 지위가 하락했다. 우즈베키스탄에서의 이러한 러시아어의 지위 하락, 문자교체 등의 상황은 러시아 정부를 자극할 수 있었지만, 국경이 직접 접하지 않고, 우즈베키스탄 정부의 점진적이고도 유연한 민족-언어정책의 시행, 우즈베키스탄의 국제적 지위의 확고함 등으로 러시아의 부정적인 영향력을 극복할 수 있었다.

여기에서는 최근 우즈베키스탄의 언어 상황을 소수민족의 상황과 관련하여 살펴보고 있는데, 특히 우즈벡어-러시아어 이중언어상황이 계속되고 있지만, 2022년 2월 러시아의 우크라이나 침공은 우즈베키스탄을 포함한 중앙아시아 전역에서 러시아의 정치, 경제, 군사적 영향력 외에 러시아가 가진 문화, 정보 그리고 러시아어의 영향력, 즉 소프트 파워(Soft power)[4]가 급격히 추락할 것을 예측할 수 있다.

II. 본론

1. 우즈베키스탄의 행정구역과 민족분포

우즈베키스탄은 14개의 광역행정구역을 가지고 있는데, 수도 타쉬켄

---

4) 군사력이 기준이 되는 하드 파워와 달리 각 나라가 문화나 스포츠 등을 통해 다른 나라의 자발적 공감을 이끌어내는 능력. 미국 하버드 대 조지프 나이(Joseph S. Nye) 교수가 처음으로 사용했다.

트5)(Tashkent, 우즈벡어 Toshkent, 인구 2,371,300명), 카라칼팍
스탄공화국(우즈벡어 Qoraqalpog'iston Respublikasi, 카라칼팍
어 Қарақалпақстан Республикасы), 12개 주(viloyat)으로 구성
되고, 그 하부 행정 단위로 농촌 및 도시 라이온(tuman), 주 휘하 도시,
라이온 휘하 도시(shaharcha), 마을(qishloq, fuqarolar, yig'ini)을
가지고 있다.

14개의 광역행정구역은 〈그림〉과 같이 중앙정부의 통제를 받는 수도
타쉬켄트 그림과 같이 12개 주, 그리고 자치지역인 카라칼팍스탄공화국
으로 구성되어 있다:

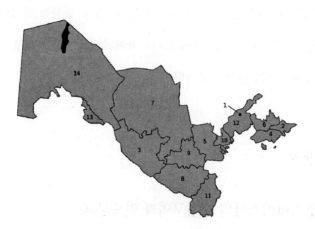

〈그림 1〉 우즈베키스탄의 주와 카라칼팍스탄 공화국6)

---

5) таш(stone) + кент(city)라고 어원을 분석하지만 스텝지역의 위치로 볼 때, 중세시기 타쉬켄트에는 석조
건축물이 하나도 없었기에 таш라는 어휘는 '아랍'을 의미하는 타쥐(таж), 타즈(таз)라고 볼 수 있다는 것
이다. 즉 아랍인 정복자들의 명칭이 이 도시를 점령한 영웅 타쉬(Таш)로 의인화되어 타쉬켄트가 되었다.

수도 타쉬켄트와 각 주, 그리고 카라칼팍스탄의 면적과 인구는 다음과 같은데, 몇몇 지역을 제외하고는 민족분포가 밝혀져 있지 않다.

〈표 1〉 행정구역별 인구와 민족분포

행정구역	인구(천 명)	민족분포
타쉬켄트 시	2,829.3	우즈벡인 63.0%, 러시아인 20.0%, 타타르인 4.5%, 고려인 2.2%, 타지크인 2.1%, 위구르인 1.2%, 그 외 7.0% (2017년)
안디잔 주	2,857.3	주도 안디잔 시: 우즈벡인 89%
부하라 주7)	1,785.4	주도 부하라 시: 우즈벡인 82%, 러시아인 6%, 타지크인 4%, 타타르인 3%, 고려인 1%, 투르크멘인 1%, 우크라이나인 1%, 그 외 2%
쥐작 주	1,250.1	우즈벡인 89.0%, 키르기스인 3.1%, 타지크인 3.0%, 카자흐인 2.1%, 러시아인 0.7%, 그 외 2.1%
카쉬카다리야 주	3,088.8	우즈벡인 67%, 타지크인 29%8)
나보이 주	913.2	주도 나보이 시: 17만 명(2011년) 중 우즈벡인 76.4%, 러시아인 14.6%, 카자흐인 1%, 그 외 8%
나만간 주	2,554.2	우즈벡인 88.4%, 타지크인 8.8%, 러시아인 0.7%, 키르기스인 1.0%, 그 외 1.0%
사마르칸트 주9)	3,514.8	우즈벡인과 타지크인들이 다수, 그 외에 이란인, 아랍인, 러시아인, 타타르인들이 거주
수한다리야 주	2,358.3	우즈벡인 82%, 타지크인, 러시아인, 타타르인, 고려인, 아프간인, 그 외 소수민족

6) 〈그림〉에서의 행정구역 명칭은 다음과 같다: 1-타쉬켄트 시, 2-안디잔 주(Andijon viloyati), 3-부하라 주(Buxoro viloyati), 4-페르가나 주(Farg'ona viloyati), 5-쥐작 주(Jizzax viloyati), 6-나만간 주(Namangan viloyati), 7-나보이 주(Navoiy viloyati), 8-카쉬카다리야 주(Qashqadaryo viloyati), 9-사마르칸트 주(Samarqand viloyati), 10-스르다리야 주(Sirdaryo viloyati), 11-수한다리야 주(Surxondaryo viloyati), 12-타쉬켄트 주(Toshkent viloyati), 13-호레즘 주(Xorazm viloyati), 14-카라칼팍스탄공화국(Qoraqalpog'iston Respublikasi).

스르다리야 주	777.1	우즈벡인 외에 타타르인, 카자흐인, 러시아인, 고려인 등
타쉬켄트 주	2,758.3	우즈벡인 66%, 카자흐인 13%, 러시아인 6%, 타지크인 5%, 타타르인 2%, 고려인 2%, 그 외 5%
페르가나 주	3,444.9	우즈벡인 외에 키르기스인, 타지크인, 고려인, 러시아인, 타타르인 등
호레즘 주	1,715.6	우즈벡인 95%, 카자흐인 1.4%, 러시아인 1.2% 등[10]
카라칼팍스탄공화국	1,763.1	카라칼팍인 33%, 우즈벡인 33%, 카자흐인 25% 등

우즈베키스탄의 인구는 독립 당시 약 2,000만 명에서 최근 약 3,460만 명으로 70% 이상 증가했지만, 독립 이후 인구 조사를 한 번도 실시하지 않고 있다. 그러나 〈표 2〉에서 보듯이 소련의 마지막 인구센서스와 2021년까지 약 30년 동안 러시아인과 타타르인의 인구와 비율이 급격히 줄었고 카자흐인의 경우는 인구는 정체, 비율은 감소, 카라칼팍인은 인구는 증가, 비율은 정체했음을 알 수 있다.

---

7) 주도인 부하라 시의 인구 272,500명(2014년) 중 우즈벡인 82%, 러시아인 6%, 타지크인 4%, 타타르인 3%, 고려인 1%, 투르크멘인 1%, 우크라이나인 1%, 그 외 2%.

8) 2005년 당시의 인구 2,029,000명에서의 민족 비율이다.

9) 주도 사마르칸트 시의 인구는 519,600명(2016년 1월 추정)이고, 주요 민족은 우즈벡인과 타지크인이라고만 나오고 정확한 민족분포는 밝히지 않고 있다. 다만 1897년 사마르칸트의 인구 55,128명 중 언어 사용인구별 분포는 다음과 같았다: 타지크어 36,845명, 러시아어(우크라이나어, 벨라루스어) 8,393명, 우즈벡어 5,506명, 유대어-타지크어 1,169명, 폴란드어 1,072명, 이란어 866명, 독어 330명.

10) 최근의 민족분포는 확인되지 않아 1989년 인구센서스 당시의 비율이다. Хорезмская область. Всесоюзная перепись населения 1989 года. http://www.demoscope.ru/weekly/ssp/resp_nac_89.php?reg=43

<표 2> 우즈베키스탄의 민족 인구와 비율의 변화

민족	1989년		2017년(추정)		2021년(추정)	
	천명	%	천명	%	천명	%
우즈벡인	14,142.5	71.39	26,917.7	83.80	29,200.0	84.39
타지크인	933.6	4.71	1,544.7	4.81	1,700.0	4.91
카자흐인	808.2	4.08	803.4	2.50	821.2	2.37
러시아인	1,653.5	8.35	750.0	2.33	720.3	2.08
카라칼팍인	411.9	2.08	708.8	2.21	752.7	2.18
키르기스인	174.9	0.88	274.4	0.85	291.6	0.84
타타르인	467.8	2.36	195.0	0.61	187.3	0.54
투르크멘인	121.6	0.61	192.0	0.60	206.2	0.60
고려인	183.1	0.92	176.9	0.55	174.2	0.50
우크라이나인	153.2	0.77	70.7	0.22	67.9	0.20
그 외	759.8	3.84	486.9	1.52	486.1	1.40
전체	19,810.1	100.0	32,120.5	100.0	34,600.0	100.0

2. 우즈벡 민족의 역사

우즈벡 민족 역사는 여타 중앙아시아 투르크 민족과 페르시아 계의 타지크인 역사와 긴밀하게 관련되어있는데, 현재의 우즈베키스탄 지역에는 기원전 7-8세기에 건국된 호레즘[11], 소그디아[12], 박트리아[13]가 있

---

11) 현재의 우즈베키스탄을 포함한 고대 중앙아시아 서부지역을 일컫는 말로 아무다리야 강 하류 지역이 중심지였다. 최초의 국가가 기원전 7세기에 창건되었는데, 이 호레즘 지역을 대 실크로드가 통과하고 있었다. 8세기경 아랍인에 의해 정복되었고, 1220년 몽골제국에 정복당하고 이후 티무르제국에 흡수

었다. 가장 오래된 도시로는 사마르칸트(BC 742년), 부하라(BC 4세기), 히바(Khiva, BC 6세기), 샤흐리사브즈(Shakhrisabz, BC 7세기), 타쉬켄트와 마르길란(Margilan, BC 2세기), 카르쉬(Karshi)와 테르메즈(Termez, BC 5세기)가 있다.

현재의 우즈베키스탄 지역은 1219~1221년 몽골 칭기즈칸이 점령한 호레즘왕국에 합병되었다가, 칭기즈칸이 죽은 후 둘째 아들이 통치한 차가타이(Chagataj)칸국14)에 복속되었다.

14세기에 티무르(Amir Timur, Tamerlane 1336~1405년)가 이 지역을 통치하기 시작했는데, 티무르제국은 수차례 원정을 통해 영토를 확장하여 페르시아, 소아시아, 북인도, 남캅카스, 쿠마니아-킵차크연맹(Cuman-Kipchak confederation) 동부까지 점령하게 되었는데, 이 티무르제국의 수도가 사마르칸트로서 바로 이 시기에 우즈벡의 학술, 과학, 문화가 크게 번창했다.

되었다. 17세기부터 히바칸국으로 불렸고 1770년대 우즈벡칸국에 편입되어 오늘에 이르렀다.

12) 소그디아는 이란계 소그드인들이 건국한 작은 왕국들을 지칭하는데, 아무다리야 강과 스르다리야 강 사이의 자라프샨(Zafrashan) 계곡에 본거지를 두었다. 기원전 6세기 중반 최초로 역사에 등장했고 8세기에 아랍인의 지배를 받으며 이슬람화, 투르크화 되었다.

13) 남으로 힌두쿠시산맥과 북으로 페르가나 계곡 사이, 현재의 우즈베키스탄, 타지키스탄, 아프가니스탄 접경의 현재 타지크인들의 선조인 고대 박트리아인 국가였다.

14) 차가타이 칸국은 위구르 지방에서 서쪽으로 부하라와 사마르칸드에 이르는 초원지역을 지배했다. 몽골제국의 해체 후 1266년 독립 칸국이 되었지만 1370년 칸국 내의 소부족 출신인 티무르에 의해 멸망당했다.

1499년 우즈벡족의 셰이바니 칸(Shejbani, 칭기스칸의 손자로 자처)이 티무르 왕조를 사마르칸트에서 쫓아냈고, 이후에도 티무르 왕조의 지도자 바부르(무굴 제국의 창건자)를 무찌르기 위한 여러 번의 원정을 성공적으로 이끌었다. 1505년 그는 사마르칸트를 점령하고, 1506년에는 부하라를 점령했으며, 1507년에는 헤라트마저 점령하여 셰이바니 제국을 창건했다.

이후 셰이바니 왕조는 후 히바칸국과 부하라칸국으로 분열되었고, 약 200년 뒤인 1709년엔 동부의 코칸트 지역에 코칸트칸국이 건국했다.

1850년대 말 러시아제국이 남캅카스를 완전히 점령하고 동쪽으로 진출하면서 중앙아시아의 여러 칸국을 점령하기 시작했다. 가장 먼저 중앙아시아 여러 칸국의 대도시인 타쉬켄트(1865), 부하라(1867), 사마르칸트(1868)를 침공했고, 부하라(1868), 히바(1873)를 합병하여 보호령으로 삼았으며 마지막으로 1876년 코칸트칸국을 보호령으로 만들었다. 이에 따라 1876년경 오늘날의 우즈베키스탄 전 지역이 러시아의 직접 통치를 받거나 보호령이 되었다.

러시아제국에 점령되었던 중앙아시아 전역은 20세기 초에 다시 소련에 합병되었는데, 투르케스탄자치공화국(Turkestan Autonomous Soviet Socialistic Republic)[15]은 러시아연방공화국에 들어갔고, 우즈베키

---

15) 투르케스탄자치공화국은 1918-1924년 러시아연방공화국 내의 자치조직으로서 수도는 타쉬켄트였다.

스탄 지역은 부하라사회주의소비에트공화국(Bukhara Socialistic Soviet Republic)과 호레즘사회주의소비에트공화국(Khorezm Socialistic Soviet Republic)으로 나뉘었다.

1924년 소비에트 정부의 행정-영토개혁 시행 결과로 부하라공화국과 호레즘공화국, 투르케스탄공화국이 해체되면서 투르크멘자치공화국과 우즈벡공화국(수도 사마르칸트)이 창건되었는데, 우즈벡공화국에는 예전의 부하라공화국과 호레즘공화국, 사마르칸트 주, 페르가나 주 대부분, 그리고 투르케스탄의 스르다리야 주 소속 타쉬켄트 군이 들어갔고 우즈벡 남부지역에는 타지크자치공화국이 창건되었다.

1929년 타지크자치공화국이 타지크공화국으로 개편되면서 우즈벡공화국에서 떨어져 나갔고 1930년 우즈벡공화국의 수도가 타쉬켄트로 이전되었으며 1936년 카라칼팍자치공화국이 러시아에서 빠져나와 우즈벡공화국에 합병되었다.

소련 당시 우즈베키스탄은 공업화가 추진되면서 대규모 면화 재배산업이 시작되어 소련 최대의 면화 생산기지가 되었다.

〈그림 2〉 소련 초기 중앙아시아 자치공화국

3. 소련의 언어정책과 우즈베키스탄[16]

1) 레닌의 민족-언어정책

러시아혁명과 함께 레닌은 1917년 〈러시아 내 제 민족 권리선언〉을
발표하였는데, 이는 소수민족의 자율권을 부여하고 러시아제국 시기의
소수민족 차별, 러시아인들의 특권과 압제로부터 이들을 보호하고 사회
주의에 우호적이고 소련창건에 적극적으로 참여하도록 하기 위한 것이

---

16) 소련의 민족-언어정책은 정경택(2017: 150-153)에 자세히 나와 있다.

었다.17):

* 러시아 내 모든 민족의 평등과 주권재민
* 독립국을 세울 정도의 자결권
* 모든 민족적 특권의 폐지
* 모든 민족의 자유로운 발전, 즉 공산주의 깃발 아래 자발적인 민족동맹
  창출

소수민족의 정체성을 확립하고 보전해준다는 것을 명분으로 소련은 창건 초기인 1920~30년대에 걸쳐 문맹 퇴치 운동 시작했는데, 위의 제 민족 권리선언에서 보듯이 러시아제국 당시 탄압받던 소수민족의 지위를 인정하고 소수민족 모어를 표준어로 만들고 모어와 러시아어 이중언어사용을 장려했다. 러시아제국 당시에는 130여 민족 중 20여 민족만이 문자를 보유하고 있었고 몇 개의 언어들만이 표준어의 수준까지 이르렀지만, 이때부터 거의 모든 소수 민족어까지 확장한 것이었다. 소수민족어의 보전과 사용 확립은 문맹타파와 교육의 확대로 가능하다는 것으로, 다민족, 다언어사용 국가인 소련에서 안정적인 민족관계는 언어를

---

17) Декларация прав народов России. http://constitution.garant.ru/history/act1600-1918
/5307/

이용하는 상호이해에 기반을 두고 있었기 때문이다.

2) 스탈린의 민족-언어정책

그러나 1920년대 중반 이후 민족-언어정책에서 변화가 나타나기 시작했는데, 이는 비 러시아인들을 소련에 충성하게 만들고 공산주의 지도부에 끌어들이기 위한 것이었다. 이를 위해 지역 출신 인적자원의 토착화를 통해 중앙집권 통치체제를 강화하는 정책을 시행하면서, 동시에 여러 민족에 대한 억압 정책을 추진하게 되었는데, 마침내 1930년대 초 중앙아시아 모든 공화국은 중앙정부의 가혹한 통제 아래에 들어가 문화적 다양성과 다원주의는 소비에트화의 통합으로 대체 되었다.

특히 중앙아시아 5개국에는 토착화와 소비에트화 추진 과정에서 언어 근대화를 위한 세 가지 추진 방향이 제시되었는데, 이는 다음과 같다:

첫째, 지역 언어들에 표기체를 제정해주거나 알맞은 표기체로 바꾸고 특정한 방언을 표준어로 삼는 것.

둘째, 산업과 기술 부문에서 아랍어와 튀르크어 차용어를 제거하고, 러시아어를 중심으로 하는 국제적 용어(international terminology)의 도입하고, 이를 위해 사전을 편찬하거나 개정하는 것.

셋째, 민족 간 의사 소통어, 즉 모든 영역에서의 지배적인 링구아 프랑카로서 러시아어를 도입하고 확장하는 것.

이에 따라 러시아어가 행정, 산업, 상업, 의료, 교통, 통신영역의 언어와 특수(엔지니어, 의학 관련) 중등 교육기관에서의 교육 언어로서 지역어들을 대체하기 시작하자 토착어와 토착문화의 추락은 피할 수 없었다.

1938년에는 교육법인 각 민족공화국, 민족 관구의 학교에서 러시아어의 필수 교육법'을 채택, 제2 언어로서의 러시아어의 교육이 소련 전역에서 의무화되었다.[18] 2차 대전이 일어나자 이 법령의 시행을 유보했는데, 부분적으로는 재원이 충분하지 않았기 때문이었지만 주로 전쟁 중 민족공화국들에서 반발을 무마하기 위해서였다.

3) 흐루쇼프의 언어정책

흐루쇼프 시기(1953~1964년)에도 러시아어 사용을 위한 강력하고도 급진적인 정책이 펼쳐졌는데, 즉 1958년 12월 채택한 '학교와 실생활 교류 강화 및 소련 인민 교육체계발전법'[19]에 따라 토착주도민족의 언어는 러시아어 학교에서는 사실상 선택과목이 되어 러시아인과 비 토

---

18) 1938년 3월 13일에 제정된 법으로 처음으로 소련 전역에서 러시아어의 교육을 의무화시킨 것이었다. Постановление "Об обязательном изучении русского языка в школах национальных республик и областей". http://lawru.info/dok/1938/03/13/n1195090.htm.

19) Закон СССР об укреплении связи школы с жизнью и о дальнейшем развитии системы народного образования в СССР. http://www.alppp.ru/law/obrazovanie—nauka—kultura/obrazovanie/42/zakon-sssr-ot-24-12-1958.pdf.

착주도민족의 학생들이 토착주도민족의 언어를 배울 가능성이 작아졌고, 러시아어가 공식적으로 선언된 국어는 아니었지만, 소련 인민 모두의 기본적인 화합 인자, 성분으로서의 중요한 역할을 하기 시작했다. 러시아어는 단순히 외국어 중 하나가 아니라 중요한 교과목으로서, 러시아어가 범국가적 언어, 링구아 프랑카일 뿐만 아니라, 소련의 모든 인민의 제2 언어가 된 것이다.

4) 브레즈네프의 언어정책

브레즈네프 시기(1964~1982년)에는 가장 강력한 러시아어 확장 정책이 시행되었는데, 러시아어를 범국가적 자산으로 간주하고, 러시아어가 모든 민족을 융합시키고 소련 인민과 새로운 역사적 공동체로의 전환 과정을 지원하고 신속화시키는 등의 특별한 임무를 수행하게끔 했다. 이에 따라 1960-80년대에 제2 언어로서의 러시아어의 구사 수준이 중앙아시아에서 널리 확장되었다.

당시 헌법과 여타 법률에서는 명목상으로 소련 인민들 사이에 완전한 평등이 존재했다.[20] 그러나 실제로 민족 간 의사소통어로서의 러시아

---

20) 소련의 마지막 헌법인 1977년 헌법의 언어 관련 규정을 보면 민족어의 지위와 사용을 다음과 같이 보장하고 있었다. 34조 '소련 인민은 혈통, 사회적 및 재산 상태, 인종이나 출신 민족, 성, 교육, 언어, 종교, 직업, 거주지 등과 상관없이 법 앞에 평등하다.' 36조 '소련 인민은 평등권을 가지고 이 권리의 실현은 소련 모든 민족의 전면적인 발전과 친근 정책, 소비에트애국심과 사회주의적 인터내셔널리즘 기운

어는 15개 연방공화국, 38개 자치공화국, 주/관구에서의 러시아어 학교의 교육 언어, 비러시아어 학교의 제2 언어로서 널리 확장되었고, 많은 농촌학교에서는 지역, 토착 언어가 사용되었지만, 도시의 모든 기술-직업교육기관과 고등교육기관에서는 러시아어로서만 교육이 이루어졌고 토착주도민족의 언어는 예술, 인문학 부문에서만 주로 사용되었을 뿐이었다.

1978년 '연방공화국에서의 러시아어 학습 및 교육의 지속적 개선 법령'을 공표하여 러시아어 학교 외 모든 학교에서 러시아어 교육용 지도서 및 교과서, 새로운 러시아어 교육 프로그램의 작성, 도입하고, 특히 소수민족에게 더욱더 강화된 러시아어 교육을 장려했는데, 이들 학교에서 러시아어가 토착어를 배제하고 최대한 다양한 교과목의 교육 언어로 의무화되었다.21) 또한 취학 전 교육기관에도 러시아어를 도입하고 러시아

에서 인민 양성, 모어와 여타 민족어 사용 가능성의 지원을 받는다.' 45조 '소련인민은 교육권리를 가진다. 이 권리는 …학교에서 모어로 교육받을 가능성… 등에 의해 지원받는다. Конституция (Основной закон) Союза Советских Социалистических Республик(принята на внеочередной седьмой сессии Верховного Совета СССР девятого созыва 7 октября 1977 г.). http://constitution.garant.ru/history/ussr-rsfsr/1977/red_1977/5478732/.

21) 이 법령은 1978년 6월에 채택되었는데, 민족학교의 새로운 러시아화의 시작을 알린 것이었다. 1979년 5월 연방정부의 교육부가 타쉬켄트에서 러시아어는 소련 민족의 우호와 협력의 언어(Русский язык - язык дружбы и сотрудничества народов СССР)라는 주제로 전 연방 대표자 회의를 개최했는데, 이 회의의 목표는 각 민족공화국에서 러시아어 교육 경험을 공유하기 위한 것으로, 특히 우즈벡공화국의 학교와 교육대학에서의 러시아어를 교육 언어로 바꾸는 동기를 교사의 임금을 인상하는 것에서 찾았다. Положение образования СССР. http://estnauki.ru/istoriya/24-istorija-

어·문학 교사들을 전문적 층위에서 양성하는 조치가 가장 엄격하게 시행되었다.

4. 우즈베키스탄의 러시아어 확장

1925년 5월 소련의 15개 연방공화국 중의 하나가 된 우즈베키스탄에서는 인구가 급격히 늘기 시작했다. 소련창건 초기부터 우즈베키스탄의 산업발전을 위해, 2차 대전 동안 소련 서부 지역 공업시설의 소개 작전과 이들 지역 피난민들의 유입으로, 그리고 1966년 발생한 타쉬켄트 지진 복구사업을 위해 러시아인을 비롯한 러시아어 사용자들이 대규모로 유입했기 때문이다.[22]

러시아어의 확장은 소련 시기 동안 강도가 조금씩 달랐는데, 특히 스탈린시기(1930~40년대), 브레즈네프시기(1960~80년대)에 강도가 더해지면서 결국 모든 학교에서의 필수과목이 되었다.

스탈린이 1937-38년 소련 전역에서와 마찬가지로 중앙아시아에서도 토착문화를 뒤엎는 대숙청을 단행한 이후 러시아어가 고등교육과 사회 진출의 수단이 되었고 군대에서의 링구아 프랑카로서 확고해졌다.

---

ukrainy/2558-polozhenie-obrazovanija-sssr.html.

22) 우즈벡공화국의 인구는 1939년 6,271,269명, 1979년 15,389,307명, 1989년 19,810,077명으로 급증했다.

다른 중앙아시아공화국 주민들과는 달리 우즈벡인들은 민족주의가 강하여 소련 고등교육을 받아 관료 진출을 그리 원하지 않아 사회적 상층부로의 진입이 차단되었고, 특히 군대에서 우즈벡인들의 러시아어 구사 능력 부족으로 차별을 받기도 했다.

5. 독립 이후 우즈벡어의 부활과 소수민족어

소련 말기 혼란기인 1989년 10월 21일 우즈벡최고소비에트가 국어법을 채택했는데, 이 법에서는 우즈벡어가 국어이고 러시아어는 민족 간 의사소통어라고 규정하고 카라칼팍스탄공화국에서도 우즈벡어가 기능하는 여건을 조성하고 있다.23):

1조. 우즈벡어가 우즈베키스탄공화국의 국어이다.24)
우즈베키스탄공화국은 공화국의 정치, 사회, 경제, 문화 활동에서 우즈벡어의 전면적인 발전과 기능화를 보장한다.

---

23) Закон о государственном языке Республике Узбекистан. https://nrm.uz/contentf?doc
=290474_zakon_respubliki_uzbekistan_ot_21_10_1989_g_o_gosudarstvennom_yazyke
_respubliki_uzbekistan_(staraya_redakciya)

24) 소련이 공식적으로 해체되기 전이지만 우즈벡연방공화국(Узбекская CCP)이 아닌 우즈베키스탄공화국(Республика Узбекистан)으로 표기함으로써 이미 독립을 추구하고 있었음을 알 수 있다.
Статья 1. Государственным языком Республики Узбекистан является узбекский язык.

우즈베키스탄공화국 영토에서는 소련 인민의 민족 간 의사소통 언어로서 러시아어의 발전과 자유로운 사용을 보장한다.[25)]

민족어-러시아어, 러시아어-민족어 이중언어사용 의사소통 발전을 위한 양호한 조건을 조성한다.

우즈베키스탄공화국은 영토 내에 거주하는 모든 민족을 존중하고 이들 언어의 발전 조건을 창조한다.

3조. 카라칼팍스탄공화국에서의 우즈벡어 기능화와 관련된 문제들은 카라칼팍스탄공화국의 법률로써 정한다.

그러나 1995년 12월에 이 국어법을 개정하여 러시아어의 민족 간 의사소통어 지위를 박탈하고 개인의 판단에 따라 민족 간 의사소통어를 선택할 수 있고, 우즈벡어의 지위와 사용은 카라칼팍스탄공화국의 결정만

---

25) На территории Республики Узбекистан обеспечивается развитие и свободное пользование русским языком как языком межнационального общения народов СССР.와 Создаются благоприятные условия для развития национально-русского и руссконационального языкового общения.에서 보듯이 обеспечивает, Создает라는 능동동사 대신 обеспечивается, Создаются라는 재귀수동동사를 사용하여 러시아어의 발전과 이용, 그리고 이중언어사용을 적극적으로 보장하는 것이 아님을 알 수 있다. 이에 반해 우즈벡어를 국어로 규정한 부분 Республика Узбекистан обеспечивает всемерное развитие и функционирование узбекского языка в политической, социальной, экономической и культурной жизни республики.에서는 능동형 동사 обеспечивает를 이용하여 공화국이 적극적으로 우즈벡어의 발전과 기능화를 지원할 것임을 나타내고 있다.

이 아닌 우즈벡 정부도 간여하도록 했다.26):

3조. 국민은 자신의 판단에 따라 민족 간 의사소통어를 선택할 권리를
가진다.

...카라칼팍스탄공화국의 우즈벡어 기능화와 관련된 문제들은 또
한 카라칼팍스탄공화국의 법률로도 정한다.27)

1989년 국어법의 주요 내용 가운데 우즈벡어의 국어 규정과 카라칼
팍어에 관한 내용이 1992년 12월 8일 제정된 독립 우즈베키스탄공화국
의 헌법에도 들어가 있었다.28):

---

26) Статья 3. ... Граждане имеют право по своему усмотрению выбирать язык межнацио-
нального общения. Закон о государственном языке (в новой редакции). http://parlia
ment.gov.uz/ru/laws/adopted/84/3491/

27) 최초 언어법 Вопросы, связанные с функционированием языка в Республике Кара
калпакстан, определяются законодательством Республики Каракалпакстан.라는
구절은 개정 언어법에서 также가 들어가 Вопросы, связанные с функционированием
языка в Республике Каракалпакстан, определяются также законодательством
Республики Каракалпакстан.으로 수정되었다.

28) Статья 4. Государственным языком Республики Узбекистан является узбекский язык.
Статья 115. Судопроизводство в Республике Узбекистан ведется на узбекском,
каракалпакском языках или на языке большинства населения данной местности.
Участвующим в деле лицам, не владеющим языком, на котором ведется
судопроизводство, обеспечивается право полного ознакомления с материалами
дела, участия в судебных действиях через переводчика и право выступать в суде на

4조. 우즈벡어가 우즈베키스탄공화국의 국어이다.

공화국은 공화국에 거주하는 민족의 언어, 관습, 전통을 존중하고 이의 발전을 위한 조건을 창조한다.

115조: 공화국 내 사법절차는 우즈벡어, 카라칼팍어, 그리고 해당 지역 다수 주민의 언어로 진행하고 이 언어를 구사하지 못하는 자는 통·번역의 도움을 받을 수 있다.

6. 우즈베키스탄의 소수민족

1) 우즈베키스탄의 민족

소련과 마찬가지로 130개 민족으로 구성된 다민족 국가인 우즈베키스탄은 인구의 약 20%가 우즈벡족 출신이 아니다. 1997년 교육법에 따라 소수민족은 국어와 모어로 교육받을 권리를 가진다.

앞의 〈표 2〉에서 보았듯이 소수민족 중에서 가장 수가 많은 민족 출신이 타지크인들(주로 수니 모슬렘)로서 150만 명 이상(4.8% 이상)에 달한다.29)

родном языке. Конституция Республики Узбекистан. http://www.lex.uz/Pages/GetPage.aspx?lact_id= 35869

타지크인들은 우즈벡인들과의 혼인으로 우즈벡어와 타지크어의 이중 언어사용자들이 많다. 타지크인들은 특히 부하라와 사마르칸트에 많은 수가 거주하고 있는데, 이들의 이중언어사용은 우즈벡인들과 함께한 수백 년간의 삶과 페르시아문화의 영향을 받았기 때문이다. 또한 러시아어를 모어로 삼는 3중언어사용자들도 적지 않다. 1998~2001년에 타지크어로 인쇄된 서적 대부분이 폐기되었는데, 1993년 이전에 발행된, 국가이념에 맞지 않은 교과서는 사용할 수 없다는 정부 결정에 따른 것이다. (Барбара Келльнер-Хайнкеле, Якоб М. Ландау 2015: 90).

우즈베키스탄에 거주하는 카자흐인들은 약 90만 명에 달한다.[30] 이들의 대다수(약 93%)는 카라칼팍스탄, 타쉬켄트, 부하라, 스르다리야 주에 밀집해 거주하고 있다.

1920년대 중반의 소수민족 강제 이주와 국경 재설정 이후 우즈베키스탄의 카자흐인은 107,000명 정도였지만 1939년에는 305,400명까지 증가했다. 이의 원인은 카자흐인들의 다수가 거주하던 카라칼팍자치공화국이 1936년 우즈벡연방공화국으로 편입되었다는 것과 스탈린 통치시기 카자흐연방공화국에서 벌어진 집단화(유목민의 정착화), 그리고 대

---

29) 우즈베키스탄은 독립 이후 공식적인 인구센서스를 실시하지 않아 정확한 인구와 민족분포를 파악할 수는 없지만, 타지크인들은 자신들이 200만 명에 달한다고 주장한다.

30) 2017년 추정에 따르면 카자흐인의 수는 약 80만 명(2.5%) 정도이다.

기근으로 인해 많은 수의 카자흐인들이 우즈벡연방공화국으로 이주했다는 것에 있었다. 이들은 1959년 335,300명으로 늘었고, 1970년에는 1.4배 늘어 476,300명이 되었는데, 이는 약 8만 명의 카자흐인들이 거주하던 카자흐연방공화국의 침켄트 주(Chimkentskaja oblast')의 일부가 1956년 우즈벡연방공화국에 편입되었던 것에 기인한 것이다.

키르기스인의 경우 1989년 당시 174,907명(0.88%)이었지만 2021년 추정치는 약 291,600명(0.84%)으로 인구는 늘었지만, 비율은 크게 달라지지 않았다.31) 특히 우즈베키스탄에 거주하는 키르기스인의 인구와 이들의 활동은 거의 알려지지 않고 있는데, 이는 1990년과 2010년 키르키스스탄의 우즈베키스탄 접경 지역인 페르가나(Fergana)계곡의 오쉬(Osh)지역32)과 잘랄-아바드(Dzhalal-Abad)지역33)에서의 민족

---

31) 그러나 2013년 국립통계청의 자료에 따르면 42만 2천 명(1.4%)으로 큰 차이를 보이고 있다. В 2020 году уточнят численность этнических кыргызов в Узбекистане. http://asiatv.kg/2017/12/15/%D0%B2-2020-%D0%B3%D0%BE%D0%B4%D1%83-%D1%83%D1%82%D0%BE%D1%87%D0%BD%D1%8F%D1%82-%D1%87%D0%B8%D1%81%D0%BB%D0%B5%D0%BD%D0%BD%D0%BE%D1%81%D1%82%D1%8C-%D1%8D%D1%82%D0%BD%D0%B8%D1%87%D0%B5%D1%81%D0%BA/

32) 2009년 당시 오쉬 주의 전체 인구 1,104,248명 중에서 키르기스인 758,036명(68.65%), 우즈벡인 308,688명(27.95%)의 분포를 보였지만, 이곳의 주도인 오쉬(Ош)시 경우는 분포비율이 달라 전체 인구 232,816명 중 우즈벡인 112,469명(48.31%), 키르기스인 100,218명(43.05%)으로 우즈벡인이 다수인 도시였다.

33) 2009년 당시 잘랄-아바드 주의 전체 인구 1,009,889명 중에서 키르기스인 725,321명(71.82%), 우즈벡인 250,748명(24.83%)의 분포를 보였고, 잘랄-아바드 시의 경우 89,004명 중 키르기스인

분규로 인해 야기된 우즈베키스탄 정부의 키르기스인들에 대한 적대적인 정책 때문으로 보인다.(강봉구 2011: 187-219).

1937년 극동에서 우즈베키스탄에 강제로 이주한 고려인은 약 20만 명(〈표 2〉에서는 174,200명)에 달하여 중앙아시아에서 가장 많다. 이들 중 약 5만 명이 주로 타쉬켄트를 중심으로 거주하는데, 거의 러시아에 동화되어 러시아어를 사용하고 러시아식 이름을 가진다.[34] 고려인은 노년층, 장년층, 청년층으로 내려갈수록 한국어의 구사 수준이 낮지만 타쉬켄트를 비롯한 대도시에 세워진 한국문화센터와 100여 개 이상의 학교 및 타쉬켄트국립동방학대학(Tashkent State University of Oriental Studies)와 우즈베키스탄국립세계언어대학교(Uzbekistan State World Languages University)에서 다른 우즈벡인들과 더불어 한국어 교육을 받고 구사능력을 키우고 있다.

우즈베키스탄에 거주하는 투르크멘인들의 수는 약 206,200명 (0.60%)으로 추정한다.[35] 이들은 주로 고대 호레즘에 속했던 투르크메니스탄과의 국경지대와 아무다리야 강 연안에 거주하고 있다.

54.7%, 우즈벡인 38.0%의 분포를 보였다.

34) 1989년 인구센서스를 보면 고려인의 3.6%만이 우즈벡어를 구사할 수 있었다. Народы Узбекистана: Корейцы. http://www.mg.uz/publish/doc/text55461_narody_uzbekistana_koreycy

35) 2000년 인구센서스에서는 투르크멘인들은 약 152,000명(약 0.6%)이었다. Где и как живут туркмены за границе. https://turkmenportal.com/compositions/39.

우즈베키스탄 북서쪽 아랄 해 연안에는 소련창건 초기부터 우즈벡 민족과는 기원과 언어가 다른 카라칼팍민족36)이 거주하는 자치공화국 카라칼팍스탄(Республика Каракалпакстан)이 있다.

카라칼팍스탄의 면적은 우즈베키스탄의 약 1/3인 166,600㎢에 달하지만, 인구는 약 1,990,000명(2022년)으로 우즈베키스탄 전체 인구의 약 5.5% 정도를 차지할 뿐이다.37) 또한 카라칼팍스탄에서는 토착주도민족인 카라칼팍인들이 절대다수를 차지하지는 못하는데, 1989년 소련의 마지막 인구센서스에서도 우즈벡인들보다 수가 적은 것으로 나와 있다.38)

〈표 3〉 1989년 카라칼팍스탄의 민족분포

민족	인구 수(명)	비율(%)
카라칼팍인	389,146	32.10
우즈벡인	397,826	32.82
카자흐인	318,739	26.29
투르크멘인	60,244	4.97
러시아인	19,846	1.64
고려인	9,174	0.76
계	1,212,207	100.00

---

36) 카라칼팍은 토착어로 кара – '검은', калпак – '모자'를 의미한다.

37) 1989년 당시 인구는 1,212,207명이었다.

38) 2005년 추정, 카라칼팍스탄의 전체 인구 1,561,000명 중 카라칼팍인 510,000명(32.7%), 우즈벡인 565,000명(36.2%), 카자흐인 392,000명(25.1%), 그외 민족 94,000명(6%)의 분포를 보였다. Population of Karakalpakstan. http://www.karakalpak.com/stanpop.html

카라칼팍스탄은 1990년 12월 14일 독립을 선언했는데, 이는 카자흐공화국이나 우즈벡공화국보다는 늦었지만, 키르기스공화국보다는 앞선 것이다.

1992년 1월 9일 카라칼팍스탄공화국으로 개편되었고, 이듬해 1993년 우즈베키스탄과의 20년간 합병조약을 체결했다. 이 조약에는 국민투표로써 우즈베키스탄을 탈퇴할 권리가 보장되어 있었다.[39]

그렇지만 카라칼팍인들의 자주권과 독립 요구는 우즈베키스탄의 동화정책과 유·무형의 탄압으로 무시되고 국민투표도 실현되지 못하고 있는데, 우즈베키스탄의 헌법 71조를 보면 확인할 수 있다.[40]:

71조. 카라칼팍스탄공화국은 자기의 헌법을 가진다.

카라칼팍스탄공화국의 헌법은 우즈베키스탄공화국의 헌법과 배치될 수 없다.

동남투르크어(차가타이어)파에 속하는 우즈벡어와 달리 카라칼팍어는 노가이-킵차크어에 속해 카자흐어와 노가이어에 가장 유사한데, 카

---

39) 공화국은 우즈벡공화국의 헌법 17장 74조에 따라 카라칼팍스탄의 국민투표를 기반으로 우즈벡에서 탈퇴할 권리를 가진다. 카라칼팍스탄공화국 대표가 우즈벡공화국 상원의 부의장 중 한 명이 되고 내각에도 1명이 들어간다(우즈벡공화국 헌법 18장 86조). Конституция Республики Узбекистана. http://constitution.uz/ru.

40) Конституция Республики Узбекистана. http://constitution.uz/ru.

자흐어의 한 방언으로 보기도 한다.

카라칼팍어는 카라칼팍스탄 외에도 호레즘 주와 동부의 페르가나 주에도 사용자들이 분포한다.

카라칼팍어는 카라칼팍스탄의 공식어이자 교육 언어이다.

7. 독립 이후 우즈베키스탄의 언어상황

우즈베키스탄의 국어는 우즈벡어이지만 현재까지 러시아어도 공용어 기능을 잃지 않아 주민의 상당수가 러시아어를 구사하고 널리 확장되어 있다. 특히 도시민의 러시아어 구사가 농촌보다 훨씬 높다.[41]

우즈베키스탄에서 러시아어는 어떤 공식적 지위도 없지만, 공공문서, 회계 대부분이 러시아어나 우즈벡어-러시아어의 이중언어로 발행되어 거의 모든 활동 영역에 널리 확장되어있고 학교에서도 러시아어 교육은 필수과목으로서 2학년부터 교육하기 시작한다.[42]

---

[41] 우즈베키스탄의 전체 러시아인 75만 명 중 2/3가 수도인 타쉬켄트에 거주하는 것을 볼 때 대도시를 중심으로 러시아어의 사용이 활발함을 알 수 있다. Узбекистан: почему русские уезжают из республики? http://www.worldandwe.com/ru/page/Uzbekistan_pochemu_russkie_ue zzhayut_iz_respubliki.html#ixzz5KGE8q5eg.

[42] 현재에도 우즈베키스탄 전 지역에서는 각급 국립학교에서 러시아어 교육이 여전히 유지되고 있는데, 848개교에서 약 37만 명이 러시아어로 교육받고 있다. 그러나 러시아어는 3학년부터 주당 2시간인데 반해 영어는 1학년부터 주당 3시간 교육되어 영어를 더 중시한다. Узбекистан: почему русские уезжают из республики? http://www.worldandwe.com/ru/page/Uzbekistan_pochemu

특히 최근 많은 수의 우즈벡인들이 러시아어를 배우기 시작했는데, 국내와 러시아에서의 취업에 쉽기 때문이다. 대개 우즈벡인 학부모는 자녀를 교육의 질이 높은 러시아어학교에 보내거나 러시아어 과외를 받게 한다.

그 외 각 지역의 민족 비율에 따라서 국어인 우즈벡어 외에 다른 언어들도 사용하고 있다. 즉 카라칼팍스탄 공화국에서는 국어인 우즈벡어 외에 카라칼팍어도 공식어이며, 키르기스스탄 영토 내 고립영토인 소흐 라이온 (Sokhskij rajon, 약 58,000명의 주민 중 99.4%가 타지크인)[43]에서는 초중학교 24개교, 고등학교 2개교, 전문대학 2개교에서 타지크어로 교육하고 있다.

_russkie_uezzhayut_iz_respubliki.html#ixzz5KGE8q5eg.

43) 이런 지역을 고립영토(enclave, анклав)라고 부른다. 소련 해체와 더불어 많은 지역이 고립영토가 되었는데, 예를 들면 러시아의 칼리닌그라드 주는 본국으로부터 고립되어 리투아니아, 폴란드에 둘러싸여 있고 아제르바이잔의 나히체반은 아르메니아와 이란, 터키에 둘러싸여 있는데, 그 외에도 많은 곳이 고립영토로 남아 민족, 국경분쟁의 원인이 되고 있다. 2010년 1월에는 소흐 라이온의 주민들과 키르기스국경경비대 간의 충돌이 발생하기도 했다. Киргизы из Узбекистана оказались чужими везде. http://www.stanradar.com/news/full/266-kirgizy-iz-uzbekistana-okazalis-chuzhimi-vezde.html.

〈그림 3〉 우즈베키스탄의 영외 영토

그 외에 타지크인들이 밀집해 거주하는 수한다리야 주, 사마르칸트 주, 부하라 주, 나만간 주에서는 타지크어를 사용하는 매스컴, 초중학교, 고등학교, 그리고 대학교의 학과가 있다. 또한 타쉬켄트 주, 나보이 주와 카라칼팍스탄에서는 초중학교와 대학의 학과에서 카자흐어로도 교육한다. 호레즘 주와 카라칼팍스탄에서는 투르크멘어가 교육 언어인 초등·중학교도 있다.

소련 시기나 독립 당시에도 우즈벡어를 구사하는 러시아인은 그리 많지 않았는데, 고용과 정치적 이유로 소위 빈약한 언어인 우즈벡어 학습을 위한 어떤 현실적 동기도 없었기 때문이었다. 독립 이후에도 러시아인의 70%는 대개 우즈벡어를 구사하지 못했고 배우려 하지 않았다.

1990년대 초부터 많은 러시아인이 러시아 본국이나 러시아인들이 많은 카자흐스탄의 동, 남부 지역으로 이주했는데, 우즈벡 정부의 민족-언어정책과 정치적, 경제적 상황 변화 때문이었다.

우즈베키스탄에 남은 약 100만 명의 러시아인들은 현재 우즈베키스탄에서의 생활 적응과 우즈벡어 학습 필요성을 절감하고 있다.[44]

이와 반대로 2000년대 들어 경제 상황을 이유로 많은 우즈벡인이 러시아에 취업을 위해 러시아어를 배우기 시작하고 있고 실제로 많은 우즈벡인이 러시아에 취업하고 있다.[45]

현재 러시아어는 우즈벡어와 함께 지하철 안내에서 병기되고 가로 표기에서도 키릴 표기 우즈벡어와 병기되고 있는 등, 사실상 다민족 사회인 우즈베키스탄의 민족 간 의사소통어로서의 기능을 담당하고 있다.

연구자가 2017년 8월 직접 우즈베키스탄에서 촬영한 사진으로 보면 잘 알 수 있다.

---

44) 그러나 대학교 교육은 대부분 러시아어로 이루어지고 있다.

45) 2017년 현재 우즈베키스탄 출신의 해외 노동자 수는 약 300만 명에 달하고 러시아에만 170만 명의 우즈베키스탄 국적자들이 거주하고 있다. 2017년 초부터 약 60만 명이 증가했는데, 이는 전년보다 10%이상 증가한 것이다. В 2017 году в России станет больше трудовых мигрантов из Узбекистана. https://ru.sputniknews-uz.com/migration/20170807/5979466/2017-v-rossiu-priedet-bolshe-trudovih-migrantov.html.

〈사진1〉 침간산(Mount. Greater Chimgan) 안내판
('쓰레기 투기 금지'의 키릴 표기 우즈벡어와 러시아어) (2017년 8월 필자 촬영)[46]

〈사진2〉 키릴표기의 라틴표기 교체(2017년 8월 필자 촬영)[47]

---

46) 러시아어 МУСОР БРОСАТЬ ЗАПРЕЩЕНО, 키릴표기 우즈벡어 АХЛАТНИ ТАШЛАШ
   ТАҚИҚЛАНАДИ, 라틴표기 우즈벡어 AXLATNI TASHLASH TAQIQLANADI.

47) KIM PEN HVA MUZEYI의 키릴 표기는 МУЗЕЙ КИМ ПЁН ХВА이다.

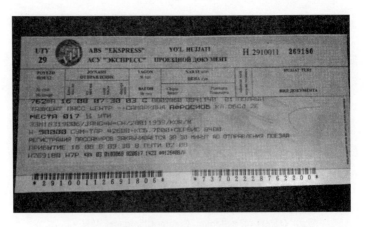

〈사진3〉 우즈베키스탄 고속열차 아프로시오브(Afrosiob)[48] 승차권의
우즈벡어와 러시아어 표기(2017년 8월 필자 촬영)

---

48) 아프로시오브는 사마르칸트의 북부의 황토 언덕 형태의 고대 정착지로서 궁전벽화에 고구려 사신이 그
려져 우리와 깊은 관련이 있다. 그림의 가장 오른쪽 2명이 모자와 의복으로 볼 때 고구려 사람으로 추측
한다.

III. 결론

1991년 소련의 해체로 독립한 우즈베키스탄은 소련 당시 러시아, 우크라이나 다음으로 인구가 많은 연방공화국으로 토착주도민족의 인구와 비율도 비교적 높았고, 현재도 토착주도민족인 우즈벡민족 출신이 80%이상을 차지하고 있다.

우즈베키스탄은 독립과 더불어 민족정체성을 부활시키기 위한 정책의 하나로 우즈벡어의 국어 규정, 민족 간 의사소통어로서의 러시아어의 지위 삭제 및 사용영역 축소, 더 나아가 러시아어의 배제를 추진하고 러시아키릴표기체를 라틴표기체로 바꾸었는데, 이는 포스트소비에트 공간에서 발트지역과 더불어 가장 강력한 것이었다. 그렇지만 우즈베키스탄의 이런 우즈벡어 중심 정책은 그리 성공적이지 않음을 볼 수 있었다. 이는 우즈벡민족 출신의 인구의 압도적 다수에도 불구하고 다양한 민족 출신들이 지역별로 상당수 거주하고 있다는 점, 소련시기에 증가한 러시아인과 러시아어 사용자들의 이주유입, 러시아어의 정치, 경제, 사회, 교육, 대중매체에서의 우월적 사용과 이의 지원 등의 결과로 일상생활에서의 보편적인 러시아어 사용의 편이성으로 많은 수의 국민이 여전히 러시아어를 사용하고 있기 때문이다. 또한 우즈베키스탄 사회, 경제, 교육에서의 낙후와 침체로 인해 많은 수의 국민이 해외로 나가 있는데, 주로 러시아연방이 이주 희망 대상지이다.

또한 우즈베키스탄은 다민족 사회로서 국내에 카라칼팍스탄 공화국이라는 準 자치체를 보유하고 있는데, 이 지역은 우즈베케스탄 영토의 약 1/3을 차지하고 카라칼팍인들이 다수는 아니지만 인구 약 177만 명의 1/3을 차지하고 있다. 이 카라칼팍스탄공화국은 우즈벡정부와 1993년 체결한 우즈베키스탄과의 20년간 합병조약의 시효가 만료되었음에도 불구하고 여전히 독립요구는 묵살되고 우즈벡화가 진행되고 있다.

우즈베키스탄의 민족-언어정책은 겉으로 보기에는 그리 큰 문제가 없어 보이지만 독립 이후 한 번도 인구센서스를 시행하지 않아 민족분포와 언어사용을 밝히지 않은 것, 이 하나만 봐도 민족-언어정책에 대한 우즈벡 정부의 신중한 자세를 알 수 있다. 또한 1995년 5월 시작한 라틴문자로의 전환이 2005년 9월에 최종적으로 완료되어야 하지만 여전히 러시아키릴문자도 병용되고 있다. 이와 같이 우즈베키스탄은 독립 초기부터 강력한 민족-언어 정책에서의 우즈벡화를 추진해 왔지만 완전한 성공을 거두고 있지 않음을 알 수 있었다.

현재 벌어지고 있는 러시아의 우크라이나 침공에서도 러시아가 우크라이나 내 러시아인과 러시아어 사용자들의 보호를 그 주요 원인 중의 하나로 내세웠다는 점, 발트 3국에서의 러시아인의 지위와 러시아어 사용 제한 및 금지, 몰도바에서의 프리드네스트로볘의 독립 등에서와 같이 다민족 국가인 우즈베키스탄에서도 민족-언어문제가 언제든지 분규로 비화할 가능성이 있음을 예측할 수 있다.

참고문헌

강봉구(2011), 키르기스스탄 남부의 종족간 충돌에 관한 연구 : 2010년의 사례를
　　중심으로, *분쟁해결연구 9권 3호*. 서울

정경택(2018), 우즈베키스탄의 민족-언어상황 연구, *러시아어문학연구논집* 제62
　　집. 서울

＿＿＿(2012), 소수민족에 대한 소련의 언어정책, *슬라브研究*. 28권 4호. 서울

＿＿＿(2011), 중앙아시아 5개국의 정체성 모색: 역사적 기원과 문자 전환을 중심
　　으로, *슬라브研究*. 27권 4호. 서울

＿＿＿(2010), 우즈베키스탄의 표기체 변화 연구, *슬라브어 연구*. 15권 2호. 서울

＿＿＿(2006), 우즈베키스탄에서의 러시아어의 지위변화. *슬라브어 연구*. 11권.
　　서울

＿＿＿(2010), 유라시아의 언어와 문화. 경상대출판부. 진주

보흐단 나할일로, 빅토르 스보보다. 정옥경 역, 『러시아 민족문제의 역사』. 서울: 신
　　아사, 2002, pp.67-160.

Барбара Келльнер-Хайнкеле, Якоб М. Ландау(2015), Языковая полити
　　ка в современной Центральной Азии: Национальная и этническа
　　я идентичность и советское наследие. Москва.

＿＿＿＿＿＿＿＿＿＿＿＿＿＿＿＿＿＿＿＿＿(2004), Языковая политик
　　а в мусульманских государствах － бывших советских союзных

республиках. Москва.

Жен Гён Тэк(2015), Русский язык в Центральной Азии, 슬라브어 연구. 21권 1호. 서울

Library of Congress(2007), Country Profile: Uzbekistan. http://lcweb2.loc. gov/frd/cs/profiles/Uzbekistan.pdf.

Декларация прав народов России. http://constitution.garant.ru/his tory/act1600-1918/5307/

Декрет «О ликвидации безграмотности среди населения РСФСР». http://www.rusarchives.ru/projects/statehood/08-41-dekret-bezgramotnost-1918.shtml

Хорезмская область. Всесоюзная перепись населения 1989 года. http://www.demoscope.ru/weekly/ssp/resp_nac_89.php?reg=43

'女將'의 추억과 明淸代 廣東의 로컬리티*

- 冼夫人과 蔡九娘을 중심으로 -

최수경(경상국립대학교 국제지역연구원 학술연구교수)

I. 서론

특정 지역에 고유한 '속성'이나 '정체성'이 존재하는가? 흔히 '전통' 혹은 '풍속'으로 간주하는 지역 문화는 언제, 누구에 의해 만들어지고, 어떠한 과정을 거쳐서 승인되는 것인가? 만약 기존의 문화가 어떠한 계기나 사건으로 근본적 변화를 경험한다면 그 지역의 토착적, 혹은 고유한 문화의 본질은 과연 무엇인가? 본 고는 위와 같은 문제의식에서 출발하여

---

* 본 논문은 ≪중국어문논총≫107집에 게재된 <明淸代 로컬리티 속의 廣東 女性 ― '女將'을 중심으로>를 수정보완한 것입니다.

明清 문인들이 廣東 여성 인물을 해석하는 방식을 분석해보려고 한다. 모든 장소나 공간은 변화하는 사회적 관계와 생태적 조건 속에서 새롭게 정의되기 마련이지만, 宋代 이후의 廣東은 장소와 공간 정체성의 인위적, 구성적 본질을 잘 보여주는 좋은 예이다. 이 무렵부터 지역 문인들은 고향과 선배들의 역사를 자신들의 시각으로 다시 쓰고자 하였고 "지역의 과거는 가치의 원천으로서 국가를 대신할만한 대안으로 떠올랐다."[1]

위와 같은 관점에서 보면 과거 '야만의 땅'으로 치부되었던 廣東의 성공적인 '中國化'는 사실 지역 문인과 관리들의 끊임없는 노력을 통한 '로컬리티(locality)'의 구성에 의한 것이라 할 수 있다.[2] 그리고 이러한 로컬리티의 지형도 속에서 '女性'의 존재는 중요한 의미가 있다. 중국 전통 사회에서 여성은 남성과 상대되는 생물학적 性別의 의미를 넘어선 문화적, 이데올로기의 상징으로 기능하였다. '陰'이라는 우주론적 층위에서의 여성의 위치에 대한 비유는 공간적(안과 밖), 관계적(夫婦, 君臣 등)

---

1) Bol은 중국 역사상 국가주의가 쇠퇴하는 자리에 일부 지역은 꾸준히 '지방주의적 전환(localist turn)'을 모색했고, 특히 16세기가 그 전환점이라 분석한 바 있다. Bol, Peter Kees, <The "Localist Turn" and "Local Identity" in Later Imperial China>(≪Late Imperial China≫, Vol. 24, No.2, Dec. 2003)참고. 인용은 27쪽.

2) '로컬리티'란 "지역을 이루는 물리적 배경으로서의 공간, 삶의 주체인 인간, 그리고 그 인간들의 관계로 이루어진 집단인 사회"라는 세 가지 요소가 "상보적으로 뒤섞이고 누적되어 만든 문화적 구성체"를 의미한다. 이재성, <로컬리티의 연구동향과 인문학 연구의 새로운 방향>(≪한국학논집≫ 제41집, 2011), 98쪽. '지역성' 정도로 번역될 수 있겠으나, 현재 학계에서 '로컬리티'라는 용어가 광범위하게 사용되고 있으므로 이를 별도로 번역하지 않았다.

질서의 정당성과 권위를 표현하기 위해 종종 사용되었다. 여성에 대한 재현, 해석 방식, 담론의 유포 등은 그간 많이 논의되었으나 종종 '전통 시기 중국 여성'이라는 광범위한 범주로 수렴되어 지역, 계층, 種族의 '차이'는 제대로 고려되지 못했다.3) 中原이 아닌 주변부나 邊境 지역의 여성, 특히 中原 문화에 포섭되기 이전 과거의 여성 인물을 기록하고 수용하는 과정에서 문인들은 ≪列女傳≫ 식의 정형적 여성론, 혹은 教化와 馴致의 계몽론으로 다루기 어려운 복잡다단한 문제에 부딪혔다. 이는 과거 여성들이 위치했던 구체적 시공간을 단일하고 형이상학적인 유가적 세계관으로 이해하거나 해석하기 어려웠기 때문이다.4) 그 중 '女將', 즉 여성 군사 지도자는 고대 嶺南과 중원 문화 간의 性別 구도와 性的 태도의 차이가 극대화된 인물이다. 고대 廣東의 '女將'은 그 존재 자체로 지역의 전통을 드러내는 상징적 의미가 있다.5) 물론 花木蘭에서 시작된 여성 武人의 문학적 이미지는 비단 廣東 뿐 아니라 중국 전역에

---

3) 전근대 시기 중국 여성 연구에서 가장 많이 논의되어 온 집단은 '여성 작가'(주로 詩人)와 '妓女'를 꼽을 수 있다. 이 두 집단은 전통 시기에서는 매우 드물게 公的 정체성을 지니고 사회적 시선 속에 공개되었다는 공통점을 가진다.

4) 물론 이러한 모순과 긴장은 여성 뿐 아니라 주변부 지역에 관한 서술에서 보편적으로 발견되는 것이기도 하다. 대체로 문인 서술자들은 '교화론'으로 이 문제를 해결하였다. 이에 관해서는 청메이바오 지음/정진선 최형섭 옮김, ≪지역문화와 국가의식: 근대 '광동문화'관의 형성≫(서울: 심산, 2014) 106-111쪽 참고.

5) 賀喜는 "女將의 이미지 자체가 嶺南의 지방 색채를 띠고 있다"고 하였다. (≪亦神亦祖: 粤西南信仰構建的社會史≫, 北京: 三聯書店, 2011, 28쪽)

유포되어 각종 서사물에서 援用되고 변조되었다. 하지만 문학 속 여성 무인들은 모두 男裝을 하고 자신의 성별을 숨긴 채 종군했다는 공통점이 있다. 이 여주인공들이 모두 남장을 했던 이유는 분명하다. 여성의 參戰, 혹은 公的 영역으로의 진입은 그 자체로 內外 '격리' 혹은 '구분'이라는 유가의 핵심적 性別 규범을 위반하는 것이기 때문이다.[6] 그런 점에서 성별의 은폐와 관련 없는 廣東의 女將 전설은 분명 지역 문화, 그리고 이와 결부된 사람들의 상상과 깊은 관련이 있다.

본고는 地方志와 지역 문헌을 중심으로 明淸代 문인들이 고대 廣東의 女將을 어떻게 해석하고 이를 로컬리티의 지형 속에 수용했는지 탐색하려고 한다. 明代부터 본격적으로 등장하기 시작한 지방지는 그 자체가 지역에서의 로컬리티의 흥기, 그리고 이러한 로컬리티를 구성하는 지역 문인들의 활동에서 기인하였으므로 로컬리티의 분석에서 가장 중요한 자료이다. 지방지 외에 ≪廣東新語≫, ≪粤中見聞≫, ≪鷄肋集≫ 등 廣東의 지역 문헌들도 함께 분석할 것이다. 廣東 女將 중 隋代의 洗夫人 (譙國夫人)과 元末의 蔡九娘을 중점 연구 대상으로 삼으려 한다. 廣東 여성, 특히 洗夫人에 대해서는 역사학, 민속학, 인류학 분야에서 다수의 연구 성과가 있다. 하지만 본고는 지역 신앙이나 神明의 역사를 탐색하

---

6) 고대 유가 경전에서 규정한 남녀의 분리, 혹은 격리의 의미와 그 범주에 대해서는 Lisa Raphals, ≪Sharing the Light:Representations of Women and Virtue in Early China≫(State University of New York Press, 1998) chapter 9 참조.

거나 종교학, 민속학적 관점에서 性別의 문제를 논하려는 것이 아니라 廣東의 지리 경관에 결부된 문화적 상상 속에 재현된 여성을 분석하는 것을 목표로 하고 있는데, 이러한 관점의 연구는 찾기 어렵다. 다만 본고의 주요 분석 대상인 冼夫人에 대한 역사적 고증, 그리고 종교학, 민속학계의 연구 성과가 배경 이해에 상당한 도움이 되었다.[7] 蔡九娘에 대한 선행연구는 극히 드물다.[8] 이 밖에 劉正剛 교수가 고전 시기 문헌 속의 廣東 여성에 관한 연구 결과를 여러 편 발표하여 관련 史料를 다양하게 제시하여 연구 과정에서 참고할 수 있었다.[9]

II. '女將'의 전통과 性別 규범의 관점에서 본 廣東 여성

청대 초기 屈大均(1630-1696)은 ≪廣東新語≫ 중 <女語>를 정치

---

7) 역사 속에서의 冼夫人에 관한 연구는 張均紹, ≪冼夫人考略≫, 廣州: 廣東省地圖出版社, 1996年; 林華勝, <試論史書中的冼夫人形象>, ≪南方論刊≫, 2012年第10期 참고. 신앙으로서의 冼夫人 숭배에 대해서는 劉正剛, 劉軍, <明淸冼夫人崇拜與地方經濟變遷>, ≪海南大學學報≫(人文社會科學版), 2006年6月第24卷; 蔣明智, <論嶺南冼夫人信仰衍變>, ≪世界宗敎硏究≫, 2009年第3期; 龔禮茹, ≪嶺南女神信仰硏究-以龍母, 冼夫人和馬祖爲中心≫, 深圳大學碩士論文, 2018 참고.

8) 검색 결과 현재 蔡九娘에 대한 연구는 喬玉紅의 <元末瓊州女性蔡九娘考>(≪暨南史學≫, 2018年1期)가 유일한데 필자는 아직 이를 입수하지 못했다. 공개된 요약문을 보면 蔡九娘 고증과 고사의 역사적 배경에 초점을 맞춘 논문으로 보인다.

9) ≪明淸地域社會變遷中的廣東鄕村婦女硏究≫(北京: 社會科學文獻出版社, 2016).

지도자이자 戰功이 뛰어났던 다섯 명의 여성, 즉 '粤中五女將'으로 시작한다. 嶺南[10] 지역은 역사적으로 여성 군사 지도자에 관한 전설이 상당히 많이 전해진다. 현재 자료에서 찾을 수 있는 嶺南의 '女將'은 다음과 같다.

〈표 1〉廣東의 女將 목록

女將	시대	지역	최초 기록 문헌	비고
쫑짝(徵側), 쫑니(徵貳)	東漢	交趾郡	後漢書	漢에 반란
冼氏	秦漢교체기	高州 保寧	嶺表錄異	南越國 趙佗에 歸附
趙氏	三國	九眞郡(현재 베트남 중부)	交州記	반란군 우두머리
冼夫人(譙國夫人)	南朝·隋	高凉	隋書	嶺南 통치자로 3개 왕조에 충성.
虞氏(英德夫人)	唐	英州(廣東 英德)	明 廣東通志(萬曆)	黃巢의 난 당시 戰死,
李氏(寧國夫人)	五代	雷州	明 雷州府志(萬曆)	南漢國 잔당과 전투
武氏	五代	興寧 혹은 英德	輿地紀勝	寇盜 제압
黃氏·王氏·吳氏 母女	南宋	瓊州(현재 海南)	正德 瓊臺志	寇盜 제압
許夫人	宋元교체기	粤東(大埔?)	大埔縣志(民國)	元軍과 전투
蔡九娘	元末	瓊州	雞肋集	寇盜와 전투

---

10) 고대의 嶺南은 五嶺 이남을 지칭하며 현재의 廣東, 廣西, 海南島, 베트남 북부까지 포함한 광대한 영토 범주이다. 행정구역상으로 廣西와 廣東이 처음 분리된 것은 宋代였고 廣東이 海南을 포함한 독자적 행정구역으로 자리잡은 것은 명대 이후이다. 본고에서는 宋代 이전의 역사적, 지리적 배경을 의미할 때는 嶺南, 이후는 廣東이라 하였다.

屈大均이 ≪廣東新語≫ <女語>에서 소개했던 越 지역의 첫 번째 여성은 漢의 통치에 반란을 일으켰던 交趾郡의 지도자 쯩짝과 쯩니 자매였고11) 그 이후에도 원대에 이르기까지 女將의 전통은 이어졌다. 물론 역사적으로 여성의 從軍 그 자체가 廣東만의 전통은 아니었다. 역사적으로 中原이 아닌 지역에서는 戰場을 포함하여 公的 영역에서의 여성 참여가 배제되지는 않았다.12) 하지만 본고에서 다루는 '女將'은 단순히 참전한 여성이 아니라 한 지역을 이끄는 '지방의 首領', 즉 정치적, 군사적 권력을 가진 지역 세력을 의미한다. 이는 嶺南 특유의 性別 관계, 정치적 승계 구도, 문화와 관련이 있다. 漢 제국은 嶺南에 郡縣을 설치하기는 했지만, 실질적으로 중국의 통치가 미치는 영역은 극히 제한적이었다.13) 변경 지역의 土豪, 혹은 土酋들은 강력한 왕조에 歸附하여 지역 권력에 대한 승인을 받는 것이 보통이었고, 지역 통치자의 승계는 남녀를 구분하지 않았다.14) 이러한 통치 형태와 중원에서 멀리 떨어진 지역

---

11) 기원전 111년 漢武帝가 南越國을 공격하고 그 판도에 7개 郡을 설치한다. 그 중 交趾郡은 현재의 베트남 북부 紅河 유역에 해당한다. 이에 대해서는 유인선, ≪베트남의 역사≫(서울: 이산, 2018), 33-35쪽 참고.

12) 花木蘭 서사가 기원했던 北朝에서의 여성 정치 참여, 종군 사례는 이영숙, ≪木蘭 形象의 時代 變遷과 文化 受容 硏究≫(숙명여자대학교 박사학위 논문, 2012), 12-16쪽 참고.

13) 秦漢帝國이 嶺南지역에 설치했던 郡들은 전반적으로 중국과 외국의 경계에 속하는 '邊郡'인데 이는 "'중국'과도 변군 바깥의 다른 만이지역과도 구분되는 제3의 지역"이라 정의된다. 정면, <후한대 남이지역의 변군 지배와 '남중' '남인' 개념의 출현>(≪중국사연구≫ 제49집, 2007.8), 115쪽.

14) 고대 영남 토착 부락의 승계 구도에 대해서는 黃淑瑤, <性別, 權力與海南古代女性>(≪社會≫

적 특성이 더해져 嶺南은 잠재적으로 自治를 향한 열망, 혹은 군사적, 정치적 모반의 위험성이 도사리고 있는 공간으로 인식되기도 했다.15)

嶺南을 포함하여 남부와 서남부 지역에서 '中國化'가 진행되기 이전에 구체적으로 어떠한 性別 구도나 性的 태도가 통용되었는지는 정확히 알 수 없다. 다만 중원과 비교하여 家母長的 전통이 상당히 늦게까지 유지되었다는 설이 유력하다. 嶺南지역의 女神으로 추앙받았던 龍母의 전설은 廣東 토착민인 蜑民들의 水上 생활, 嶺南지역의 家母長的 사회구조를 반영한다고 평가된다.16) 표에서 보다시피 유가적 전통사회에서 여성에게 부과했던 성별 규범으로는 좀처럼 설명하기 힘든 사회적 역할을 수행한 여성이 기록에 많이 남아 있는 것 역시 이러한 전통과 관련 있을 것이다. 중원과는 다른, 기이한, 심지어 '反문명적' 공간으로 해석되었던 嶺南의 지역 정체성이 唐宋 시기까지 유력하게 전파된 것에는 여성 이미지 역시 일정 정도 기여하였다.17)

2012年 6期 第32卷) 참고.

15) Kevin Carrico은 廣東 공간에는 줄곧 중심을 향한 통합의 열망과 이에 도전하려는 주변부로서의 역사가 번갈아 등장했다고 해석하였다. 漢의 몰락 이후 廣東 지역에서는 적어도 15개의 왕국이나 정권이 출현하였으며 이들은 대부분 중국과 독립적 관계를 유지했다고 한다<Recentering China: The Cantonese in and beyond the Han>(≪Critical Han Studies: The History, Representation, and Identity of China's Majority≫) 28쪽.

16) 龍母 전설의 내용, 전파, 의미에 대해서는 劉正剛, 앞의 책, 6쪽 참고.

17) 고대 嶺南의 이미지와 묘사에 대해서는 科大衛(David Faure) 著/ 卜永堅 譯, ≪皇帝和祖宗 – 華南的國家與宗族≫(南京: 江蘇人民出版社, 2010, 25-28쪽; 최수경, <≪廣東新語≫의 세계와 17

남쪽 지방은 대단히 더워서 남자에게는 적합하지 않고 여자에게 특히 맞다. 대개 陽과 陽이 함께 있으면 서로 해치게 되고 陰과 陽은 서로를 필요로 하면서 키워주기 때문이다. 내가 嶺南 깊은 곳의 여자들을 관찰하니 정말로 (숫자도) 많고 (힘이) 왕성하다. 남자들은 형체가 왜소하고 안색이 어둡다. 여자들은 검은 머리에 윤기 흐르는 피부를 지녔고 병도 적고 힘도 세다. 성곽의 시장에 보면 물건을 지고 다니며 파는 사람들은 전부 여자들이다.[18]

중원의 사대부들이 인식하고 상상했던 고대 嶺南 지역의 性別 구도는 "여자는 강하고 남자는 약하다[婦人强, 男子弱]"로 요약된다. 이러한 이미지들은 후세에 사회 구성원들 대부분이 체화, 규범화한 유가적 성별 윤리를 완전히 顚倒시킨 형태이다.[19] 전통 시기 여성을 일종의 '약자'나 '희생자'로 파악하고 있는 근현대의 독자들의 눈에는 廣東 여성들의 삶이 오히려 '진보적'인 풍경으로 비칠 법하다. 하지만 당시 이곳에 왔던 漢人 관찰자들은 분명 자신들의 '南蠻' 상상에 부합하는 풍경들을 더 적극적으로 포착하여 嶺南의 '차이'를 부각하려는 경향도 있었을 것이다. 嶺

세기 광동(廣東)의 시공간>(≪중국어문논총≫ 99집, 2010) 서론 참고

18) ≪嶺外代答·蠻俗門≫: "南方盛熱, 不宜男子, 特宜婦人. 蓋陽與陽俱則相害, 陽與陰求而相養也. 余觀深廣之女, 何其多且盛也. 男子身形卑小, 顏色黯慘. 婦人則黑理充肥, 少疾多力. 城廓虛市, 負販逐利, 率婦人也.", (宋)周去非 著/楊武泉 校注, ≪嶺外代答校注≫(北京: 中華書局, 2006), 429쪽.

19) 劉正剛, ≪明淸地域社會變遷中的廣東鄉村婦女硏究≫, 28-52쪽 참고.

南에서 관찰되는 전도된 性別 질서, 문란한 性的 교섭 등은 宋代 이전까지 嶺南을 '야만인'이 득실거리는 질병과 죽음의 땅으로 간주했던 中原의 漢人들이 상상하던 嶺南 경관 속에서 매우 중요하고 핵심적인 내용이었다. 사회와 가정에서의 여성의 위치와 섹슈얼리티는 유가 지식인들이 한 사회의 문명화 여부를 판단하는 주요 척도였기 때문이다.

하지만 南宋代부터 廣東의 지식인들은 고향의 이질적인 문화적 정체성을 유가적 禮儀와 理學 이데올로기에 연계시키려고 서서히 시도하였다. 이는 사상사 내부의 고립된 변화가 아니라 남송대부터 명대에 이르는 수백 년간 廣東人들의 생태 환경, 種族 구성, 생활 방식을 완전히 변화시킨 사건들과 연계하여 일어난 변화이다.[20] 정치적으로는 중앙 권력이 지역 호족을 대체하고, 유가적 이념과 儀禮에 익숙한 현지 문인들이 지방문화의 주도 세력으로 떠올랐다. 이들이 구성한 宗族 체계가 廣東 사회를 지배하게 되자 서민들에게도 유가적 윤리와 관료들의 儀禮가 전파되어 이른바 '宗法倫理의 庶民化', '自己 士紳化' 현상이 두드러지게 되었다.[21] 지역 문인들이 의식적으로 생산한 '로컬리티'는 종종 국가 이

---

20) 珠江 삼각주의 등장, 이로 인한 沙田의 개발, 인구 이동 등이 바로 그것이다. 주강 삼각주 형성과정에 대해서는 Robert B. Marks, ≪Tigers, Rice, Silk & Silt - Enviroment and Economy in Late Imperial South China≫(New York: Cambridge Univ. Press, 2005, first published 1998) pp.66-88 참고; 沙田 개발로 인한 계급 분화, 인구 이동에 대해서는 유장근, ≪근대중국의 지역사회와 국가권력≫, 제1부 <지역사회와 국가 권력>, 서울: 신서원, 2004; 科大衛(David Faure) 著/卜永堅 譯, ≪皇帝和祖宗 - 華南的國家與宗族≫(南京: 江蘇人民出版社, 2010), 162-176쪽 참고.

데올로기와의 合一을 지향하는 형태를 띠었다. 儒家들은 이를 위해 수백 년간 '教化'를 진행하였고 廣東은 "宋明 이후 줄곧 '讀書人'과 '怪力亂神'이 경쟁하는 전쟁터가 되었다."[22] 중원문명의 이념과 儀禮가 광범위하게 유포되면서, 유가 이념이 일상의 삶 속에 체화되었음을 보여주는 가시적 상징인 '烈女'들이 출현하였다. 명대 嘉靖연간(1522-1566) 이후 廣東의 지방지에는 본격적으로 이 지역 출신의 烈女들이 기록되기 시작하였다.[23]

이제 廣東의 지식인과 관리들은 '中國化'가 본격적으로 진행되기 이전인 과거 嶺南의 역사를 새롭게 해석할 필요가 있었다. 남성을 압도하는 통치력, 생산능력, 사회적 이동성, 자유로운 性的 지향으로 인해 때로는 비난을 자아냈던 廣東의 옛 여성들에 대해서도 자연스럽게 새로운 평가와 해석이 요구되기 시작했다.

---

21) 明代 廣東 지역 사회에서 유행한 宗族 제도, 儀禮의 개혁과 그 의미에 관해서는 科大衛·劉志偉, <宗族與地方社會的國家認同-明淸華南地區宗族發展的意識形態基礎>(≪歷史硏究≫, 2000年 第3期) 참고. 인용은 13쪽.

22) 科大衛·劉志偉, 앞의 논문 6쪽.

23) 廣東 지역에 列女의 범주에 해당하는 여성 인물이 기록된 것은 상당히 후대의 일이다. 현존 자료 중에서는 明 成化 9년(1473) ≪廣州志≫에 元代의 烈女 2인이 수록된 것이 최초의 사례라고 한다. 劉正剛, <明代方志書寫烈女抗暴'言論模式探析>(≪暨南學報≫(哲學社會科學版), 2014年 第2期) 참고.

III. 女將의 기억 - 冼夫人에 대한 明淸 문인들의 讀法

〈표 1〉의 女將들 중 가장 유명한 인물은 단연코 隋代의 冼夫人이다. 또 한 명의 冼夫人인 秦漢代 冼氏는 당시 嶺南에 새롭게 들어선 南越國에 歸附했다는 이유로 性的 조롱의 의미가 담긴 신체묘사로 역사에 남았다.[24] 용맹함과 지도력, 지식과 언변까지 겸비한 뛰어난 지도자였던 冼氏가 이런 대접을 받은 것은 그녀가 선택한 충성의 대상이 중원의 왕조가 아니었기 때문이었을 것이다.[25] 삼국시대에 九眞郡에서 코끼리를 타고 다녔다는 반란군 지도자 趙氏가 자유분방한 사생활로 인해 비난의 대상이 된 것도 이와 일맥상통한다고 볼 수 있다.[26] 여성의 武勇은 국가 이데올로기에 기여했다고 인정받을 때는 일부 긍정적 평가를 받았지만, 중원의 권력에 반기를 든 '不忠'한 여성들은 성적 문란함의 암시나 '不貞'

---

24) 高州 保寧人인 冼氏의 사적은 《太平廣記》 卷270 <婦人1 >에 처음 보인다. 그녀는 신장이 7척이고 智謀가 뛰어났고 3인분의 힘이 있었고 유방이 2尺이나 되어 멀리 갈 때는 두 유방을 어깨에 걸치고 다녔다고 한다("身長七尺, 多智謀, 有三人之力, 兩乳長二尺餘, 或冒熱遠行, 兩乳搭在肩上") 北京:中華書局, 1961, 2117쪽. 이후 많은 문헌에 그녀의 신체적 특징이 언급되었지만 19세기에 이르러 道光本 《廣東通志》에서는 이를 황당하다며("近誕事") 일축하였다.

25) 錢以愷(?-1732)은 《嶺海見聞》에서 이러한 견해를 밝힌 바 있다. 《嶺海見聞》 卷4 〈冼氏〉(兩淮馬裕家藏本), 18a-18b쪽 참고.

26) 《太平御覽·乳》에 조씨 역시 유방이 컸으며 결혼하지 않고 반란군을 이끌었다고 한다는 기록이 있다. 전투가 끝나면 군막으로 들어가 남자들과 사통했다고 하였다. (宋)李昉 等 撰, 《太平御覽》(北京: 中華書局, 1960), 1709쪽 참고.

의 혐의와 연결되기 마련이었다. 그러나 설령 국가로부터 인정받은 女將이라 할지라도, 그녀들은 性別 질서의 '顚倒' 흔적을 완전히 떨쳐버리지 못했다.

1. 표준화된 原典, '聖母'의 탄생

譙國夫人으로 알려진 高凉 洗夫人은 사망한 지 얼마 되지 않아 正史 ≪隋書≫의 <列女傳>에 기록되었고 후세까지 官方과 지역민 모두에게 추앙받는 영광을 누렸다. ≪隋書≫<譙國夫人傳>은 전체적으로 그녀의 정체성을 '南越 首領'으로 규정하고 있지만, '列女'편에 배치되었다. 대략의 내용은 다음과 같다. 洗夫人은 젊은 시절부터 지도력이 뛰어나서 歸附하는 部落이 매우 많았다. 羅州刺史 馮融은 말을 듣지 않는 지역 부락을 통제하기 위해 아들이자 高凉太守인 馮寶를 그녀와 결혼시켰다. 이후 그녀는 侯景의 반란 때 남편이 연루되지 않도록 권하는 한편, 반란 진압에 혁혁한 공을 세웠다. 그녀가 충성하던 南朝의 陳이 멸망하자 "嶺南은 의지할 곳이 없게 되어서 여러 郡이 함께 부인을 받들고 聖母라 칭했다. (부인은) 영토를 보존하고 백성을 편안하게 하였다." 이후 집권한 隋 왕조가 귀순을 권유하자 그녀는 "首領 수천 명을 집합시켜 종일 통곡하고는" 수나라에 歸附한다. 이후 또 王仲宣이 반란을 일으켜 성이 함락되자 그녀는 "직접 갑옷을 입고 전투마를 타고 비단 우선을 펼치

고 기병대를 이끌고" 전쟁터를 누볐다. 난을 진압한 뒤 손자 馮盎은 譙
國公으로, 그녀는 譙國夫人으로 책봉되어 幕府을 열어 관직을 설치하
고 印章을 지급하였다. 이후 지역에서 獠人들의 반란이 일어나자 그녀
는 "친히 조서를 싣고 다니며 스스로 使者를 자청하고 열 몇 州를 돌아다
니며 상부의 뜻을 宣述하여 俚人과 獠人들에게 알려주었다."27) 冼夫人
사망 뒤 이러한 생전의 공을 인정받아 誠敬夫人이라는 시호를 하사받았
다는 후일담으로 ≪隋書≫의 冼夫人 전기는 막을 내린다.

　사실 전통 史家나 유학자들의 시각에서 보면 그녀를 '列女'의 범주에
넣기에는 모호한 측면이 있다. 劉向의 ≪列女傳≫에 수록된 여성 중 독
자적 정치 세력을 구축한 경우는 없었다.28) ≪隋書≫에서도 그녀가 남
편, 아들에게 정치적 훈수를 두는 장면을 넣어서 형식적으로는 '列女'의
표준과 부합하는 이미지를 만들었지만 사실상 서술의 중점은 冼夫人의
통치 능력과 현지에서 받은 신망, 조정에 대한 일관된 충성심에 놓여 있

---

27) ≪隋書·譙國夫人≫: "岭南未有所附, 数郡共奉夫人, 号为圣母, 保境安民 … 集首领数千, 尽日恸
　　哭"; "夫人亲被甲, 乘介马, 张锦伞, 领毂骑"; "夫人亲载诏书, 自称使者, 历十馀州, 宣述上意, 谕
　　诸俚獠" (卷80 列傳45 列女), (唐)魏徵 等 撰, 武英殿二十四史本, 6a-7b쪽.

28) 현재 남아 있는 劉向의 ≪列女傳≫(古列女傳)의 편명은 母儀, 賢明, 仁智, 貞愼(현재는 '順'), 節義,
　　辯通, 孽嬖 등 8종이다. '辯通'에 지혜로운 여성들의 이야기가 주로 실려 있지만, 여성들의 지혜는 거
　　의 가족 관계 내에서 발휘되는 것으로 설정되어 있다. 유향의 ≪열녀전≫과 이후 이를 모방한 여성 傳
　　記集의 양상에 대해서는 최수경, <여성경전의 재탄생 – 明末 규범과 '열녀전'의 파라텍스트에 대한
　　연구>(≪중어중문학≫ 제82집, 2020, 12) 참고.

다. 관련 연구에 의하면 <譙國夫人傳>에서 재현한 그녀의 '聖母'와 '忠臣'이라는 두 가지 상반된 이미지는 서술자의 의도에서 비롯된 것이었다. 洗夫人의 손자인 馮盎은 唐 조정과 상당한 긴장 관계에 놓여 있었는데 당시 唐太宗을 설득하여 양측 간의 군사 충돌을 막은 사람이 바로 ≪隋書≫의 편찬자인 魏徵이었다. 즉 위징은 그녀를 "忠義로운 聖母로 재현할 정치적 필요성이 있었던 것이 분명했다"[29] 하지만 서술자의 의도와는 별개로 '忠義로운 嶺南의 聖母'는 그 존재 자체에 모순을 내포한다. 중앙 조정이 지역민들을 직접 통제하지 못하고 部落의 首領에게 조공을 받고 지방 권력을 승인해 주는 느슨한 간접통치 형태가 적용되었던 당시 嶺南의 현실 속에[30], 諸 部落의 절대적 지지와 복종을 받는 지역 大姓의 존재란 그 자체로 중앙 권력에 커다란 견제와 잠재적인 위협이 될 수밖에 없기 때문이다.

그러나 그 역사적 배경과 관계없이 ≪隋書≫의 기록은 하나의 표준이 되어 각종 正史와 지방지에 반복 인용되었다. 문헌마다 특정한 부분을 강조하거나 생략하는 등의 개조는 있었지만[31] 기본적으로 ≪隋書≫의

---

29) 賀喜, 앞의 책 28–39쪽 참고. 인용은 39쪽.

30) 唐代 嶺南道에 설치된 州들 중 일부를 제외한 절대다수는 실질적으로 중앙에서 파견한 관리가 아닌 현지의 大姓 豪族들에 의해 통치되었다. 洗夫人의 夫家인 高州 馮氏 가문의 경우 군대를 동원하여 토지 겸병을 계속한 끝에 한때 20州에 달하는 광동성 남부 연해, 해남성, 광서성 일부까지 자신의 영지로 삼았다고 한다. 정병준, 채지혜, <당대 기미부주 연구(3) (劉統)>(≪신라사학보≫ 25집, 2012.8) 참고.

31) 예를 들어 ≪北史≫의 <譙國夫人洗氏>에서는 戰功 부분을 다소 간략하게 수정하고 자녀 교육이나

洗夫人 이미지는 사실상 清末까지 유지되었다. 필자가 보기에 이후 洗夫人의 傳記와 관련하여 특기할만한 사항은 두 가지 정도이다. 우선 正史와 지방지에서 모두 예외 없이 '列女' 카테고리에 속하던 洗夫人 傳記가 廣東 최초의 省志인 嘉靖 연간의 ≪廣東通志初稿≫(戴璟 撰, 1535년)에서는 <將略>편에 속해있는 점에 주목할 필요가 있다.32) 그리고 이러한 배치에 걸맞게 주로 戰功과 관련된 부분을 발췌하였다. 이는 그녀가 정형화된 '열녀'가 아님을 인식하고, <열녀전> 체계에서 분리하려는 시도가 있음을 보여준다. 하지만 이후 省志와 기타 지방지 모두 洗夫人을 <列女>(혹은 '烈女')에 배치하였기 때문에 ≪광동통지초고≫는 洗夫人을 열녀가 아닌 장수로 인정한 유일한 관방 문헌이다. 두 번째로 주목할만한 자료는 ≪太平廣記≫ <婦人>편에 나오는 洗夫人 傳記이다. ≪隋書≫에서는 학정에 반발하여 반란을 일으킨 토착민들을 설득하러 길에 나선 그녀가 '상부의 뜻을 표현[宣述上意]'했다고 하였다. 그런데 ≪太平廣記≫에서는 이를 '덕 있는 뜻을 표현[宣述德意]'했다고 고쳤다. ≪太平廣記≫의 전기는 ≪隋書≫의 기록을 짧게 압축한 것인데 '上意'를 '德意'로 고쳐 쓴 것은 의미심장하다. 누구의 '德意'인가. 조정인

남편을 보좌하는 대목은 그대로 두어 상대적으로 婦德 이미지를 강조하였다. 구체적인 개조 양상은 林華勝, <試論史書中的洗夫人形象>(≪南方論刊≫, 2012年 第10期), 91쪽 참고.

32) 이 책에서 인물 전기는 '宦蹟', '將略', '儒林', '文苑', '卓行', '忠義', '流寓', '烈女' 이렇게 8편으로 분류되어 있다.

가, 아니면 그녀 자신인가? 해석에 따라 그녀가 단순히 중앙 권력과 토착민들 사이의 전달자가 아닌 정치 권력의 수행자로 행동했다고 볼 수도 있다. 그러나 ≪太平廣記≫가 던져놓은 단서는 이후 문헌에서는 더는 再考되지 않았다. 이후 다른 문헌들은 모두 '上意'라고 기록하여 그녀는 단순히 조정의 전달자임을 명시하였다.

2. 忠義 이데올로기와의 整合과 균열의 흔적

唐代 중반 冼夫人의 후손인 馮氏 가문은 몰락했다. 그리고 언제부터인지 정확하지는 않지만 冼夫人은 高州와 海南 지역의 神明이 되었다. 孔禮茹는 이미 唐代 때부터 영남지역 특유의 祠廟 신앙, 즉 조상 숭배와 민간 신앙이 결합된 형태의 신앙이 출현하여 그녀가 지역 신명이 되었을 것으로 추정했다.33) 明代 초기 조정은 민간 神明들을 대대적으로 정리하면서 국가가 신령에 대한 祀典을 관리하기 시작했다. 高州와 海南 곳곳에 冼夫人廟가 들어섰고 담당 관리들이 정기적으로 제사를 올렸다. 하지만 민간에 전파된 그녀의 異蹟에 대한 전설은 明清 시기 문헌에서는 찾기 어렵다.34) 이는 민간에서의 구술 전통 속의 冼夫人과 문인들의

---

33) 孔禮茹, ≪嶺南女神信仰研究-以龍母,冼夫人和媽祖爲中心≫(深圳大學 碩士論文, 2018), 18-21쪽.

34) 민간에서의 冼夫人 전설은 영웅으로서의 冼夫人의 면모를 강조한 사실적인 것과 法力과 신통력을 사

해석 체계 속의 그녀가 완전히 다른 모습을 하고 있었다는 것을 시사한다. 화석화된 傳記의 서술 -의미론적으로나 수사학적으로나-에서 벗어나 문인들은 자신들이 처해있는 當代 세계의 가치로 그녀의 행적을 평가하기 시작한다.

明代 前期까지만 해도 洗夫人이 지방의 통치자로 재현되는 모습을 볼 수 있었다. 吳國倫(1524-1593)은 "(제국이) 통일된 뒤 스스로 새롭게 하여, 중국에 기대어 안위를 지탱했도다. 蠻夷들을 평정한 공이 대단했으니, 邑을 하사하는 것이 마땅하다"35)라 하여 그녀가 중국에 歸附하는 대가로 지역의 통치 권력을 누렸음을 인정했다. 하지만 대다수 문인은 그녀의 애국자, 충신으로서의 면모를 더욱 강조하는 경향을 보였다.

그 충정의 절개를 스스로 지켰으나 이곳의 政事를 맡은 것은 본인의 의사가 아니었다. 3개 왕조에 공을 세우며 가문을 수호하였다. 蠻夷들이 (그녀에게) 복종했지만, 조정을 향한 뜻을 잊지 않았다. 그래서 (洗夫人은) 사대부들의 영예를 능히 누렸고, 영토를 구획한 법을 지킬 수 있었

용하는 환상적 요소를 포함한 두 종류가 있다. 洗夫人이 高凉의 땅을 비옥하게 한다든지, 아이를 낳게 한다든지 하는 민간의 염원이나 희망과 관련된 수호신의 면모가 반영된 것이 제일 많다. 하지만 그녀의 전설은 明淸 시기 문헌에는 거의 수록되지 않았고 口傳으로 전해졌다. 그녀의 전설에 대해서는 蔣明智 <論嶺南洗夫人信仰衍變>, ≪世界宗敎硏究≫(2009年第3期) 참고.

35) ≪(光緒)高州府志·洗夫人廟≫: "大統自新故, 偏國持安危. 平蠻功已息, 賜邑固其宜", 中國地方志集成: 廣東府縣志輯 36, 上海:上海書店出版社, 2003, 110쪽.

도다.36) (吳恩, 〈重修冼廟碑記〉)

1535년 古州府의 새로운 치소인 茂名縣에 冼夫人 사당을 건립하며 쓴 廟碑記에서 高州 通判 吳恩은 그녀가 지방 권력자였음을 부인하고, 그녀가 오로지 忠心으로 행동했다고 주장한다. 하지만 이는 역설적으로 당시 문인들이 그녀의 정체성 속에 지방 세력화와 離反의 가능성이 포함되었다는 사실을 분명히 의식하고 있었음을 보여준다. 중앙 권력과 일종의 拮抗 관계에 있던 지방 권력의 역사적 존재를 애써 부인하면서 그녀의 행위를 국가 체제와 이데올로기로 합치시키려 시도했던 것 역시 이러한 불안감을 해소하기 위해서였을 것이다.

清代로 들어서면서 일부 문인들은 冼夫人의 생애 그 자체에 대한 평가보다는 그녀를 통치에 활용할 방안을 모색하기 시작한다.

무릇 충효와 節義는 천성에 뿌리를 두고 있다. 인심에 원래 있는 것이다. 다만 타고난 기질이 치우쳐 있어 물욕에 가려져 점차 소멸하여 느끼지 못하게 되는 것이다. … 明末에 산적과 해적들이 난리를 일으켜 매일 도륙이 이어졌다. … 이럴 때 부인과 같은 이가 있어 능히 백성들

---

36) ≪(道光)高州府志·重修冼廟碑記≫: "蓋自保其忠貞之節, 而不自有其典牧之寄. 策勛三朝, 保姓立氏. 藩屛蠻服, 不忘內志. 故能膺列士之榮, 守封疆之制."(卷13), 17b쪽.
(http://fig.lib.harvard.edu/fig/?bib=007473442 에서 열람)

을 보호하고 군사들을 격려했다면 어찌 무고한 이들이 죽는 지경까지 이르렀겠는가? … 부인의 神靈이 하늘에서는 별이 되고 땅에서는 강과 산이 되어 암암리에 보호하고 묵묵히 지켜줄 수 있을 것이다.37) (周文杰, 〈重修高凉郡夫人廟記〉)

康熙 연간 電白知縣을 지낸 周文杰의 廟記는 그녀의 忠義를 강조하는 단계를 지나 神明으로서의 冼夫人 이미지를 활용하여 민간으로 敎化를 확장하려는 시도를 보여준다. 그녀는 국가와 체제의 질서와 안정을 위한 수호신으로 호명되기에 이른다. 이러한 과정에서 그녀에 대한 해석은 그녀 자신의 삶에서 점점 이탈하는 경향을 보인다.

하지만 유학자들이 冼夫人의 행위가 內外 분리와 여성의 가정으로의 '격리'라는 유가적 성별 규범의 원칙을 위배했다는 사실을 전혀 의식하지 않았던 것은 결코 아니었다. 明代 前期 문단의 영수이자 고위 관리였던 李東陽(1447-1516)은 樂府詩를 통해 이 문제에 대한 자신의 견해를 밝힌다.

---

37) "夫忠孝節義, 根於天性, 人心原所自有. 惟是稟氣質之偏, 受物欲之蔽, 則漸至漸滅銷亡而不覺. … 在明季時, 山賊海寇擾亂, 屠劫無虛日, 官吏將士, 畏縮不敢前. 不肖者, 更殺百姓以邀功. 設其時, 如有夫人者, 能撫其民, 又激勵將士, 又何致於殺戮無辜? … 夫人之神靈, 在天爲星辰, 在地爲河岳, 自能潛獲而黙佑." 周文杰, <重修高凉郡夫人廟記>, ≪冼太夫人史料文物辑要≫, 北京 : 中華書局, 2001, 71쪽. 孔禮茹, 앞의 논문 46쪽에서 재인용.

刺史가 부르지만, 그대 가지 마시어요.

저는 군사는 잘 모르지만, 刺史의 마음은 알 수 있습니다.

刺史가 모반을 일으키려 하니, 그대는 전쟁터로 나가지 마시어요.

제가 먼저 전투를 청할 터이니, 돌아와서 그대와 다시 만나요.

아아! 高凉은 아내를 맞이하면서 아내의 힘도 얻었으니,

刺史를 보지 못했지만 적은 볼 수 있었다네.

太原에도 낭자군이 있었는데, 누가 군대에 여자가 없다고 하는가? 38)

시의 전반부는 冼夫人의 목소리를 代言體로 표현했고 후반부에서는 시적 자아가 이를 해석하였다. 시인은 冼夫人을 자신을 낮추면서도 남편에게 슬기로운 충고를 하는 정숙한 아내로 묘사했는데 이는 ≪列女傳≫의 현숙한 아내 이미지에 부합한다. 또한 冼夫人의 戰場에서의 경력을 정당화하기 위해 여성 군대가 예전부터 있었다며 과거로부터 승인을 구하기도 했다. 이는 일종의 '고증학적' 방법론이다. 明淸代 유학자들에게 과거는 신성한 것이었기 때문에 현재의 사회 현상이나 풍속이 과거에도 존재했다는 것을 입증하여 이를 정당화하려고 시도하는 경우가 종종 있었다.39) 사실 冼夫人은 여성 군대를 이끈 것이 아니었으므로 이 시에서

---

38) ≪(光緒)高州府志·高凉冼≫: "刺史召, 君勿行, 妾不知兵, 能知刺史情. 刺史反, 君勿战. 妾先请战, 归与君相见. 吁嗟乎! 高凉娶妇得妇力, 不见刺史但见贼. 太原亦有娘子军, 谁道军中無妇人?" (李東陽, 卷9〈建置2〉'壇廟' 앞의 책 110쪽.

39) 明淸 학자들은 어떤 현상이 정당한지, 혹은 사실에 부합하는지를 판정하기 위해 종종 과거에 관련 기록

의 '낭자군'이라는 표현이 정확한 것은 아니지만, 여기서는 '낭자군'이 과거에 존재했으므로 洗夫人의 행위 역시 적절했다는 논리로 그녀의 性別 규범 위반을 해명하고 있다. 하지만 이러한 태도는 오히려 문인들이 洗夫人의 性別을 시종일관 의식하고 있었음을 보여준다. 王士禎 (1634-1711)이 그녀가 '여성임에도 불구하고' 신화적인 충성심과 勇略을 보여주었다는 점을 강조한 것도 역시 같은 맥락이다. 그는 "옛 시대를 회고하며 (洗氏의) 將略을 생각하네. 여자도 영웅이 될 수 있도다"[40]라 읊었다. 사실 이는 '蠻夷'들의 세계에서 여성 통치자 겸 장수였던 그녀가 중국의 충신이 되어 버린 이 어색함을 시인들 모두 의식하고 있었음을 보여준다. "巾幗亦雄哉"라는 마지막 구절은 이미 여성이라는 성별과 '雄姿'는 상호 부합하지 않는다는 통념을 전제로 한다. 다만 忠義의 상징이라는 단일한 해석 방식이 모든 모순과 갈등의 가능성을 억제하고 있을 뿐이다.

사실 洗夫人은 시인들이 처한 當代의 현실로부터 진작 분리되었다. 아마 바로 이 때문에 사대부들은 洗夫人의 이야기를 수용할 수 있었을

을 찾아서 그 근거로 삼았다. 纏足의 기원과 본질을 고대 문헌을 통해 증명하고 찾아내려고 시도한 楊愼, 胡應麟, 趙翼 등이 대표적인 사례이다. Dorothy Ko, ≪Cinderella's Sisters: A Revisionist History of Footbinding≫(University of California Press, 2005), chapter 4 참조.

40) "撫時思將略, 巾幗亦雄哉". (淸) 王士禎, <送耿承哲赴高州推官>第2首, ≪漁洋山人精華錄≫ 卷6, 四部叢刊初編(上海涵芬樓藏林佶寫刊本), 쪽수 불명.
https://ctext.org/library.pl?if=gb&file=79035&page=23&remap=gb 에서 열람.

것이다. '中國化', '士紳化'가 지속적으로 진척되고 있던 명대 중기 이후 廣東에 漢人 관리들을 위협하던 토착민 호족이나 지방 권력은 더는 존재하지 않았고, 주류사회에서 배척되는 타자들 -猺, 蜑, 黎人 등-만이 존재했다.[41] 洗夫人의 사회적, 정치적 행위가 강고한 유가적 성별 격리 규범에 위협이 되기보다 문학 작품 속에서 호기심을 돋우는 소재에 머물게 된 것은 當代의 현실이 변했기 때문이었다.

하지만 이러한 '忠義의 상징'으로서의 洗夫人의 단일한 이미지는 同鄕 출신 문인들의 글에서 다시 균열을 보인다. 일부 문인은 神明으로서의 洗夫人의 특이함과 신성함을 강조하며 일반적인 성별 규범에서 벗어난 예외적인 존재로 부각했다. 예를 들어 淸代 高州府 電白縣의 擧人 崔翼周는 그녀의 업적과 재능을 고향의 자랑으로 간주하였다. "高凉이 그녀를 영광스럽게 낳았고, 그녀의 위엄은 電白에 모였다. (洗夫人은) 팔찌 풀어놓고 소박한 비녀 꽂은 채, 바깥세상과 관련된 책을 즐겨 읽었고, 여러 峒과 산에 할거하여 대대로 越의 수령이 되었다."[42] 물론 그녀의 일부 특징(검소함)은 전통 婦德과 부합하지만, 內訓書가 아닌 외부 세계

---

41) 宋代 이후 廣東 사회는 지방 정부에서 세금을 징수하는 戶口의 良民과 여전히 통치 밖에 놓여 있는 蜑(水上), 猺 (육지), 黎(海南)으로 분류되었는데 후자는 廣東 사회의 대표적 타자들이었다. 科大衛 著/卜永堅 譯, 앞의 책 49~62쪽 참고.

42) 《(道光)高州府志·譙國夫人墓碑銘》 "英誕高凉, 偉鍾電白, 解環質珮, 善讀閫外春秋, 踞峒跨山, 世爲越中首領"(卷13), 18쪽.

를 다룬 책들을 즐겨 읽었고 영토를 지배했다는 그녀의 행적은 전통사회가 여성에게 부여한 사회적 기대의 범주를 훨씬 뛰어넘은 것이었다. 하지만 그녀에게 부여된 신성한 권능으로 인해 그녀는 當代의 성별 질서를 초월하는 존재가 되었다.

이러한 신비주의 담론은 지역주의와 긴밀하게 연계되어 있다. 廣東에 자부심이 대단했던 청대 중기의 문인 范端昻은 "우리 廣東은 산과 바다를 끼고 있어 원래부터 雄覇의 기운이 가득했다. 여자들 역시 군사적 지식을 지녔다"[43]고 자랑하였다. 재미있는 것은 范端昻은 여성 시집을 편찬할 때도 廣東 여성이 詩的 재능이 뛰어나다며 "우리 粤 땅은 남쪽에 위치하니 陽氣가 쌓여 있어 精華가 발산되어 여성 중 文化人이 많다"[44]고 했었다. 자연환경이 사람들의 기질과 재능을 판가름한다는 그의 '환경결정론'은 廣東 여성들의 '文武' 재능 모두를 설명하는 편리한 기제가 되었다.[45] 그의 배타적 지역주의 역시 冼夫人을 모순 없이 當代의 맥락

---

43) ≪粤中見聞·李夫人≫: "吾粤辰(依?)山襟海, 素饒雄覇之氣, 婦女亦多知兵". 范端昻 撰·湯志岳 點校, ≪粤中見聞≫, 廣東高等敎育出版社, 1988, 215쪽.

44) ≪奩泐續補·古體≫: "粤女, 多才性也. … 吾粤地在天南積陽之極, 精華所發, 婦人女子大多文明."(卷一), 1730年, 中國國家圖書館 소장본, 16쪽.

45) 范端昻은 字는 呂南이고 廣東 三水縣 三江 출신이다. 18세기 전기에 활동한 것으로 추정된다. 그는 여성 詩選集인 ≪香奩詩泐≫(1709), ≪奩製續泐≫(1711), ≪奩詩泐補≫(1726), ≪奩泐續補≫(1730)을 편찬, 출간했는데 廣東 출신 여시인의 작품을 특히 많이 수록하였다. 范端昻와 그의 여성 詩選集에 대해서는 최수경, <香奩을 泐하다 - 18세기 초기 范端昻의 女性 詩選集 프로젝트>(≪중국어문논총≫ 57집, 2013) 참고.

에서 해석하기 위한 여러 방식 중 하나였지만 '忠義'의 상징으로써 일원화하려는 기존 시도와는 다른 접근 방식이다. 즉 이 논리의 합리성 여부와는 별도로, 문인들이 구성하는 로컬리티란 결코 국가 체제의 이데올로기적 동일성을 추구하는 단일한 양상으로만 전개되었던 것은 아니었음을 보여준다.

3. '텍스트-장소-사물'의 순환과 懷古의 정치학

秦漢代 冼氏와 달리 隋代 冼夫人의 서사가 신화가 될 수 있었던 것은 그녀의 텍스트와 외부 세계가 서로 호응, 강화하는 관계에 있었기 때문이다. ≪隋書≫가 편찬되던 당시 그녀의 일생은 영웅 서사가 되어야 할 필요가 있었고 이후의 조정은 그녀를 한 가문의 조상에서 지역의 여신으로 격상시킬 필요가 있었다. 역사적 인물로서의 冼夫人는 ≪隋書≫의 傳記 속에 화석화되었다. 하지만 그녀를 기억하기 위한 제사, 사당의 건립과 重建, 그리고 관련 사물의 물질적 존재는 텍스트 속에서 화석화된 역사 인물의 틈을 메꾸고 설명하는 역할을 해왔다. 제사는 "특정 공동체를 위해 무형인 神靈의 힘을 빌려 특수한 신성 공간을 제공하며" "반복적으로 변화하는 일련의 정치 담론을 구성하는" 기능을 한다.46) 즉 祭禮

---

46) 司徒安(Angela Zito) 著/ 李晋 译, ≪身体與笔: 18世纪中国作为文本/表演的大祀≫(北京大学

행위란 본질적으로 통치 권력의 질서를 표현하고 신성의 권위를 통해 이 질서를 정당화하는 권능을 지닌다.

明淸代 高州에는 곳곳에 그녀의 사당이 散在하였다.[47] 사당은 洗夫人을 기억하는 대표적 공간이었다. 明代 萬曆 연간 ≪廣東通志≫을 보면 洗夫人 사당의 과거와 현재의 위치, 이를 건설하거나 중건한 지방관의 이름, 제사 비용 출처, 제사를 올리는 官府 등이 소상히 기록되어 있다.[48] 시대가 뒤로 갈수록 그녀의 제사를 위해 해결해야 할 현실적 문제 - 비용 등-, 그리고 이러한 문제를 처리하는 과정이 지방지에 점점 빈번하게 등장한다. 神明은 불멸의 존재이지만, 신명을 기리기 위한 사람, 사당, 器物은 끊임없이 소모되고 마멸되기 때문이다. 제사를 지내고 자원을 투입하여 洗夫人의 사당을 되살리고 유지하는 과정이 洗夫人 관련 서술의 주류가 되어갔고 그녀 자체보다는 그녀를 기억하는 '행위'와 그 행위 주체가 기록의 중심이 되는 경향이 있었다.

시간이 흐르며 墓나 사당 그 자체뿐 아니라 이를 구성하는 事物(사람, 물건, 사건) 역시 점점 구체적인 서술로 등장하기 시작한다. 이는 당시

出版社, 2014), 2-3쪽.

47) 高州의 洗夫人 사당은 원 高州府의 치소였던 舊城(舊 電白縣)의 洗夫人廟와 새로운 치소인 新高州城(茂名縣)의 洗夫人廟 2곳이 가장 대표적이다(賀喜, 앞의 책 160쪽). 하지만 이 외에도 高州 곳곳에 사당이 있었다. 民國 ≪茂名縣志≫에 의하면 高州에 설치된 135곳의 廟 가운데 洗太廟(洗夫人 사당)이 63곳으로 가장 많았다(藏明志, 앞의 논문 63쪽).

48) ≪(萬曆)廣東通志≫ 卷51 郡縣志 38 <高州府>, 44a쪽 참고.

유행하던 고증학적 서술 방식을 연상시킨다. 洗夫人墓로 추정되는 어느 무덤에 관한 기록에서도 이를 엿볼 수 있다.

> 譙國夫人 洗氏의 墓: 縣의 북쪽으로 10리 떨어진 山兜 娘娘墓 뒤에 있다. 흙 무덤 주위가 몇 丈이다. 비석은 사라졌지만 (장식물인) 전설 속 거북은 아직 남아 있다. 嘉慶 24年 지현 特克星阿와 電茂場 大使 張炳이 隋의 譙國夫人洗氏墓라는 비석을 다시 세웠다.
> (康熙本에서는 (묘비가) 옛 縣의 영토에 있다고 하였다. 현재 縣에서 200리 떨어져 있다고 한다. 明의 《一統志》에서는 묘가 (우리) 현에 있다고 하였다. 《寰宇記》, 《廣興記》 모두 電白縣에 있다고 했다. 乾隆本 《高州府志》에서 이르기를 어쩌면 高涼嶺에 있거나 山兜娘娘 사당 뒤에 있을지도 모른다고 하였다)[49]
>
> (譙國夫人묘) 비석을 받치고 있는 龜趺石은 청백색의 돌에 麟甲이 새겨져 있는데 매우 정교하다. 비석의 구멍에 꽂혔다가 부러졌는데 아직 반이 남아있다. 길이는 3척이다. 흙 속에 묻혀 있다.[50]

---

49) 《(光緒)電白縣志·古蹟》: "譙國夫人洗氏墓, 在縣北十里山兜娘娘廟後. 土塋周圍數丈, 碑佚, 鳳贔猶存. 嘉慶二十四年, 知縣特克星阿, 電茂場大使張炳, 重立碑曰, 隋譙國夫人洗氏墓. 案相志, 在舊縣治境上, 去今縣二百里. 明一統志載, 墓在縣境. 寰宇記廣興記幷載, 在電白. 乾隆府志云, 或在高涼嶺, 或在山兜娘娘廟後."(卷26, 紀述2), 中國地方志集成: 廣東府縣志輯41, 上海書店出版社, 2003, 265쪽.

50) 《(光緒)電白縣志·金石》: "負碑屓鳳. 石質靑白, 刻麟甲, 甚工緻. 從揷碑孔中斷, 尙存一半, 長三尺, 攲埋土中."(卷27, 紀述3), 278쪽.

洗夫人의 지역에서의 흔적은 사당과 묘의 물리적 경관, 묘의 위치에 대한 고증, 반쯤 잘려져 흙 속에 파묻혀 있는 龜趺石의 재료, 크기, 그림과 같은 지극히 세부적인 정보와 고찰을 통해 드러난다. 洗夫人 뿐 아니라 기념할만한 역사 인물이나 신명을 위해 사당을 건립, 중수하는 행위는 明淸代 매우 유행했다. 여기 관련된 사람들은 공간과 사물을 만들고 탐색하며 본인들의 서사를 기획하기 시작했고, 주체의 시선을 통해 과거의 사물과 사건들을 조직한다. 사당이라는 사물과 그 공간의 물질성은 문자 텍스트를 매개로 의미를 획득하지만, 그 문자는 사물과의 상응 관계를 전제로 존재한다. 텍스트와 사물이 상호 의존 관계에 놓이게 되는 것이다. 하지만 이 때문에 오히려 洗夫人과 관련된 기억들은 종종 洗夫人 서사의 맥락에서 이탈한다. 그 자리에 남은 것은 사당과 제사 의식, 이를 짓고 재건하는 행위, 그리고 이 과정을 문자로 실증한 글쓰기이다. 康正果는 청대 지역 문인이나 지방관들이 先賢이나 전설적 인물들을 기념하기 위해 설립, 복구하는 사당이나 건축물들을 '물질화된 縣志'라 표현하며 이는 결국 '현실을 문학 작품의 복사본으로 만드는' 행위라 하였다.51) 과거 존재했던 洗夫人의 행적은 누군가에게 포착, 기록되어 텍스트가 되었고(事物의 텍스트化), 이 텍스트에 따라 사당과 기념물이 만들

---

51) 康正果, <泛文與泛情>, 張宏生 編, ≪明淸文學與性別硏究≫(南京: 江蘇古籍出版社, 2002), 746-747쪽.

어지고 관련 祭禮가 행해졌고(텍스트의 事物化), 이 사물들이 다시 텍스트가 되는 순환 회로의 체계가 만들어지는 것이다. 이러한 회로 속에 갇힌 洗夫人은 원래의 서사에서 이탈하여 글쓰기, 사당과 묘소의 重建, 祭禮와 같은 일련의 행위를 수행하는 주체들의 객체가 된다. 그리고 현재의 '공간'과 '사물'을 매개로 바라보는 과거 嶺南 女將의 의미는 회고와 향수의 영역, 전혀 위험하지 않은 안전한 영역에 머무르게 된다.

> 山兜 洗夫人묘 사방에 낮은 담이 무너져 내렸다. 高州의 토착민들은 귀신의 성이라고 불렀다. 이것이 지금 墓城의 담이다. 지금은 풀만 무성하게 자랐지만 그 자취는 아직 남아있다. 넓이가 수십 丈이다. 토착민들이 안에 무엇을 심었으나 이익이 나지 않아 지금은 버려두어 황폐해졌다. (道光本)52)

19세기 전반기 舊 電白縣의 洗夫人 묘소는 쇠락한 상태였다. 이는 정치적 상황의 변화가 야기한 지역의 몰락에 따른 필연적 결과였다. 洗夫人은 충군 애국의 상징이었지만, 이제 단지 흘러간 과거 영광의 흔적만이 남아 있었다. 바로 이 때문에 그녀는 향수의 대상이 될 수 있었다. '무너져 내린 담장[頹垣]'은 중국 문학에서 매우 익숙한 회고와 향수의 정

---

52) ≪(光緒)電白縣志·雜錄≫ : "山兜洗夫人墓, 四圍短垣頹, 爲高土土人號鬼子城, 乃當日墓城之垣也. 今雖鞠爲茂草, 而遺址猶存, 寬數十丈, 土人入內裁植, 卽不利, 今任其荒廢"(卷30, 記述 6), 中國地方志集成本, 309쪽.

서, 돌아갈 수 없는 과거 시간에 대한 무력함과 이로 인한 비애를 잘 표현해주는 소재이다. 이러한 정서는 시가 속에서도 종종 관찰된다. 洗夫人의 묘소를 정비한 뒤 담장에는 이런 시가 새겨졌다. "양쪽에서 말 갈기 휘날렸고, 10개 郡이 부인에게 고개 숙였었지. 세월 속에 龜趺石은 가을 풀 속에 묻혔고, 깊은 밤 피리 소리 옛 사당을 노래하네."[53] 그녀의 英烈함과 그녀가 이끌던 군대의 용맹함은 대단했지만, 그녀의 자취는 잡초 속에 묻혀 버렸다. 민간에서는 그녀가 현실의 문제를 해결해주는 女神이었지만, 사대부 문화 속에서 그녀는 현실과 아무런 관련이 없는 역사에 갇힌 인물이었다. 도저히 연계 불가능한 시간의 간극은 洗夫人을 상상하던 漢人들에게 일종의 안도감을 느끼게 했을 것이다. 이러한 정조는 폐허가 된 洗夫人 묘소에 쓰러져 있는 비석의 크기를 측량하고 재질을 분석하는 보고서 같은 서술에서도, 洗夫人을 노래한 詩歌에서도 공통적으로 관찰된다. 얼핏 보면 이 두 종류의 서술은 완전히 다른 듯하지만, 본질적인 공통점이 있다. 둘 모두 과거와 현재와의 隔絶, 그리고 시간의 不可逆性을 끊임없이 되새기고 있다는 점이다.

清代 洗夫人의 사당을 바라보는 문인들의 향수는 결코 當代의 현실을 겨냥한 것이 아니었다. 구질서와 새질서가 교체될 때 옛 세계에 머물렀던

---

53) 시 원문은 다음과 같다. "會須割據可乘時, 娘子軍聲百代知. 却見兩方傳馬鬣, 遙思十郡拜娥眉. 年深賸鳳瘞秋草, 夜靜笙簫訝古祠. 共說堯天有潛德, 闡幽從此賴豐碑." 이 시는 이 지역의 擧人 儀克中(1796-1837)이 쓴 것으로 알려져 있다. ≪(光緒)電白縣志≫ 卷26, 265쪽.

이들은 어떤 비애감, 사라진 세계에 대한 '갈망'을 느끼게 마련이다.54) 하지만 洗夫人과 관련된 明清代의 글쓰기 속에서 발견할 수 있는 정서는 비애보다는 과거로부터 흘러온 시간의 감각이다. 천 년 전 ≪隋書≫가 공들여 만들어냈던 의미, '조정으로 歸附한 지방 수령'의 이미지는 이제 어떠한 當代性도 지니지 못하게 되었다. 洗夫人 자체가 아닌 그녀를 제사 지내고 기억하는 공간과 사물, 그리고 이것들을 만들어내는 인간의 儀式이 거듭하여 텍스트를 채우는 '텍스트-장소-사물'의 회로 속에서 그녀는 當代의 맥락에서 완전히 분리된 채 박제되었다. 이것이야말로 국가로부터 승인받은 '無害한 忠臣'으로 洗夫人을 기억할 수 있는 방법이었기 때문이다.

Ⅳ. 烈女 서사로 진입한 女將

1. 두 갈래의 蔡九娘 이야기

洗夫人의 생애가 明清 시기의 질서와 어긋나는 지점은 性別 분리 원칙을 위반한 것 외에도 그녀가 지방의 分權 세력이었다는 점이었다. 반

---

54) 청대 초기 문인들이 明末 江南을 회상하면서 보여준 강렬한 비애와 갈망이 그 예이다. ≪≪Trauma and Transcendence in Early Qing Literature≫ (Wilt L.Idema, Wai-yee Li, and Ellen Widmer, editors, Cambridge(Massachusetts) and London: Harvard University Press: 2006) 중 Wai-yee Li의 <Introduction> 참고.

면 廣東의 마지막 女將으로 기록된 元末 蔡九娘은 그녀의 삶 자체가 유가적 가족 구도에서 벗어나 있는데 아래에서 여기에 초점을 맞춰 논의를 전개해보겠다.

蔡九娘에 대한 자료는 꽤 많지만, 그 내용은 매우 제한적이라 많은 부분을 당시의 역사적 환경을 통해 가능성 있는 짐작으로 메울 수밖에 없다. 그녀가 등장하는 최초의 기록은 瓊州(海南) 출신 문인 王佐(1384-1449)의 ≪鷄肋集≫ 중의 <蔡烈女傳>이다. 王佐의 생몰연대로 보아 지역에서 떠돌던 蔡九娘 이야기를 그가 직접 들었을 가능성도 있으나 이 책을 '原典'으로 보기는 힘들다. 당시 조금씩 다른 蔡九娘 이야기가 유포되었고 <蔡烈女傳>은 그중 하나인 듯하다.[55] 瓊山 坖村 출신인 蔡九娘은 千戶였던 부친이 죽자 어린 남동생을 보살피기 위해 결혼하지 않고 부친의 병사들을 자신이 통솔한다. 당시 乾寧을 통제, 장악하던 安撫司의 副都元帥는 오래전부터 그녀의 미모를 흠모하여 강제로 취하려 했다. 蔡九娘은 그 뜻을 알고 연회를 베풀어 술을 대접하여 만취시켰다. "새벽이 되어 蔡九娘의 병사들이 점점 모이자 (그녀의) 안색이 확 변했다." 부도원수는 범하지 못할 것을 알고 詩 한 수를 남기고 물

---

55) 저자 王佐는 주석에서 마을에 九娘峒이 있지만 '別傳'에서는 그녀가 螺獅井에 투신했다고 되어 있다며 무엇이 맞는지 모르겠다고 하였다. 그리고 丘濬이 썼다는 蔡九娘의 傳記도 있는데 이것과 내용이 약간 다르며, 丘濬의 글이 아닌 듯하다 하였다. (明)王佐 著/劉劍三 點校, ≪鷄肋集≫, 海口: 海南出版社, 2004, 230-231쪽 참고.

러갔다. 그 뒤 또 반란군 陳子瑚가 침입하였고 蔡九娘은 마을 사람들을 모아 적과 맞선다. 하지만 오래 버티지 못할 것을 알고 그녀는 마을 사람들에게 "여러분은 나를 위해 오랫동안 고생하셨소. 나는 죽음으로 치욕을 면할 것이오. 여러분은 스스로 떠나시오. 이제 헤어져야겠소. 훗날을 도모하시오."라 당부하고 동굴 속으로 들어간다. 마을은 항복했고 陳子瑚는 그녀가 동굴에서 나오지 않자 풀로 입구를 막고 불을 질러 그녀는 동굴 안에서 죽었다.56)

이 이야기에서 여주인공 蔡九娘은 서른이 넘도록 결혼하지 않은 지역의 군사 지도자였다. 저자는 그녀가 "부친은 죽고 남동생은 어려, 黎人의 땅을 다른 사람에게 맡기고 싶지 않아(父亡弟幼, 不肯以黎土屬之他人)" 결혼하지 않고 남동생이 장성하기를 기다렸다며 그녀의 독신이 가족을 돌보는 의무를 다하기 위해서였다고 설명하였다. 하지만 黎人의 땅 운운한 대목을 보면 그녀 역시 토착민인 黎人이었고, 이곳이 黎人들의 자치 지역이었음을 알 수 있다. 즉 여기서는 그녀가 가족 질서에 순응적이었음을 강조하는 동시에 廣東에 깊이 스며들어 있는 자치 체제와 토착문화도 은연중 내비치고 있다. 蔡九娘은 두 번의 시련을 겪었다. 副都元帥의 性的 침탈은 그녀의 계교로 막아내었으나 그 뒤 반란군 陳子瑚의 군사적 침

---

56) ≪鷄肋集·蔡烈女傳≫ "侵晨, 九娘兵亦漸集, 顔色非是"; "勞苦諸君爲我日久, 決死不辱. 諸君可自爲去就, 今日長別矣. 善爲後計!" (明)王佐 著/劉劍三 點校, 앞의 책 230-231쪽.

략에 맞서다 결국 비극적 최후를 맞았다. 그녀에게 '烈女' 칭호를 붙인 이유는 그녀가 忠貞을 실천했다고 판단했기 때문일 것이다.

그런데 ≪鷄肋集≫에 수록된 이 이야기는 이후 반씩 분할되어 전파되기 시작한다. 그녀가 등장한 최초의 지방지 明 嘉靖 年間 ≪廣東通志初稿≫의 <烈女>편의 蔡九娘 조목은 다음과 같다.

> 蔡九娘이란 千戶 蔡克憲의 딸이다. 자색이 뛰어나고 책의 의미를 이해했다. 11세에 부친을 잃고 짝을 고르다 시집가지 않고 서른을 넘겼다. 지혜롭고 용감하였으며 … 했다(판독 불가). 元나라 말기에 도적들이 난을 일으키자 부친의 병사들을 통솔하여 영토를 보호했고 마을 사람들은 그녀에 의지했다. 얼마 되지 않아, 동쪽에서 온 반란군 陳子瑚가 乾寧郡을 함락시키고 모두 차지하였다. 蔡九娘은 마을을 지켰고 陳子瑚가 여러 번 공격했지만 함락되지 않았다. 시간이 흐르자 힘이 다했다. (蔡九娘은) 울면서 마을 사람들과 작별하였다. "적의 장수가 막 郡의 성을 차지하고도 지키지 않고 (이곳에) 온 것은 나 때문입니다. 내가 죽으면 화가 그칠 것입니다." 곧 補錦巖으로 들어가서 피신하였다. 다음날 마을은 항복하였다. 陳子瑚는 노하여 풀로 동굴 입구에 불을 질러 연기를 피웠다. 蔡九娘은 동굴 속에서 죽었다.57)

---

57) ≪廣東通志初稿·烈女≫: "蔡九娘, 千戶克憲女也. 有姿色, 解書義. 年十一喪父, 擇配不嫁, 越三十. 智謀勇略. □□□□, 元末寇亂, 統父兵保境, 鄕人賴之. 未幾, 東寇陳子瑚陷乾寧郡邑, 皆爲所有. 九娘固守, 子瑚屢攻不下. 日久力竭, 泣謝鄕人曰, 賊帥新得郡城不守, 而來以爲我也. 我死則

위의 기록은 이후 萬曆本 ≪廣東通志≫(郭棐 編)는 물론 淸末까지 廣東 지방지의 <人物·列女>편에 꾸준히 수록되었다(篇名은 동일하지 않음). 여기서는 蔡九娘의 두 번의 시련 중 陳子瑚의 침략만을 기록했고 副都元帥가 그녀를 강간하려 한 사연은 언급하지 않았다. 그리고 '黎土' 운운한 대목은 삭제했고 그 대신 蔡九娘이 '解書義'하다는 대목을 추가하여 그녀가 漢人 문화에 조예가 깊었음을 보여주려 했다. 그리고 陳子瑚가 그녀를 회유하려 했던 과정과 그녀가 마을 사람들에게 남긴 비장한 이별사 중 상당 부분을 삭제한다.

흥미로운 것은 동일한 지방지 내부에서 <인물·열녀>편이 아닌 <雜志·遺事>편에서는 陳子瑚가 아닌 副都元帥와의 사연이 주로 수록되었다는 점이다. 그래서 이후 蔡九娘 서사는 ≪鷄肋集≫ 이후 대략 두 가지 유형으로 유포되었다. 우선 반란군 陳子瑚와 싸우다 동굴 속에서 죽음을 맞는 비극적 결말로 끝나는 유형은 지방지의 <人物·列女>에 수록되었다(이를 편의상 <열녀전> 유형이라 하겠다). 그리고 副都元帥 陳乾富를 유혹하여 만취시키고는 도피한다는 내용이 또 하나의 유형인데 주로 <雜志·遺事>편에 실렸다(이를 편의상 <遺事> 유형이라 하겠다). 필자가 검토한 관련 자료는 다음과 같다.

禍息矣. 間投入補錦巖以避, 翌日村柵降. 子瑚怒, 以草塞巖口熏之, 九娘死巖中."(卷15). 戴璟·張岳 等 纂修, ≪廣東通志初稿≫, 北京圖書館古籍珍本叢刊38, 書目文獻出版社, 1988, 300쪽.

1. ≪鷄肋集·蔡烈女傳≫

2. ≪(嘉靖)廣東通志初稿·人物·烈女≫

3. ≪(萬曆)廣東通志·瓊州府·人物·列女≫

4. ≪(萬曆)瓊州府志·列女≫

5. ≪(萬曆)廣東通志·雜志·遺事≫

6. ≪瓊臺雜志≫(元詩紀事에 인용)

7. ≪(乾隆)廣東通志·列女志≫

8. ≪(乾隆)瓊州府志·人物志·列女≫

9. ≪(乾隆)瓊州府志·雜志·遺事≫

10. ≪(光緒)瓊州府志·人物·列女≫

11. ≪(光緒)瓊州府志·雜志·遺事≫

여기서 2, 3, 4, 7, 8, 10번이 <列女傳>유형, 5, 6, 9번이 <遺事>유형, 그리고 1, 11번이 통합형에 해당한다. 물론 같은 유형에서도 서술에 약간의 차이는 있다.

<列女傳> 유형은 공통적으로 지방지 ≪人物·列女≫편에 수록되었다(편명은 문헌마다 약간의 차가 있음). 앞에서 언급했듯이, 동일한 지방지의 다른 篇에 두 가지 유형의 서사가 각각 수록되었다. 萬曆本 ≪瓊州府志≫ 卷10 <人物·列女>편에 수록된 蔡九娘 조목은 기본적으로 기존의 ≪廣東通志初稿·人物·烈女≫에 실린 것과 동일하다.58) 하지만

같은 책 卷12 <雜志·遺事>편에는 <遺事>형 서사를 실었다. 副都元帥와의 사연만을 수록하며 그녀의 女將으로서의 신분을 완전히 삭제한 것이다.[59] 즉 이미 당시부터 蔡九娘 이야기가 두 가지 버전으로 나누어 졌고 같은 책 안에서 한 인물에 대해 다른 이야기를 하는 상황이 된 것이다. 이러한 현상은 아마 지방지의 편찬 관행에서 비롯되었을 것이다. 지방지는 시대마다 改編되었고 이때마다 각종 문헌이 모여서 인용, 통합되며, 때로는 자의적으로 수정되는 과정을 거친다. 萬曆本 ≪瓊州府志≫의 <雜志·遺事>편은 ≪瓊臺雜詠≫이라는 지역 詩選集에서 인용된 것으로 보인다.[60]

시대를 거치며 蔡九娘의 서사는 텍스트를 넘나들며 유통되고 조금씩 변환되어 갔다. 淸代에 오면 지방지 편찬자들은 두 가지 버전의 蔡九娘 이야기를 다시 통합하려고 시도하였다. 乾隆本 ≪瓊州府志≫에서 <人物志·列女>에 나오는 蔡九娘의 전기는 舊本과 거의 동일하지만 <雜

---

58) 권1의 목록에는 '列女'라 되어 있으나 본문에서는 '節烈'이라는 조목을 사용하였다. ≪(萬曆)瓊州府志≫는 현재 일본 국회도서관에 유일본이 소장되어 있다.
(http://www.guoxuemi.com/gjzx/371068nnxq/43137/에서 열람)

59) ≪(萬曆)瓊州府志≫ 卷12 <雜志·遺事> (쪽수 불명).

60) ≪瓊臺雜詠≫은 失傳된 듯 하지만 ≪元詩紀事≫(45卷本)에 陳乾富가 읊었다는 <蔡九娘詩>가 수록되어 있고 주석에 ≪瓊臺雜詠≫을 인용하여 蔡九娘의 이야기를 서술하였다. 그 인용문이 위에서 인용한 萬曆本 ≪瓊州府志≫의 <雜志·遺事>와 완전히 동일하다. 淸 陳衍(1856-1937)의 ≪元詩紀事≫는 24권본과 45권본이 있는데 이 시는 24권본에는 없고 45권본의 卷23에 수록되어 있다. 필자가 참고한 판본은 民國時代 上海에서 출판된 商務印書館(1925)본이다.

志·遺事>의 蔡九娘 이야기는 舊本과 약간 다르다. 여기서 蔡九娘은 서른이 넘도록 결혼하지 않고 적군으로부터 마을을 보호한 군사 지도자로 소개되었지만, 미인계로 陳乾富를 술에 취하게 하고 탈출하여 貞을 보존했다는 <遺事>형 서사를 여전히 따랐다. 즉 <遺事>형에 <열녀전>형을 일부 혼합한 것이다. 하지만 결말은 다른 문헌과 모두 다르다. "이후 적병이 도착하자 여자는 욕을 보지 않으려고 죽었다."[61] 죽음으로 끝난 것은 <열녀전>유형과 동일하지만 戰死로 해석 가능한 <열녀전>에서의 죽음과 달리 여기서는 그야말로 '貞'을 수호하기 위한 자살, 즉 보다 완벽한 烈女가 되기 위한 전형적인 죽음으로 윤색되었다.

이후 ≪瓊州府志≫ 光緒本(道光本 重修本)에서도 蔡九娘의 이야기는 두 가지 버전으로 각각 <人物·列女>과 <雜志·遺事>에 등장하였다. <인물·열녀>의 서술은 여전히 舊本과 동일하다. 다만 ≪雞肋集≫을 인용하여 그녀가 결혼하지 않은 이유를 밝혔다. 한편 같은 책 뒤쪽에 배치된 <雜志·遺事>의 서술은 또 달라졌다. 앞부분에는 <列女傳>유형의 서사를 간략하게 서술한 뒤 또 다른 버전의 蔡九娘 서사를 소개한다. "舊傳에서는 陳子瑚가 도착하자 (蔡九娘이) 술자리를 차려서 맞이하였다. 그가 취한 틈을 타서 鋪錦谷으로 도망했다. … (진자호는) 실

---

61) "其後賊兵至, 女以不辱而死" ≪(乾隆)瓊州府志≫卷10 <雜志·遺事>(續修四庫全書 676, 上海古籍出版社, 1995), 683쪽.

망하여 돌아갔다고 한다. 蔡九娘은 동굴에서 죽었는데, (여기서는) 계곡으로 되어 있고, 질식해 죽었다는 내용과도 다르다."[62] 그때까지도 각기 다른 장소와 내용을 지닌 여러 버전의 蔡九娘 고사가 유포되었던 것 같다. 하지만 그간 줄곧 두 가지 버전으로 수록되었던 蔡九娘의 서사는 19세기에 이르러 불완전하게나마 다시 통합된 셈이다.

지방지 편집자들이 어떤 의도를 갖고 그녀의 인생을 반씩 나누어 수록한 것인지, 아니면 아예 두 가지 버전의 서사가 따로 전파되었는지는 알수 없다. 다만 당시 조금씩 다른 형태의 蔡九娘 서사가 海南에 유포되었고, 이를 통해 英雄과 烈女의 두 가지 이미지가 전승된 것은 분명하다. 영웅의 탈을 벗은 <雜志·遺事>에서의 蔡九娘은 非正統的 요소를 모두 제거한 전통 烈女로 전환되기도 했다. 여기서 蔡九娘은 '貞'을 실천하면서 죽음도 면한 해피엔딩을 얻었지만, 반면 마을을 위해 장렬히 희생했던 군사 지도자로서의 정체성은 완전히 사라져 버린다.

2. 봉인된 女將과 협상된 烈女의 범주

지방지 편찬자들은 어느 유형이 옳다고 확실하게 판정을 내리지는 않

---

62) ≪(光緒)瓊州府志·雜志·遺事≫: "舊傳子瑚至設酒迎之, 子瑚醉乘間逃鋪錦谷. … 惆愴而歸. 九娘死巖中. 谷名與熏死者不同."(卷44), 13a-13b쪽.
https://ctext.org/library.pl?if=gb&file=107620&page

앞으나 기본적으로 <人物·列女>의 기록을 우선시했던 것은 분명하다. 明淸 시기 지방지 편찬자들이 가장 심혈을 기울여 편찬했던 부분 중 하나가 바로 <人物>(傳記)이었고, 그 중에서도 <列女傳>은 傳記의 핵심을 이루는 중요한 유형이었음을 감안하면 이해될만한 처사이다.[63]

劉向의 ≪列女傳≫(古列女傳)이든, 正史나 地方志 속의 <列女傳>이든, 전통 '列女傳' 체계에 의하면 '列女'가 되기 위해서는 가족 관계 내에서의 여성의 헌신과 충성이 孝나 節의 행위를 통해 증명되어야만 한다. 劉向의 ≪列女傳≫에서 列女의 기준이 비교적 다양했던 것에 비교해, 후대로 갈수록 列女의 기준은 '節烈'에 집중되었다. 특히 신체의 훼손(割股 등)이나 죽음으로 이러한 가치를 증명하는 孝女나 烈女의 사례가 눈에 띄게 증가한다.[64] 淸代에 오면 廣東에서도 각종 지방지마다 節烈女의 목록이 넘쳐나 阮元이 편찬한 道光本 ≪廣東通志≫에서는 대다수의 列女가 傳記는 생략하고 이름만 올리는 것으로 만족해야 했다. 그

---

63) 남송대에 처음 등장한 초기 지방지에 비해 후대로 갈수록 人物 전기의 비중이 점점 확대되고 중시되는 경향이 있었다. 그리고 처음에는 그 지역 출신 文人이 중심이 되었지만 명대 후기로 접어들면서 '列女'가 점점 비대해지는 경향을 보였고 청대도 그러한 관례를 따랐다(Joseph Dennis, ≪Writing, Publishing, and Reading Local Gazetteers in Imperial China, 1100-1700≫, Harvard Univ. Asia center, 2015, 31-34쪽; 47쪽 참조).

64) Katherine Carlitz, <The Social Uses of Female virtue in Late Ming Editions of Lienü Zhuan>, ≪Late Imperial China≫ 12(2), 1991; 衣若蘭, ≪史學與性別: ≪明史 . 列女傳≫與明代女性史之建構≫(國立臺灣師範大學 博士論文, 2002), 226-246쪽 참고. 위의 유형 중 '節'은 수절, '烈'은 육체적 희생을 지칭하며 貞女는 혼인 전 죽은 약혼자를 위해 수절하는 처녀를 의미한다.

러한 가운데 마지막 '女將'인 蔡九娘의 장렬한 죽음은 忠과 貞을 동일시

하는 유가들의 전통적 비유 체계에 부합하는 것으로 보였을지 모른다.

하지만 애초에 列女의 유형 중 '忠'은 없다.[65] 여성에게는 남편(약혼자

포함)에 대한 節烈 행위가 곧 '忠'으로 간주되기 때문이다. 君臣간의 윤

리와 부부간의 윤리는 본질적으로 상응하며, 아내의 남편에 대한 충성은

곧 臣民의 황제에 대한 충성으로 확장되는 것이 자연스러운 논리였다.

그래서 여성의 忠은 늘 남성이라는 매개체를 거쳐야 했다. 列女의 유형

에는 '적에게 항거하다 몸을 희생하는' 여성도 포함되지만[66] 이러한 사

례들은 모두 性的 순결의 보존을 직접적인 목적으로 내세운다. 즉 여성

의 忠은 전투가 아닌, 목숨을 걸고 육체적인 순결을 보존하는 '忠貞'으로

표현되었다.

그렇다면 <列女傳> 속의 蔡九娘이 과연 '烈女'의 반열에 오를 조건을

충족하는가? 물론 우리는 당시 정말로 무슨 일이 있었는지, 蔡九娘의 희

생에 육체적 순결 보존의 목적이 있었는지 판단할 방법은 없다. 하지만 적

어도 지방지 편찬자들이 채택한 <人物·列女>속의 蔡九娘은 전통 列女

---

65) 康熙本 ≪漳州府志≫는 列女를 節婦, 烈婦, 孝婦, 貞女, 烈女, 孝女, 閨範 등 7종으로 나열하였다.
(衣若蘭, 앞의 논문, 231쪽) 지방지마다 열녀 수록 표준이 일치하지는 않지만 대체적으로 節烈을 가장
중시했다. 특히 官方의 旌表는 節婦나 烈女를 인증하는 기준이 되었다.

66) 崇禎本 ≪海澄縣志≫에 나열한 列女의 유형 중 '有据賊捐軀者'가 있다(衣若蘭, 앞의 책 231에서 재
인용). 단 이는 육체적 훼손에 관대했던 명대에 특히 두드러진 현상임을 고려해야 한다.

의 정형화된 범주에서 벗어나 있는 것은 분명하다. 부친의 죽음으로 가부장을 상실한 여성이 서른이 넘도록 혼인하지 않고 가족 구조 밖에 머물렀다는 것은 '內外之別'과 더불어 유가적 성별 규범의 핵심 원리로 꼽히는 '三從之道'로부터의 탈피를 의미한다. '三從'은 계층과 사회적 지위를 막론한 세상의 모든 여성을 남성들의 지위를 통해서 유형화, 공식화함으로써 유가적 性別 시스템을 영속시킨 機制로 평가된다.[67] 전통사회에서 창기와 같은 특수 직업에 종사하거나 종교적 귀의를 하지 않는 한 여성의 생애 주기를 지배하는 三從之道에서 벗어날 방법은 없었다.[68] 물론 전통 시기의 모든 良家 여성이 결혼하지는 않았을 것이다. 三從之道의 원리는 말 그대로 '당위적' 이데올로기일 뿐이므로, 현상 세계에서는 三從으로부터 벗어난 예외 사례가 분명 있었을 것이다. 여기서 주목할 것은 당위론과 어긋난 과거의 예외 사례를 다루는 문인들의 시각과 방식이다. 三從의 가족 구도에서 벗어나 지역의 군사 지도자가 되었다는 젊은 여성의 사례가 官方 지방지에, 그것도 <列女傳>에 수록된 것은 매우 의미심장하다. <列女傳> 유형의 서사에서는 陳子瑚가 그렇게까지 잔인하게 그녀를

---

67) Dorothy Ko, ≪Teachers of Inner Chambers:Women and Culture in Seventeenth-Century China≫, Stanford University Press, 1995, 260쪽.

68) 종교가 전통 사회 여성들에게 결혼으로부터 해방시킨 사례에 대해서는 曼素恩(Susan Mann) 著/定宜庄 顔宜葳 譯, ≪綴珍錄:十八世紀及其前後的中國婦女≫, 南京: 江蘇人民出版社, 2005, 247쪽 참조.

죽이려고 한 직접적 동기를 애매하게 처리했다. 이는 어쩌면 그녀의 행위
가 적으로부터 '貞'을 지키기 위한 것으로 해석될 여지를 남겨두어 그녀를
烈女의 반열에 올리기 위한 편집자의 고육지책이었을지도 모른다. 일부
에서는 그녀의 기록과 또 다른 烈女인 여동생의 사연을 통합 서술하여 자
연스럽게 蔡九娘의 사연을 동일한 맥락에서 해석하도록 유도하기도 했
다.[69] 물론 ≪계륵집≫에서는 여동생의 사연은 없었다.

　하지만 전통 유형의 烈女와는 부합하지 않음에도 불구하고, <열녀
전> 유형의 蔡九娘 서사는 수백 년간 그대로 보존되었다. 지방지의
<人物·列女>편에 수록된 蔡九娘의 傳記가 거의 변화를 보이지 않았
던 것은 두 가지 원인으로 분석할 수 있다. 첫째, 지방지의 편찬 규범 속
에서 작동하는 傳記 장르의 권위 때문일 것이다. ≪鷄肋集≫이나 ≪瓊
臺雜詠≫과 같은 詩文集, 筆記 장르와 지방지의 '傳記' 장르에서 허용하
는 인물의 범주와 서술의 양상은 다르다. 지방지의 <人物>은 해당 지
역 출신 유명인사의 傳記를 수록하는데, 이는 지방지에서 상징성을 지
닌 중요 부분이다. 이 <人物>편은 대부분 舊版을 그대로 반영하면서

---

69) ≪廣東通志初稿≫의 <人物·烈女>에서는 '蔡九娘' 앞에 그녀 여동생인 '蔡氏' 조목을 따로 두었지
만 萬曆本 ≪廣東通志≫의 <人物·列女>에서는 둘을 한 조목 안에 함께 서술하였다. 22세에 과부
가 된 그녀의 여동생이 陳子瑚의 강간 위협에 목매어 자살했다는 사연이다. ≪(萬曆)廣東通志≫卷6
1 <瓊州府·列女>, 53b-54a쪽 참고. 하지만 이 기록은 다소 의심스럽다. 이후 지방지마다 여동생
의 나이, 여동생을 범하려 했다는 적군 수괴의 이름이 차이를 보인다. (http://www.guoxuemi.com
/gjzx/612202jogu/58021/에서 열람)

새로운 인물을 업그레이드하는 것이 보통이다.70) 그리고 한 번 수록된 傳記는 개정판에서 좀처럼 변경되지 않는다. 반면 지방지의 제일 마지막 부분에 배치되는 <雜志>편은 필수적인 부분이 아니어서 없는 경우도 많다. 여기에는 보통 지역의 전설이나 신기하고 재미있는 이야기가 수록된다. 그래서 <열녀전> 유형이 <雜志> 유형에 비교하여 경직된 모습을 보이는 배경에는 당연히 當代 문화 내부에서 통용되는 장르 규범의 문제가 있다. 여기서 이 문제를 자세히 논의할 수는 없지만, 장르란 단순히 문체 분류가 아닌 그 사회 속에서 텍스트의 의미를 지배하고 틀 짓는 힘을 지닌 기제이다.71) <雜志·遺事>가 변화가 잦은 반면, <열녀>편은 거의 변동이 없는 것은 지방지 내부의 장르 간에 주어진 권위의 차이, 그리고 편찬 관행 때문이라고 해석할 수 있다. 이러한 장르적 특성으로 인해 지방지의 <열녀전>은 오히려 시대의 흐름에 따라 사회적, 문화적으로 요구되는 새로운 '여성다움'의 이념 -漢人의 생활 방식과 儒家的 三從之道 등- 을 철저하게 반영하지 못했다. 앞서 분석했던 洗夫

---

70) 지방지 傳記는 옛 버전을 그대로 이어받기도 했고, 碑刻, 문집, 譜銘, 족보 등을 참고하여 새로 쓰이기도 한다. 때로는 편찬자가 직접 傳記 자료를 수집하기도 하였다고 한다(衣若蘭, 앞의 책 229-230쪽). 특히 중원이 아닌 邊境 지역 지방지는 초기에 주로 개인적으로 자료를 수집하고 지역 원로들의 구술에 의존하여 완성되었다고 한다(Joseph Dennis, 앞의 책 57쪽)

71) "장르는 텍스트와 사회적 행위의 유형을 분류할 뿐 아니라 동시에 상호 간의 복잡하고 역동적인 관계를 맺으면서 텍스트와 사회적 행위를 생산해 낸다" 아니스 바와시 外/정희모 外 옮김, ≪장르: 역사·이론·연구·교육≫(서울: 경진출판, 2015), 25쪽.

人의 傳記가 천년이 넘는 시간 동안 거의 변화를 보이지 않았던 것도 이와 상통한다고 하겠다. 蔡九娘의 이야기가 처음 採錄되었던 시기의 內外 관념과 혼인 풍속이 새로운 판본의 傳記 속에 '봉인'된 것은 이러한 서적 편찬 관행, 장르의 규범과 관련이 있다.

두 번째 원인은 애초에 이러한 '봉인'을 가능케 했던 廣東의 지역 문화이다. 즉 여성의 非婚과 女將의 존재에 상대적으로 유연했던 지역 전통과 관습이 작용했을 가능성이 있다는 것이다. 관련 연구에 의하면 근대 시기 廣東에 유행했다고 알려진 이른바 '自梳女'와 '不落家' 풍속이 훨씬 이전부터 廣東 토착문화와 연계되어 실행되고 있었다고 한다.[72] 물론 이것이 전통 시기 廣東에 非婚이나 남편과의 別居가 보편적으로 용인되었다는 의미는 결코 아니다. 적어도 明代 중기 이후에는 廣東에서도 유가적 가족 구조와 중국식 혼례 풍속이 우위를 점했던 것이 분명하다. 그러나 中原 지역과 비교하면 廣東 일부 지역에서는 보다 유연하고 타협

---

72) '자소녀'란 여성 동료와 의자매 관계를 맺고 독신으로 살아가는 미혼여성을 지칭하며, '불락가'란 중국식 혼례를 치르고도 남편 집으로 들어가지 않고 따로 거주하는 기혼여성을 의미한다. 이를 일종의 '혼인거부'나 '지연된 혼인' 형태로 간주한 연구에서는 이러한 풍습이 여성의 경제적 독립에서 기인한 것이라는 주장과 함께 反가부장적인 廣東의 독특한 지역 문화적 성격의 표현으로 해석한다. Helen F. Siu (蕭鳳霞), <Where were the women? Rethinking marriage resistance and regional culture in South China>(≪Late Imperial China≫, Dec 1, 1990; 11,2)에 이러한 관점의 연구들이 정리되어 있다. Siu는 이러한 혼인거부나 지연의 형태는 처가 거주와 모계 사회 풍속을 간직하고 있는 廣東의 토착 풍속과 漢人 풍속의 혼합이며 일부 토착민(蜑人과 猺人)들이 계층 이동을 하면서 이러한 풍속이 상류층에서도 보이게 되었다고 진단하였다.

적인 형식의 혼인과 가족 구성이 우세하게 나타났거나, 토착의 혼인 문화와 혼합된 형태를 보였을 가능성은 충분하다.[73]

사실 海南의 토착민인 黎人 집단에서는 최근까지도 여성이 집단의 우두머리가 되는 것, 혼인하지 않고 자유롭게 성관계를 갖는 것, 혼인 뒤 남편의 집으로 가지 않는 등의 행위가 실제로 널리 행해졌고 사회적으로 용인되었다. 宋代 周去非는 峒首(광동 토착민들의 部落 단위 '峒'의 우두머리)였던 '王二娘'이라는 여성에 대해 "남편의 이름은 알려지지 않았다. 집안이 부유하여 사람들을 잘 부렸고 능히 여러 黎人 무리를 제압할 힘이 있었다"[74]고 했었다. 명대 중기 이후 본격적으로 진입한 중국식 儀禮와 가족 제도로 인해 黎人 집단의 권력 승계에도 父系 우선의 원칙이 도입되고 부친이나 남편의 존재가 중시되었지만, 여전히 여성이 峒首가 될 수 있었고 사회적 활동 역시 자유로웠다.[75] 지역 지도자로서 蔡九娘

---

73) Siu는 청대 중반 이후 不落家가 광범위하게 퍼져 있었다고 주장하였다. 番禺縣에서는 이미 康熙 연간부터 이 풍속이 보였고 19세기 鄕山縣이나 順德縣의 지방지에서는 혼인 뒤 남편 집으로 들어가지 않는 풍속이 이미 보편적인 것처럼 묘사되고 있었다고 한다(앞의 논문, pp.36-41). 海南의 黎人들 역시 20세기까지 여성이 혼인하지 않고 남성과 관계하거나, 혼인 후 오랫동안 별거, 혹은 남성이 처가에 거주하며 노동하는 관습이 남아 있었다. (符和積, <黎族女子'不落夫家'婚俗淺析>, ≪社會科學戰線≫ 1988, 2; 黃淑瑤, 앞의 논문 참고)

74) 夫之名不聞, 家饒於財, 善用其衆, 力能制服群黎 嶺外代答 卷2.

75) "먼저 들어간 이들이 동의 우두머리가 되었고 함께 들어가 힘을 합한 이들은 두목이 되었다(先入者爲峒首, 同入共力者爲頭目)" "아비가 죽으면 아들이 계승하고 남편이 죽으면 아내가 계승한다(父死子繼, 夫亡婦繼)" ≪(乾隆) 廣東通志≫ 卷57, <諸蠻志・俚戶>, 四庫全書本, 18쪽.海南 전통사회 특유의 승계 구조, 성별 분업, 여성의 외부 활동에 대해서는 黃淑瑤, 앞의 논문 참고.

은 애초에 자신의 성별에 대해 변명할 이유가 없었던 셈이다.

관련 연구에서는 海南의 부락에서 적용되는 '남편이 죽으면 아내가 주도한다[夫亡婦主]'의 원칙을 '父權과 母權 사이의 쌍방 타협'[76]으로, 혼인 후 남편과 별거하는 廣東의 '不落家' 관습은 漢人과 토착민의 公共의 기대와 私的인 필요 사이의 '상호 조정(mutual mediation)의 결과물'[77]이라고 분석하였다. 이러한 타협이나 조정은 이른바 '敎化'의 이름으로 행해지는 중원문화의 진격이 토착민의 삶과 만나는 모든 시공간에서 진행되었다. 漢人들은 유가 禮儀와 父權制 원칙에 위배되는 黎人들의 일상과 문화에 종종 경악했지만[78] 현실적으로 독신 女性 峒首의 존재를 인정할 수밖에 없었다. 黎人 사회에서 전설이 되었던 女將 蔡九娘을 해당 지역의 충절과 명예를 상징하는 <列女傳>에 편입시키기 위해 편찬자들 역시 '타협'과 '조정'을 부단히 진행하였다. 지역 문인들은 주석을 달아 그녀의 선택을 합리화하거나, 독자들이 기대하는 일반적인 서사 문법-미인계, 순결을 지키기 위한 자살-을 사용하며 유가적 가족 제도나 성별 분업에 어긋나는 '女將'의 이미지를 희석시켰다. 하지만 그러한 과정에서도 지

---

76) 黃淑瑤, 앞의 논문, 210쪽.

77) Siu, 앞의 논문, 49쪽.

78) 예를 들어 屈大均은 "瓊州의 풍속의 폐단 중 특히 元宵節이 심하다. 1월10일에서 15일 닷새간 채소를 훔치거나 음란한 행동을 하는 자들을 불문에 부치는데 이를 采靑이라 한다. 마땅히 이를 엄금해야 한다 (瓊州風俗之弊, 尤在上元, 自初十至十五五日內, 竊蔬者, 行淫奔者不問, 名曰采靑, 此宜嚴禁)" 라 개탄하였다. (淸)屈大均 撰, ≪廣東新語≫(北京: 中華書局, 1985), 302쪽.

방지의 <列女傳>은 舊版의 서술을 완고하게 유지했고 그 속에서 廣東의 마지막 女將 蔡九娘은 초기 서사 그대로 봉인되었다.

蔡九娘 서사는 여성이 혼인하지 않고 한 지역의 지도자가 될 수 있었던 廣東의 과거 흔적을 일부 보여준다. 廣東 사람들의 삶에 뿌리를 내리고 있던 사회적 관계들은 유가적 가족 제도, 성별 분업, 그리고 이를 떠받치고 있는 이데올로기에 약간의 균열을 내었고, 이 균열은 유가 지식인들이 서술한 텍스트 속에서도 표현되었다. 물론 이러한 현상을 廣東의 로컬리티와 중원 문화의 이원적 대결 구도로 해석할 수는 없다. 廣東의 로컬리티에는 이러한 실행적 요소 뿐 아니라 중앙 정부나 정통 이데올로기와의 통합을 강력하게 추구하는 힘도 포함되어 있기 때문이다. 蔡九娘의 異本들은 海南의 전설적 女將이었던 그녀를 烈女로 재구성해야 했던 지역 문인들의 고심의 흔적으로 볼 수 있다. 그리고 이러한 흔적들이야말로 이른바 '로컬리티'란 고정된 것이 아니라 끊임없이 외부와 상호 작용하며 재구성되는 일종의 '과정'임을 보여주는 증거이기도 하다.

V. 결론

문인 사대부가 중국사의 주도 세력이 된 이후 각 지역에서 로컬리티의 흥기는 하나의 시대적 흐름이었다. 고향의 역사를 자신들의 시각으로 쓰고자 하였던 문인들의 열망은 지역을 국가 속으로 통합하고자 하는 시도로 종종 표현되었다. 과거 죽음과 질병의 땅으로, 유배의 공간으로 인식되던 廣東이 禮儀의 땅으로 변신한 것은 바로 그 전형적인 사례이다. 그렇다면 中國化 되기 이전 嶺南에 존재하던 사람들의 일상적, 종교적, 의례적 문화와 사회조직, 관계 등이 廣東 '본래의' 로컬리티라 할 수 있을까? 그리고 이것은 명대 이후 지역 景觀에 어떤 영향을 미치고 있을까? 이러한 의문에서 시작된 본 연구는 그 실마리를 廣東의 옛 여성들을 해석하는 明淸 문인들의 讀法에서 찾고자 했다. 중국 전통사회에서 여성의 존재는 단순히 남성과 상대되는 생물학적 性別의 의미를 넘어선 문화적, 이데올로기의 상징으로 기능했기 때문이다. 문헌에 남아 있는 廣東의 女將 중 본고에서는 유명한 高凉의 冼夫人과 廣東의 마지막 女將 蔡九娘을 주요 연구대상으로 삼고 明淸 지방지와 筆記 문헌을 중심으로 재현 양상과 해석 방식을 탐색하였다. 완성 단계에 이른 18세기 廣東의 '문인전통'은[79] 廣東의 고대 여성들을 儒家的 性別 구도 속에 재배치하기 위해 다양한 시도를 하게 된다. 嶺南의 聖母, 지역의 권력자였고 사후에는 지역의 神明으로 추앙받았던 冼夫人의 여러 정체성 중 이 시기에

---

79) Faure는 理學을 기반으로 한 廣東의 문인전통은 세 단계를 거쳤다고 하였다. 12세기에 처음 창조되었고 16세기에 재건립, 18세기에 세 번째 창조를 거쳤다고 하였다. 마지막 단계의 광동 문인들은 본인들이 어떠한 정치적 판단을 하고 있건 간에 모두 자신과 전국의 문인들이 같은 그룹에 속해있다고 여겼다고 한다. (앞의 책 47쪽).

가장 유력하게 부각된 것은 忠義로운 臣民의 이미지였다. 하지만 체제와의 균일한 통합을 지향하는 이러한 주류 관점 속에서도 그녀의 여성적 위치에 대한 의문과 변명은 늘 행간에 도사리고 있었고 신비주의로 포장한 배타적 지역주의가 등장하기도 했다. 시간이 흐를수록 洗夫人의 과거는 잊혔고, 공간과 사물을 매개로 하지 않고서는 그녀를 환기할 수 없는 지경에 이른다. 이 지점에서 洗夫人의 서사는 當代性을 완전히 상실하고 회고와 향수의 대상이 되었다. 영남의 覇權을 차지했던 그녀가 체제에 위협적이지 않다고 간주된 것은 이 때문이었을 것이다.

이와 달리 蔡九娘은 죽음 직후 각기 다른 두 가지 버전의 서사를 통해 전파되었다. 明代로 진입하며 본격적으로 지역의 역사를 국가 체제와 이데올로기로 통합할 필요가 있었던 지역 문인들은 蔡九娘을 烈女 서사의 틀 속에서 읽으려 시도하였다. 지방지의 <列女傳>으로 진입한 그녀는 처음 기록된 그 모습 그대로 봉인되어 淸末까지 유지되었다. 하지만 그녀의 삶의 궤적에는 烈女의 표준에 부합하지 않는 흔적들이 남아 있었다. 그래서 이러한 흔적들을 개조하거나 삭제한 다른 버전도 유포되었으나 <列女傳>은 견고하게 그 원형을 유지했다. 중원 문명의 표준에서 이탈한 廣東의 로컬리티가 텍스트를 통해 표현된 것이다.

삶과 텍스트는 상호 작용하면서 서로를 모방, 투사하거나 상상을 기탁한다. 그리고 이 과정에서 무수한 균열과 모순을 노출한다. 여성들의 삶과 일상, 육체까지도 官方의 의식형태와 참조체계에 완벽하게 일치시켰을 것이라는 전제는 일종의 환상이다. 이러한 일치를 깨뜨리는 균열은 개별적 삶에 작용했던 로컬리티에서 기인한다. 이 로컬리티는 廣東의 토착문화와 분명 관련되어 있지만, 텍스트 속에서 구성된 로컬리티란 결코 토착문화의 직접적 반영을 의미하는 것은 아니라 서술 주체인 지역 문인들이 토착민들의 풍속과 관행을 인가된 정통성의 지형 위에서 수용하기 위한 타협과 조정의 과정을 말한다.

明代 이후 廣東에서 더는 女將이 출현하지 않았다. 廣東의 역사적, 사회적 경관이 변화하면서 삶의 조건들 역시 변화하였다. 그래서 '女將'이라는 非常한 신분의 여성이 출현할 수 있는 조건이 되지 않았던 것인지, 아니면 문인들이 구성한 로컬리티의 속에 더는 이에 대한 타협과 조정이 들어설 자리가 없었던 것인지는 알 수 없다. 冼夫人과 蔡九娘은 <列女傳>이라는 정통의 계보 속에 편입된 덕분에 그녀들의 '비정통적' 생애에도 불구하고 살아남을 수 있었다. 문인들이 그녀들을 해석하는 방식을 통해 우리는 균일한 여성적 이상에 균열을 내는 과거 廣東 여성의 흔적을 일부 엿볼 수 있다. 이는 상상, 혹은 이상을 끊임없이 자신들의 景觀 속에 불어넣었던 지역 문인들의 끊임없는 시도, 즉 이들의 로컬리티 구성으로 인한 결과일 것이다.

참고문헌

(唐)魏徵 等 撰, ≪隨書≫, 武英殿二十四史本.

(宋)周去非 著/楊武泉 校注, ≪嶺外代答校注≫, 北京, 中華書局, 2006.

(宋)李昉 等 撰, ≪太平廣記≫, 北京:中華書局, 1961.

(明)王佐 著/劉劍三 點校, ≪鷄肋集≫, 海口: 海南出版社, 2004.

(明)郭棐 等 撰, ≪(萬曆)廣東通志≫, 1600.

(明)戴璟·張岳 等 纂修, ≪廣東通志初稿≫, 北京圖書館古籍珍本叢刊38, 書目文獻
　　　　出版社, 1988.

(明)歐陽璨 等 璨, ≪(萬曆)瓊州府志≫.

(淸)王士禎, ≪漁洋山人精華錄≫, 四部叢刊初編, 上海涵芬樓藏林佶寫刊本.

(淸)蕭應植, ≪(乾隆)瓊州府志≫, 續修四庫全書 676, 上海古籍出版社, 1995

(淸)錢以愷, ≪嶺海見聞≫, 兩淮馬裕家藏本.

(淸)黃安濤 等 撰, ≪(道光)高州府志≫.

(淸)阮元 修, 陳昌齊 等纂, ≪(道光)廣東通志≫, 續修四庫全書 675, 上海古籍出版
　　　　社, 1995.

(淸)楊霽 修, 陳蘭彬 等纂, ≪(光緒)高州府志≫, 中國地方志集成: 廣東府縣志輯 36,
　　　　上海:上海書店出版社, 2003.

(淸)孫鑄 撰, 邵祥齡 等 撰, ≪(光緒)電白縣志≫, 中國地方志集成: 廣東府縣志輯 41,
　　　　上海書店出版社, 2003.

(淸)吉林隆斌 等 撰, ≪(光緒)瓊州府志≫.

(淸)范端昻 撰·湯志岳 點校, ≪粤中見聞≫, 廣東高等教育出版社, 1988.

(淸)范端昻 撰, ≪崔沺續補≫, 中國國家圖書館 소장본, 1730.

(淸)陳衍,≪元詩紀事≫, 上海: 商務印書館, 1925.

청메이바오 지음/정진선·최형섭 옮김, ≪지역문화와 국가의식: 근대 '광동문화'관
　　의 형성≫, 서울: 심산, 2014.

아니스 바와시 外/정희모 外 옮김, ≪장르: 역사·이론·연구·교육≫, 서울: 경진출
　　판, 2015.

유인선, ≪베트남의 역사≫, 서울: 이산, 2018.

曼素恩(Susan Mann) 著/定宜庄·顔宜葳 譯, ≪綴珍錄:十八世紀及其前後的中國
　　婦女≫, 南京: 江蘇人民出版社, 2005.

科大衛(David Faure) 著/卜永堅 譯, ≪皇帝和祖宗 – 華南的國家與宗族≫, 南京:
　　江蘇人民出版社, 2010.

賀喜, ≪亦神亦祖: 粤西南信仰構建的社會史≫, 北京: 三聯書店, 2011.

司徒安(Angela Zito) 著/李晋 译, ≪身体與笔: 18世纪中国作为文本/表演的大祀≫,
　　北京大学出版社, 2014.

劉正剛, ≪明淸地域社會變遷中的廣東鄕村婦女硏究≫, 北京: 社會科學文獻出版
　　社, 2016.

Lisa Raphals, ≪Sharing the Light:Representations of Women and Virtue
　　in Early China≫, State University of New York Press, 1998.

Dorothy Ko, ≪Teachers of Inner Chambers:Women and Culture in
　　Seventeenth-Century China≫, Stanford University Press, 1995.

Robert B. Marks, ≪Tigers, Rice, Silk & Silt – Environment and Economy
　　in Late Imperial South China≫, New York: Cambridge Univ.
　　Press, 2005, first published 1998.

Joseph Dennis, ≪Writing, Publishing, and Reading Local Gazetteers in

Imperial China, 1100-1700≫, Harvard Univ. Asia center, 2015.

이영숙, ≪木蘭 形象의 時代 變遷과 文化 受容 硏究≫, 숙명여자대학교 박사학위 논문, 2012.

衣若蘭, ≪史學與性別 : ≪明史 . 列女傳≫ 與明代女性史之建構≫, 國立臺灣師範大學 博士論文, 2002.

龔禮茹, ≪嶺南女神信仰硏究-以龍母, 洗夫人和馬祖爲中心≫, 深圳大學 碩士論文, 2018.

정면, <후한대 남이 지역의 변군 지배와 '남중' '남인' 개념의 출현>, ≪중국사연구≫ 제49집, 2007.

최수경, <≪廣東新語≫의 세계와 17세기 廣東의 시공간>, ≪중국어문논총≫ 99집, 2010.

이재성, <로컬리티의 연구동향과 인문학 연구의 새로운 방향>, ≪한국학논집≫ 제41집, 2011.

정병준, 채지혜, <당대 기미부주 연구(3) (劉統)>, ≪신라사학보≫ 25집, 2012.8.

최수경, <香奩을 溯하다 ― 18세기 초기 范端昂의 女性 詩選集 프로젝트>, ≪중국어문논총≫ 57집, 2013.

최수경, <여성경전의 재탄생 - 明末 ≪閨範≫과 '열녀전'의 파라텍스트에 대한 연구>, ≪중어중문학≫ 제82집, 2020.

符和積, <黎族女子'不落夫家'婚俗淺析>, ≪社會科學戰線≫ 1988, 2.

科大衛·劉志偉, <宗族與地方社會的國家認同-明淸華南地區宗族發展的意識形態基礎>(≪歷史硏究≫, 2000年 第3期.

康正果, <泛文與泛情>, 張宏生 編, ≪明淸文學與性別硏究≫, 南京: 江蘇古籍出版社, 2002.

黃淑瑤, <性別, 權力與海南古代女性>, ≪社會≫, 2012年 6期 第32卷

林華勝, <試論史書中的洗夫人形象>, ≪南方論刊≫, 2012年 第10期.

劉正剛·劉軍, <明淸洗夫人崇拜與地方經濟變遷>, ≪海南大學學報≫(人文社會
　　科學版), 2006年6月 第24卷.

蔣明智, <論嶺南洗夫人信仰衍變>, ≪世界宗敎硏究≫, 2009年 第3期.

劉正剛, <明代方志書寫烈女抗暴'言論'模式探析>, ≪暨南學報≫(哲學社會科學
　　版), 2014年 第2期.

Helen F. Siu(蕭鳳霞), <Where were the women? Rethinking marriage
　　resistance and regional culture in South China>, ≪Late Imperial
　　China≫, Dec 1, 1990; 11,2.

Katherine Carlitz, <The Social Uses of Female virtue in Late Ming
　　Editions of Lienü Zhuan>, ≪Late Imperial China≫ 12(2), 1991.

Bol, Peter Kees, <The "Localist Turn" and "Local Identity" in Later
　　Imperial China>, ≪Late Imperial China≫, Vol. 24, No.2, Dec.
　　2003.

Kevin Carrico, <Recentering China: The Cantonese in and beyond the
　　Han>, Edited by Thomas S. Mullaney, James Leibold, Stephane
　　Gros, Eric Vanden Bussche, ≪Critical Han Studies: The History,
　　Representation, and Identity of China's Majority≫, University of
　　California Press, 2012.

Abstract

Memories of female generals and Guangdong's locality during Ming-Qing periods

– Focusing on Lady Xian and Cai Jiuniang

Choi, Soo-kyung

This paper explores how Ming-Qing literati interpreted the female generals of ancient Guangdong and accommodated it in the locality by targeting local gazetteers and local literature. Lady Xian(冼), a famous leader of Gaoliang(高涼) region during the Sui Empire era, was a sage and local authority in Lingnan (嶺南) during her lifetime, and after her death, she was revered as a local deity. Among these identities, the most influential one during the Ming and Qing period was the image of a righteous subject of the empire. However, even in this mainstream perspective that aims for uniform integration with the imperial system, questions and excuses about her feminine position were occasionally raised, and sometimes exclusive regionalism wrapped in mysticism appeared. Lady Xian's past was forgotten as time goes by, and it was impossible to evoke her without mediating of the related spaces and objects. At this point, Lady Xian's narrative completely lost its contemporality and became an object of retrospect and nostalgia.

Meanwhile, the last female general of Guangdong, Cai Jiuniang(蔡九娘)'s story was spread in two different versions. As they entered the Ming Dynasty, local literati who needed to integrate the region's history into the national system and ideology tried to read Cai Jiuniang within the framework of the narrative of 'chaste women.' As Cai Jiuniang entered the local gazetteer's "Biographies of Exemplary Women," she was sealed as it was first recorded and remained until the end of the 19th century. However, in the trajectory of her life, some traces did not meet the standards of 'exemplary women.' As a result, the locality of Guangdong, which deviated from the standard of China's proper civilization, was expressed through text. This locality constructed in the text does not mean a direct reflection of the indigenous culture, but rather the process of compromise and adjustment for the local literati, who are the subject of the narrative, to accommodate the customs and practices of the indigenous people on the terrain of authorized legitimacy.

Key words: locality, Guangdong, female generals, Lady Xian(冼), Cai Jiuniang(蔡九娘), local gazetteers, exemplary women

『逸周書』 난독(難讀) 현상의 원인과 관련 용례 해석

- 淸華簡 『皇門』을 중심으로* -

김정남(경상국립대학교 국제지역연구원 학술연구교수)

〈논문 요약〉

『逸周書』는 서주 시기 문헌을 비롯하여 춘추 전국시기 문헌, 급총(汲塚) 죽간의 일부까지 추가되고 여기에 판본 정리 및 주석 작업이 진행되지 않아 위서로 간주되었다. 그래서 언어 습관이나 시대적 배경, 사상적 특징에 대해 제대로 분석하지 않다보니 『逸周書』의 난독현상은 해결되지 않은 상태로 지금까지 이어지고 있었으나, 최근 발표된 청화간(淸華簡)을 통해서 『逸周書』의 진면목이 조금씩 드러나고 있다. 본고는 청화

---

*   본고는 『동양고전연구』 제 75집 (2019년 6월)에 수록된 「淸華簡 『皇門』을 통해 본 『逸周書』 난독 (難讀) 현상의 원인과 관련 용례 해석」을 수정 및 보완하였습니다.

간『皇門』과 전래본『逸周書』「皇門」을 비교하여 이러한 난독현상을 유형별로 분석하였다. 첫 번째로 선진 시기 문헌의 전수과정에서 볼 수 있는 고문자 자형에 대한 지식이 부족했고 시대별 통가 습관의 차이로 인하여 발생하는 난독현상과 달리,『逸周書』는 자형과 통가의 차이로 해결할 수 없는 난독 구문들을 다수 발견할 수 있었다. 이것을 "후대인의 가공으로 인해 발생한 차이"로 따로 규정했다. 이를 다시 세분화하여 "의미 보충", "누락", "해석에 의한 변형"으로 구분했다. 이를 통해 파악한 유형을『逸周書』「皇門」외의 다른 작품에서도 적용하여 역대로 해결하지 못한 구문을 출토문헌과 전래문헌의 용례를 통해서 그 본의를 파악해보고자 했다. 이와 같은 시도는 비록 판본간의 비교를 통해 얻은 결론보다 객관성은 떨어지지만, 전래문헌『逸周書』만이 존재하는 상황에서 시도해볼 수 있는 가장 객관적인 연구 방식이다.

주제어:『逸周書』, 청화간『皇門』, 전래문헌, 출토문헌, 언어 습관, 고문자, 통가 습관, 난독 현상, 판본 비교.

I. 서론

『逸周書』는 저자와 저작연대가 불분명한 문헌이다. 많은 학자들이 문헌상의 기록과 인용 사례를 통해서『逸周書』의 형성 시기를 추측한 바 있다. 황회신(黃懷信)은『逸周書』「太子晉」편에서 진평공(晉平公) 시호를 근거로『逸周書』저작연대의 상한선을 기원전 532년으로 설정했고,『史記』「蘇秦列傳」에서 "得周書陰符, 伏而讀之"를 근거로 저작연대의 하한선을 기원전 339년으로 설정하기도 했다.[1] 여기에, 서진(西晉) 시기에 발굴된 급총죽서(汲冢竹書)의『周書』와『逸周書』의 연관성에 대해 의견이 분분해지면서『逸周書』의 저작연대는 전국시기설, 서한시기설, 위진시기설 등으로 구분된다. 한편,『逸周書』는 漢代 이후 혹은 魏晉 시기 이후에 편집된 위서(僞書)로 간주되어왔다. 유지기(劉知幾)는 "아마도 후대 호사가들이 덧붙인 듯하다(殆似後之好事者,所增益也)."라고 하였고, 곽연년(郭延年)도 "전국시대 처사들도 사적으로 연이어 편철했기 때문에 '周'를 빌어 서명으로 삼았다(戰國處士私相綴續, 託周爲名)"라고 했다. 이처럼, 역대로 이 문헌의 신빙성에 대해 끊임없이 의견이 제기되어온 결정적인 원인은 내용상의 일관성과 시대적 특징을 찾아보기 힘들기 때문이다. 같은 시기에 동일인의 작업을 통해 편찬되지

---

1) 黃懷信,『逸周書源流考辯』, 西北大學出版社, 1992年 1月, 78쪽.

않는 선진시기 문헌의 특징을 감안하더라도 『逸周書』 각 편이 지니는 언어습관의 차이는 크다. 또한 전수 과정에서 발생한 오자(誤字)와 후대인의 오역으로 인한 구두 및 해석상의 오류로 인해서 내용을 이해하기가 어렵다. 결과적으로 『逸周書』의 신빙성은 더 큰 의심을 받을 수밖에 없었다.

이와 같은 상황에서 서주(西周) 청동기, 전국시대 간백문헌(簡帛文獻)과 같은 출토문헌이 지속적으로 발굴되었고, 수년간의 정리 작업을 토대로 얻어낸 연구결과를 통해서 『逸周書』 세부 내용을 객관적으로 분석하기 시작했다. 특히, 2010년에 공포된 청화간(淸華簡)은 『逸周書』 저작연대 연구에 큰 계기를 마련해주고 있다. 그 중 『祭公』, 『皇門』은 완전한 형태로 공포되어 전래본 『逸周書』 「祭公」과 「皇門」의 저작연대 및 전수 과정 분석에 결정적인 단서로 작용하고 있다. 무엇보다도 청화간본(淸華簡本) 『祭公』, 『皇門』의 가장 큰 가치는 문헌의 원형(原型)에 대해 추정해볼 수 있는 단서를 지녔다는 점이다. 또한 청화간의 출현으로 『逸周書』 전수 과정에서 발생한 오류에 대해서도 분석할 수 있게 되었다.

2010년 이후로 청화간본과 전래본의 비교 분석을 통해서 전래본 『逸周書』가 지닌 오류에 대한 교감 및 분석 작업이 지속적으로 이뤄지고 있다. 하지만 그 오류에 대한 분석은 대체로 문자, 어구 중심으로 진행되었기 때문에 결과 역시 국한적인 성격을 띠고 있다. 이와 달리, 황회신은 「

淸華簡皇門校讀」에서 문자, 어구 중심의 분석에서 벗어나 청화간본과 전래본의 차이를 전 편에 걸쳐 소개한 바 있다. [2] 하지만 그는 청화간본과 전래본의 우열을 가리는데 초점을 맞춘 나머지, 오류 발생 원인에 대한 분석은 다소 미흡한 점이 많다. 또한 진가녕(陳家寧), 조아사(趙雅思)는 「今本皇門看古書流傳與校勘問題」에서 교감학 이론을 통해서 전래본과 청화간본의 차이를 유형별로 정리하고자 하였다.[3] 그러나 두 판본 간의 다양한 오류 현상을 4가지 항목에 귀속시키려다 보니, 전수 과정에서 발생한 오류를 지나치게 일반화시켜 전래본『逸周書』에서만 볼 수 있는 갖가지 차이점들을 제대로 분석해내지 못했다.

본고에서는 이와 같은 선행연구를 감안하여 청화간『皇門』과 전래본『逸周書』「皇門」의 비교 대조를 통해서『逸周書』전수 과정에서 발생한 차이를 유형별로 분석하되, 일반적인 교감학 이론이 아닌 전래본의 용례를 토대로 차이점을 유형화해보려 한다. 이를 토대로 청화간『皇門』과 비슷한 연대의 작품으로 추정하는「世俘」,「克殷」,「嘗麥」,「酆謀」(전래본『逸周書』수록) 등에 대해서도 교감을 시도해보고자 한다.

---

2) 黃懷信,「淸華簡『皇門』校讀」, 武漢大學簡帛硏究中心網站, http://www.bsm.org.cn/show_article. php?id=1414, 2011年3月14日.

3) 陳家寧, 趙雅思,「從淸華簡與今本『皇門』看古書流傳與校勘問題」,『古文字硏究』第29輯, 中華書局, 2012年 10月, 725~736쪽.

II. 淸華簡『皇門』을 통해 본 전래본『逸周書』「皇門」 난독 현상 분석

본고에서 언급하는 "난독현상"은 문헌이 전수되는 과정에서 문자, 어휘, 어법 등이 원시 형태와 달라져 본래 의미를 알 수 없는 현상을 말한다. 선진시기 문헌은 진시황의 분서갱유정책과 고문자 자형의 불확정성으로 인해서 적지 않은 차이가 발생했다. 또한 한대(漢代) 이후 많은 전적(典籍)들이 정리되는 과정에서 편집자의 주관적 판단과 오역으로 인해 그 원형이 왜곡되는 사례가 비일비재하였다. 일반적으로 전적이 출현한 후, 전수 과정 중 문자와 어구가 달라지는 상황은 불가피하다. 이후, 시대가 바뀌면서 후대인들이 새로운 주석을 추가하고 내용을 교정하기 마련인데, 이 과정을 통해 반드시 또 다른 해석이 출현한다. 일정시간이 지난 후, 시대에 따른 정치적, 사상적 관점 역시 달라지고, 선인(先人)들의 해석이나 교정에 대해서도 다른 의견이 제기된다.4) 이와 같은 과정이 반복되면서 확정된 전적상의 문자, 어구는 대다수의 후인들에 의해 그 객관성을 공인(公認)받을 수 있지만, 필연적으로 발생하는 문자와 어구의 차이로 인해 최초 원시형태의 보존 여부는 그 누구도 확언할수는 없다.

---

4) 倪其心,『校勘學大綱』, 北京大學出版社, 2004年 7月, 79~80쪽.

『逸周書』역시 이와 같은 과정을 거치며 현재와 같은 내용으로 전수되었다. 하지만 다른 문헌에 비해서 해석 및 교정 작업은 극히 미미한 수준이다. 가장 큰 요인은 역대로『逸周書』가 위서로 간주되어 체계적인 정리 작업이 이루어지지 않았다는 것이다. 또한『逸周書』에 수록된 71편도 제각기 다른 시대성(時代性)을 띠고 있으며,『逸周書』의 근간을 이루는 "周書"의 기원과 성격에 대해서도 명확하게 규정하지 못했다. 즉, 선진(先秦) 시기『尚書』와 공존했던『周書』와 서진(西晉) 시기 汲冢竹書에 포함된『周書』를 구분할 수 없는 상황에서 제대로 된 해석과 정리 작업이 이루어지기는 불가능하다. 한대(漢代)에 유교가 국교로 지정된 후 유교 경전이 체계적으로 해석, 정리된 것과 달리,『逸周書』는 그와 같은 정리 작업을 거치지 않았고, 결과적으로 현재와 같은 어색하고 난해한 문맥으로 정착되었으며 갖가지 주석들이 추가된 것이다.

이 점을 감안할 때, 본고에서 논하고자 하는 "난독현상"는 크게 변형(變形), 누락, 추가, 전도(顚倒) 등으로 나눌 수 있다.5) 앞서 언급했듯이, 이러한 기준으로 분류한다면 전래본『逸周書』에서 직면하는 난독현상을 모두 포괄할 수 없으므로 본고에서는 청화간본과 전래본의 비교를 통해서 도출된 기준으로 분류해보기로 한다.

---

5) 程千帆·徐有富,『校讎廣義』「校勘編」, 齊魯書社, 1998年 4月, 43쪽.

1. 자형으로 인해 발생하는 경우

후대인이 자형을 잘못 파악하여 문헌을 편집하였을 경우, 대체로 앞뒤 맥락이 자연스럽지 못한 현상을 초래한다. 이는 선진문헌에서 보편적으로 출현하는 현상인데, 『逸周書』에 수록된 71편 중에서 「世俘」, 「皇門」, 「祭公」 등과 같은 서주시기 작품 중에서 쉽게 찾아볼 수 있다.

1) 才, 左

전래본 『逸周書』 「皇門」 "周公格左閎門"의 '左'와 청화간본 『皇門』 1호간 "公䀝(格)才(在)者(庫)門" "才'가 서로 대응한다. 선진시기 출토문헌에서 '才'는 주로 '在'로 읽는다. '在'와 '左'는 자형이 비슷하기 때문에 후대인이 '左'로 잘못 파악했을 가능성이 높다. 『隸辨』 「代韻」에 수록된 『韓勑碑』의 "靑龍左涒歎"에서 '左'는 '在'의 이체자이다.6) 이는 '左'와 상당히 유사한 구조로 변형된 것이다. 왕념손(王念孫)은 『玉海』를 근거로 '于'를 추가하여 "周公格于左閎門"로 정정하였는데, '于'는 '在'와 같은 용법이 있는 점을 감안할 때, '左'는 '在'의 변형일 가능성이 높다.

---

6) [淸]顧藹吉編纂, 『隸辨』, 中華書局, 1986年 4月, 139쪽.

2) 肆, 建

역대로 전래본『逸周書』「皇門」의 "建沈人"에 대해, 학자들은 "은둔해있던 현자들을 천거하다"로 해석해왔다. 공조(孔晁)도 '建'을 "建立"으로 해석한 바 있다. 하지만 청화간『皇門』에서는 '建'과 관련된 자형은 없으나 1호간 "鯀(肆)朕盪(沖)人非敢不用明刑"의 '鯀'과 상응한다. 정리자는 '鯀'을 '肆'로 풀이하였다. 서주 청동기 '希' 또는 '帚'로 구성된 자형과 '肆'가 통가된 사례를 많이 볼 수 있다. 일반적으로 서주금문의 '肆'는 앞의 내용을 이어받거나 문장 맨 앞에 놓이는 어기사로 쓰인다. 두 자 모두 '聿'로 구성되었으나 소리, 의미상의 연관성은 존재하지 않는다. 이는 자형을 잘못 인식한 결과로 볼 수 있으며, 두 판본의 문맥을 비교해보더라도 '肆'로 시작하는 새로운 문장으로 해석하는 것이 의미상 자연스럽다.

3) 盪, 沈

청화간『皇門』1호간 '盪'은 청화간『金縢』에서도 볼 수 있는 자형이다. 서주 청동기『沈子它簋』(集成4330) '盪',『叀卣』(集成5401) '盪',『獸鐘』(集成260) '盪' 모두 '水'와 '尤'으로 구성된 '沈'이다. '臼'가 추가된 것은 춘추시기 이후이다.『尹征城』(集成425)의 '盪'은『皇門』1호간 '盪'과 동일한 구조를 지니고 있다. 이 자형은 전래본『尙書』중에 쓰인

"沖子"와 밀접한 관련이 있다. 한 가지 주의할만한 점은 전래본『尚書』 '沖'의 전초고문(傳抄古文) 중 '沈'의 고문자형과 유사한 구조를 지닌 것도 있다.『碧落碑』의 '🔲'은 '中'과 '皿'으로 구성된 '沖'이다. 이는 '🔲'의 '尤'과 '臼'가 변형된 것으로 추정된다. 또한,『集篆古文韵海』1·2의 '沖'은 '🔲'와 같이 쓰였는데 상단부 자형이 서주금문 '沈'의 우측 자형에서 변형된 것이다. 7) 본래 나이 어린 사람, 혹은 군주가 자신을 지칭하는 뜻의 "沖人"였으나 전수 과정에서 현자를 뜻하는 "沈人"으로 변형되었다.

4) 今, 命

전래본 "命我辟王小至于大"의 '命'은 2호간 "今我卑(譬)小于大"의 '今'을 '令'으로 잘못 해석한 것이다. '今'과 '令'의 고문자 자형은 명확히 구별되어 혼용될 가능성은 극히 적었다. 하지만 예변 과정을 거치면서 상당히 유사해졌다. 張家山漢簡『奏讞書』227호간 '🔲'과 마왕퇴백서『養生方』122行 '🔲', 『戰國縱橫家書』47行 '🔲'은 외형상 일치하지만 『奏讞書』 '🔲'은 '今'으로 읽어야 한다. 이와 마찬가지로『皇門』의 '今'도 '令'으로 잘못 인식된 나머지, '命'으로 해석하였다.

---

7) 徐在國,『傳抄古文字編』, 線裝書局, 2006年 10月, 1097쪽.

5) 欶, 常

청화간 3호간 "荀克有欶(諒)"에서 '欶'의 좌측 편방 '欶'은 '京'으로 예정한다. 전래본 "荀克有常"의 '常'은 초간에서 '常'(상박초간『孔子詩論』9), '常'(청화간『祭公』21) 등으로 쓰는데 이는 확연히 구분된다. 그러나 소전(小篆) 이후로 '京'의 소전체 '京'은 '常'과 외형상 유사해진다. 또한, '京'의 이체자 중에서 '常'과 유사한 자형이 출현한다.『字彙補』「巾部」에 수록된『說文長箋』에서 '京'의 소전체 자형을 '京'로 예정하고 '京'과 동일하다고 언급하였다.8) 이 밖에도 돈황문서(敦煌文書)에 쓰인 '京'(s.4642『發願文範本等』)도 '京'의 이체자인데, 마찬가지로 '常'과 외형상 유사하다.9)

2. 통가(通假)로 인하여 발생하는 경우

선진시기 문헌은 수많은 통가자(通假字)로 구성된다. 통가 관계는 자음(字音)을 토대로 형성되는데 정해진 법칙에 의해 형성되는 것이 아니라 시대와 지역에 따라 임의로 통가 관계가 형성된다. 따라서 문헌의 최

---

8) [清] 吳任臣, 『字彙補』, 『續修四庫全書』233冊影印清康熙五年匯賢齋刻本, 上海古籍出版社, 1996年版.

9) 黃征, 『敦煌俗字典』, 上海教育出版社, 2005年 5月, 203쪽.

초 형성시점으로부터 시간 차이가 커질수록 통가로 인한 해석상의 차이 및 오류가 발생 확률은 더욱 더 커진다. 구체적인 예는 다음과 같다.

1) 者, 皇

1호간 "公署(格)才(在)者(庫)門"의 '者'는 '古'가 성부(聲符)인 자형이다. 정리자는 '庫'로 해석하였다. 전래본 "周公格左閎門"의 '閎'에 대해 공조(孔晁)는 "路寢左門曰皇門. 閎, 音皇也."라고 하였다.[10] 맹봉생(孟蓬生)은 '皇'의 전국문자 이체자 중 '古'를 성부로 삼는 자형들을 제시하였다. 삼진(三晉) 지역의 '𡎉' (侯馬盟誓 318), 초 지역의 '𡎮' (곽점초간 『忠信之道』 3호간)의 상단부가 '古'로 구성되었다. 또한, 『說文解字』에 수록된 '古'의 고문 '𡦲'에서 'ㄧ'안의 좌측 편방을 "皇"으로 간주하였다. 시사첩(施謝捷)은 이 자형을 전국시기 제(齊) 지역에서 존재하던 '胡'의 전용자(專字)로 간주하였다.[11] '胡' 역시 '古'를 성부로 삼으며 '大'로 풀이할 수 있다는 점에서 '皇'과 관련이 깊다. 이상의 근거를 통해서 '者'는

---

10) 黃懷信等校注, 『逸周書彙校集注』(修訂本), 上海古籍出版社, 2007年 3月, 581쪽. 이후 인용될 공조(孔晁), 노문초(盧文弨), 반진(潘振), 장술조(莊述祖), 진봉형(陳逢衡), 당대패(唐大沛), 주우증(朱右曾), 정종락(丁宗洛) 등의 주석은 모두 『逸周書彙校集注』에서 인용하기로 한다.

11) 맹봉생, 시사첩의 분석은 복단대 출토문헌고문자연구센터의 홈페이지에서 발표된 「清華簡『皇門』研讀札記」(2011年1月5日, http://www.gwz.fudan.edu.cn/SrcShow.asp?Src_ID=1345)의 내용을 근거로 했다.

'庫' 또는 '皇'으로 해석할 수 있다.

2) 卑, 辟

2호간 "今我卑(譬)小于大"와 전래본 "命我辟王小至于大"의 '辟'과 대응한다. '卑'와 '辟'가 통용되는 사례는 전국시기 출토문헌에서 찾아볼 수 있다. 곽점초간『緇衣』23호간 '卑'는 '嬖'로 읽으며, 곽점초간『老子甲』20호간 '卑'는 '譬'로 해석한다. 상박초간『曹沫之陣』18호간 ''는 '逴'로 예정하고 '嬖'로 읽는다. 2호간 '卑'를 '譬'로 읽는 것과 전래본 '辟'로 해석하는 것 모두 전국시대 통가용례와 부합한다. 하지만 전래본과 같이 "군주"로 해석해야 하는 '辟'로 읽을 경우 앞뒤 맥락이 자연스럽지 못하며 다른 문자의 해석까지 영향을 미친다. 2호간 "今我譬小于大"와 전래본 "命我辟王小至于大"의 차이는 앞서 소개한 '今'을 '命'으로 잘못 해석한 것과 '卑'를 '辟'로 읽은 것으로부터 비롯되었다.

3) 埶, 勢

전래본 "乃維其有大門宗子勢臣"의 "勢臣"에 대하여, 장술조(莊述祖)는 '埶'로 정정하고 "埶臣"을 "세력이 큰 집안의 자제 중에서 왕의 정치를 보좌할 수 있는 자를 '世臣'이라고 한다(大宗門子之能左王治國者, 所謂世臣也)"라고 풀이하였다. 손이양(孫詒讓)은 '贄'으로 해석했다. 공조

(孔晁)·진봉형(陳逢衡)은 "勢臣"을 "권세가 있는 자"로 해석하였다. 정리자는 2호간 "▨(酒)隹(惟)大門宗子埶(邇)臣"의 '埶'를 '邇'로 읽었다. '埶'와 '邇'의 관계는 이미 구석규가 「釋殷墟甲骨文裏的'遠', '埶(邇)'及有關諸字」에서 상세히 논증했으므로 여기에서 다시 설명하지는 않는다.[12] "邇臣"은 "임금을 가까이에서 모시는 신하"라는 뜻을 지니고 있다. 해석자의 관점에 따라 다르게 해석할 수 있겠으나 "가까이에서 모신다"는 의미가 반드시 권세를 가졌다는 의미로 볼 수는 없다. 전래문헌에 쓰인 "邇臣"의 의미도 "권세"와 다소 거리가 있다. 『禮記』「表記」"邇臣守和, 宰正百官, 大臣慮四方(邇臣은 조화를 지키고 백관을 다스리고 바로잡으며 대신은 사방을 염려한다)", 『孔子家語』「入官」"邇臣便僻, 則群臣汙矣(가까이 아끼는 신하가 아첨을 부리면 신하들은 오염된다)"에서 볼 수 있듯이 중요한 역할을 담당하는 신하로 부각되고 있다. 특히, 『禮記』「緇衣」에서 공자의 말을 빌어 더욱 상세히 논하고 있는데, 구체적인 내용은 다음과 같다.

> 공자왈, "대신이 친근하지 않고 백성이 편하지 않으면 충성과 공경이 족하지 않아 부귀가 이미 과해진다. 대신들이 다스리지 않으면 임금을 가까이 모시는 신하들이 모여들기 마련이다. 따라서 대신들은 공경하

---

12) 裘錫圭撰, 『裘錫圭學術文集·甲骨文卷』, 復旦大學出版社, 2012年 6月, 167쪽.

지 않을 수 없으며 대신은 백성의 사표이다. 임금을 가까이 모시는 신하는 신중하지 않을 수 없으니 이들은 백성의 길이다. 임금은 작은 것으로 큰 것을 도모하지 말며 먼 것으로 가까운 것을 언급해서는 안 되며 안에서 밖을 도모하지 않으면 대신들은 원망하지 않을 것이며 임금을 가까이 모시는 신하들은 질투하지 않으며 먼 곳에 있는 신하들이 가려지지 않을 것이다. 「葉公之顧命」에서 가로되, 작은 꾀로 큰 일을 도모하지 말며 아첨으로 총애받는 사람으로 임금의 바른 것을 본받아 공경하는 사람을 미워하지 말고 아첨하여 총애받는 선비가 선비, 대부, 경사를 미워하지 않도록 하라.

(子曰, "大臣不親, 百姓不寧, 則忠敬不足, 而富貴已過也. 大臣不治而邇臣比矣. 故大臣不可不敬也, 是民之表也, 邇臣不可不愼也, 是民之道也. 君毋以小謀大, 毋以遠言近, 毋以內圖外, 則大臣不怨, 邇臣不疾, 而遠臣不蔽矣. 葉公之顧命曰, '毋以小謀敗大作, 毋以嬖御人疾莊后, 毋以嬖御士疾莊士大夫卿士.)

위 인용문에서는 "大臣", "邇臣", "遠臣"으로 구분하여 서술했다. 이를 통해서 "邇臣"과 "勢臣"은 분명 다른 어휘이며, 청화간과 전래본의 차이는 통가로 인해 파생된 차이라고 볼 수 있다.

4) 遝式, 報職

정리자는 5호간 "先人神示(祇)遝(復)式(式)用休"에서 "遝式"을 "復

式”으로 읽었다. 전래본 “先人神祇報職用休”의 “報職”과 대응한다. ‘夏’
또는 ‘夏’으로 구성된 자형과 ‘報’는 통가될 수 있다. ‘式’과 ‘戠’는 운부가
모두 職部에 속하며 성모(聲母)는 각각 章母, 喩母에 속하는데 두 성모
간의 통가 용례는 어렵지 않게 찾아볼 수 있다. 예를 들면, 『戰國策』「魏
策」 “不識禮儀德行(예의덕행을 알지 못하고)”의 ‘識’은 馬王堆帛書 『戰
國縱橫家書』에서 ‘試’으로 쓰였다. 따라서 전래본 ‘職’ 또한 통가 가능하
다. 하지만 전래본 “先人神祇報職用休”의 정확한 의미에 대해서는 의견
이 엇갈린다. ‘復’과 ‘報’ 모두 “보답”으로 해석할 수 있으나 ‘式’과 ‘職’은
공통점이 없다. 주우증(朱右曾)은 ‘職’을 ‘主’로 해석했으나 위 구절을 해
석하는데 적절치 못하다. “式用休”는 『逸周書』「祭公」에서도 볼 수 있
는 관용표현이다. “康受乂之, 式用休(강왕은 통치의 법도를 전수받아 잘
다스렸다)”에 대하여, 반진(潘振)은 “文王安受方國而治之, 移風易俗,
治用休美(문왕이 여러 나라들을 안정적으로 물려받고 나쁜 풍속을 좋게
바꿔 다스리는데 훌륭했다)”로 해석하였다. 『尙書』「多方」의 “天惟式
教我用休(하늘은 이에 우리를 복으로 가르치시고)” 역시 이와 유사한 표
현이다. 여기에서 ‘式’은 의미 없는 어조사 용법으로 해석하는 것이 자연
스럽다. 즉, ‘職’ 역시 ‘式’과 통가 관계를 이룰 수 있지만 『逸周書』「皇門」
에서는 문자 그대로 ‘式’으로 읽어야 한다.

3. 후대인의 가공(加工)으로 인해 발생하는 차이

선진시기 문헌의 전수 과정에서 후대인이 가공하여 변형된 내용이 그대로 전수되는 사례도 있다. 이는 자형의 유사성이나 통가로 인해 발생하는 차이와 달리 후대인의 주관적 관점에 따라 특정 문자 혹은 어구가 변형되거나 추가, 삭제된다. 『逸周書』가 위서로 간주된 결정적인 요인이라고 할 수 있는데, 전래본만으로는 이 차이를 확인하기 어렵기 때문에 청화간 출현 이전까지는 원시형태를 확인할 수 없었다. 이와 같은 가공을 거쳐 발생하는 차이를 유형별로 정리해보면 다음과 같다.

1) 의미 보충

최초 판본에는 존재하지 않거나 문자 하나로만 쓰여있던 내용들이 후대인이 명확한 의미를 표현하기 위해서 구절을 삽입하거나 문자를 어휘로 변환하는 경우이다. 구체적인 예를 살펴보면 다음과 같다:

(1) 전래본 "會群門"은 청화간에서 볼 수 없다. "周公格左閣門"이 해석상 자연스럽지 못한 이유로 후대인이 추가한 것으로 추정된다.

(2) 전래본 "罔不"는 청화간에서 볼 수 없다. 이중 부정을 통한 강조 용법으로 볼 수 있는데 전래본 『尙書』에서도 많이 볼 수 있는 용법이

므로 후대인이 이를 근거로 보충했을 가능성이 있다.

(3) 전래본 "其善臣以至于有分私子"은 청화간 "自釐臣至于有分私子"과 대응된다. 후대인이 기존의 문구에 '以'를 보충했다. "至于"는 "~에 이르다"라고 해석한다. 접속사일 경우, "~로 말하면", "심지어", "결국", "설령~일지라도"로 해석한다. 청화간에서 '自'와 연용하여 범위를 표시하였으나 전래본에서는 '以'를 추가하여 "以至于"로 수정하고 의미상의 중복을 피하기 위해서 '自'를 '其'로 대체하였다. "以至于"는 "以至"와 같은 뜻으로 정도, 범위, 시간, 수량 등이 지속적으로 이어짐을 나타낸다. "至于"가 지니는 다양한 의미로 인해 문장 해석에 혼동이 올 수 있으나 여기에 '以'를 보충하고 '自'를 제거하여 "~에서 ~까지"의 의미를 강화시켰다.

(4) "在于"와 '在'의 용법은 동일하다. "在于"는 두 전치사가 연용된 것으로 『大盂鼎』(集成2837)에서도 "在于御事"와 같은 용례가 있다. 3~4호간의 "獻言在王所"의 '在'는 행위나 동작이 이루어지는 범위, 장소, 시간 등을 나타낸다. 이 외에도 '在'는 "존재하다", "~에 처해있다" 등의 의미가 있기 때문에, 후대인에 의해 의미 혼동을 방지하기 위해 전수 과정에서 '于'가 추가된다. '于' 역시 행위나 동작이 이루어지는 범위, 장소, 시간 등을 나타내는 용법이 있다.

'在'와 '于'를 연용하면서 왕이 있는 곳에서 진언한다는 의미를 부각시켰다. 11호간 "善夫莫達在王所"도 전래본에서는 "俾莫通在于王所"로 쓰여 있다.

(5) 전래본 "永有孚于上下"는 청화간『皇門』5호간의 "以賓佑于上"과 대응된다. 전래본 "上下"에 대해 공조(孔晁)는 "上謂天, 下謂地也."라고 하였고, 장술조(莊述祖), 진봉형(陳逢衡)은 "上謂天, 下謂民."라고 하였다. 다시 말해서 '地'와 '民'에 관계없이 '下'는 인간 세계에서 벌어지는 모든 일들을 의미한다. 청화간에서 '上'만 언급된 것은 앞의 "先王用有勸" 때문이다. '勸'은 "돕다"로 풀이할 수 있는데, 문맥에 의거하여 도움을 줄 수 있는 신하, 백성으로 해석 가능하다. 후대인들이 전래본 "先用有勸"의 정확한 의미를 파악하지 못하여 "永有孚于上"에 '下'를 보충한 것이다. 즉, 신하와 백성의 도움은 전래본 '下'와 밀접한 관련이 있다고 볼 수 있다.

(6) "惟+목적어+是+동사 구조"는 목적어 전치를 토대로 강조를 표현하는 어기부사 維를 문장 앞에 추가한 것이다. 동작의 대상이 지닌 배타성, 유일함을 강조하는데,『詩經』과『尙書』에서 볼 수 있는 용례이다. 또한 이런 형식은 주로 대화체 문장에서 사용되었다. 군신간의 대화, 외교 담판 등의 공식 석상이나 상류층의 대화에서 많

이 쓰였다.13)『皇門』에서도 주공과 성왕의 대화라는 점을 감안할 때 후대인이 이 구조를 토대로 룾를 추가했을 것이다.

2) 누락

『逸周書』 전수 과정에서 특정 문자가 누락되어 문장 의미에 영향을 주는 경우이다. 역대로 주석가의 해석이 있었으나 청화간이 발표된 이후로 해결하지 못했던 여러 난제들이 한꺼번에 해결되었다. 구체적인 사례는 다음과 같다.

(1) 청화간『皇門』 1호간 "公若曰"은 전래본에서 "公若"이 생략된 '曰'로 쓰였다. 앞뒤 맥락을 통해서 주공(周公)의 발언인 것은 쉽게 추측할 수 있으나 "若曰"이 지닌 서주시기 언어습관이 제대로 반영되지 못한 채 전수됐다.

(2) 청화간『皇門』 1호간 '事'는 '櫜'와 의미상 호응한다. 또한 '慮'로 해석하여 "屛朕位"와 대구를 이룬다. 하지만 '事'가 누락되면서 '櫜'는 '據'로 통가되고 "據屛位"와 같은 난해한 어구로 전수된다. 노문초(盧文弨)는 "杖持", 장술조(莊述祖)는 '依', 당대패(唐大沛)는

---

13) 楊伯俊,何樂士,『古漢語語法及其發展』, 語文出版社, 2001年 8月, 802쪽.

‘拒’로 해석하였는데, 모두 ‘事’가 누락되면서 발생한 해석상의 오류들이다.

(3) 청화간『皇門』1호간 “朕位”는 전래본에서 ‘位’로 생략되었다. 청화간의 “屛朕位”는 “나의 지위를 보호해주다”로 명확하게 풀이할 수 있다. 하지만 “克有耇老據屛位”에서는 ‘位’의 의미를 명확하게 해석하기 어렵다. 역대 주석가들도 이에 대해 다른 의견을 제시한 바 있다. 노문초(盧文弨)는 “屛位”를 “屛內”의 오자로 보고 “군주의 왕위”로 해석하였다. 장술조(莊述祖)는 “조정의 좌우를 일컬어 ‘位’라고 한다”라고 했다. 진봉형(陳逢衡)은 “屛位”를 “某屛之臣” 혹은 제사를 계승할 수 있는 “屛攝之位”라고 간주하였다. 당대패(唐大沛)는 ‘位’를 “서 있는 자리”로 해석하여 ‘君’을 지칭한다고 했다. 이처럼 ‘朕’은 ‘位’의 의미를 명확히 해주는 역할을 하고 있다.

(4) 청화간『皇門』1호간 “肆朕沖人非敢不用明刑”은 전래본 “……建沈人. 罔不用明刑, ……”과 대응된다. 이 구절의 문맥이 자연스럽지 못하게 된 이유는 ‘沖’과 ‘莫’의 자형을 잘못 파악한 점과 ‘敢’의 누락이다. 본래 청화간은 “감히 ~이 아니라 ~하지 못했기 때문이다”와 같은 완전한 의미 호응을 이루고 있으나 “敢”이 누락되면서 전래본의 “罔不用明刑”과 “維其開于予嘉德之說”은 호응할 수 없

는 문장으로 변질되고 말았다.

(5) 청화간『皇門』5호간 "先王用有勸"은 전래본 "先用有勸"과 대응
된다. "王"이 누락된 상태로 전수되었다. 왕인지(王引之)가『尙書』
「多方」의 "亦克用勸"과 "先用有勸"의 의미가 유사한 점을 토대로
"先"을 "克"의 오자로 간주하였는데, 주우증(朱又曾), 장술조(莊
述祖) 등의 주석가들도 이에 동의하였다. "先"만으로 "先王"을 지
칭했던 용례는 역대 문헌에서 찾아볼 수 없었기 때문에 왕인지의
해석이 설득력을 얻을 수 있었다.

(6) 청화간『皇門』6호간 "戎兵以能興"는 "以戎兵能興"과 같다. '以'
의 대표적 전치사 용법인 방법, 도구, 대상 등을 나타낸다. 전래본
"戎兵克愼"은 '以'가 누락되면서 "戎兵"이 주어인 문장으로 탈바
꿈했으며 앞뒤 맥락과도 호응하지 못한다.

3) 해석에 의한 변형

앞에서 소개했던 통가 용례는 그 당시 식자층 사이에서는 객관적으로
존재했던 일종의 독서 방식이었다. 여기서 소개하고자 하는 "해석"은 통
가와는 다른 개념이다. 해석자의 주관적 기준에 따라 내용을 파악하는
것이다. 이는 고대 전적을 해석하는데 일정 수준 도움이 될 수 있으나 주

관적 기준에 의한 오류로 인해서 작자의 의도와 다른 의미로 파악되며, 그 해석자가 판본을 편집하거나 교감할 경우 잘못된 의미로 전수될 가능성도 배제할 수 없다. 다음에 소개할 내용들은 이와 같은 주관적 해석으로 인해 발생한 것으로 추정되는 사례들이다.

(1) 청화간『皇門』1호간 "寡邑"은 전래본 "下邑"과 대응한다. '寡'는 '孤', "不穀"등과 함께 고대 제왕의 겸칭(謙稱)이다. "寡邑"의 '寡' 또한 이와 같은 맥락으로 사용된 용례이다. 하지만 "下邑"은 전래문헌에서 수도(首都) 이외의 성읍을 지칭한다. 두 용례는 서로 일치하지 않으며 '寡'와 '下'는 자형, 자음, 의미상 전혀 관련이 없다. 공조(孔晁)는 "下邑小國"을 "友邦冢君"으로 해석하였다. 장술조(莊述祖)는 '周'를 지칭한다고 하였다. 왕연룡(王連龍)은 "下邑"은 『尚書』,『逸周書』와 서주 청동기금문에서 볼 수 있는 "大國殷", "大邦殷", "大邑商"과 반대되는 용례라고 했다. 상나라가 멸망한 후에도 주나라 초기 통치자들의 인식 속에서는 아직 대국으로 남아 있으며 그것이 언행에도 반영된 것이라고 했다.14) 이를 토대로 본다면 "下邑"은 주대(周代) 언어 습관이 반영된 흔적으로 볼 수 있다. 하지만 "寡邑"과 비교했을 때, 후대인이 주대(周代) 당시의

---

14) 王連龍,『逸周書研究』, 社會科學文獻出版社, 2010年10月, 138쪽.

어휘 용례를 빌어 원본을 교정했을 가능성도 배제할 수 없다.

(2) 청화간『皇門』3호간 "選擇"은 전래본 "論擇"과 대응한다.『說文』
   에서 "選, 遣也. 从辵巽, 巽遣之. 巽亦聲. 一曰選, 擇也", '擇'은 "柬
   選也"로 정의했다. 즉, 두 자는 서로 같은 의미로 쓰인다. '選'은 전
   래본에서 '論'과 대응된다. 이는 같은 의미를 반복해서 쓴 "選擇"에
   서 "생각하다", "고려하다"의 의미를 추가한 "論擇"으로 변환한 것
   이다.『禮記』「王制」 "凡官民材, 必先論之(인재에게 관직을 내릴
   때 반드시 덕행을 고려한다)"의 "論"에 대해 정현(鄭玄)은 "덕행
   (德行)과 도예(道藝)에 대해 생각하다"로 해석하였다. 이는 후대인
   이 "選擇元武聖夫"에 대한 해석의 결과로 같은 의미를 지닌 문자
   하나를 다른 문자로 바꾼 것이다.

(3) 청화간『皇門』5호간 "柔比"는 전래본 '茂'와 대응한다. '柔', '比' 모
   두 '順'으로 해석할 수 있고 '比'는 '親'과도 의미상 통한다. "柔比"는
   "따르다", "친해지다"로 해석한다. 공조(孔晁), 장술조(莊述祖), 주
   우증(朱又曾) 등은 '茂'를 '勉'로 해석하였다. 필자의 추측으로는 이
   두 가지 용례가 서로 연계될 수 있는 근거는 '矛'이다. 왕념손(王念
   孫)은『讀書雜志』에서『淮南子』「氾論」 "槽柔無擊(나무 창에 쇠
   날이 없다)"의 '柔'에 대하여 '矛'와 '柔'가 자음상 서로 비슷하여 고

서(古書)에서 '柔'를 가차하여 '矛'로 읽는다고 했다.[15] '矛'와 '戊'가 성부인 '茂'는 모두 明母幽部에 속하며 선진문헌에서 통용되는 사례가 있다. 『尙書』「康誥」 "懋不懋(부지런하지 않는 자를 부지런하게 한다)"는 『左傳』「昭公八」에서 "茂不茂"로 인용된다. 『史記』「司馬相如列傳」의 "實葉葰茂(열매와 입이 크고 무성합니다)"는 『漢書』「司馬相如傳上」과 『文選』「上林賦」에서는 "實葉葰楙"로 쓰여 있다. 따라서, 본래 '柔'로 읽어야 했으나 '茂'로 읽은 나머지 내용상의 차이가 생긴 것으로 추측된다.

(4) 청화간 『皇門』 7호간 '耿'은 전래본에서 '靈'으로 쓰여 있다. "耿光"은 『尙書』「立政」, 서주 청동기 『禹鼎』, 『毛公鼎』에서도 볼 수 있는 용례이다.[16] 한편 "靈光"은 전국시대 망산초간(望山楚簡), 포산초간(包山楚簡)과 『論衡』, 『漢書』 등의 한대(漢代) 전적에서 볼 수 있다. 각 용례의 출현시기로 볼 때 "耿光"이 먼저 출현하였다. '耿', '靈'은 자형, 자음상 연관성은 없으나 모두 '明'으로 해석할 수 있는 공통점이 있다. 결론적으로 "耿"과 "靈"의 차이는 동일한

---

15) 宗福邦主編, 『故訓匯纂』, 商務印書館, 2003年 7月, 1094쪽.

16) "耿光"의 구체적인 용례는 다음과 같다. 『尙書』「立政」 "以覲文王之耿光", 『禹鼎』(集成2833) "敢對揚武公丕顯耿光", 『毛公鼎』(集成2841) "亡不觐于文武耿光"; "靈光"의 구체적인 용례는 다음과 같다: 망산초간 2.2 "靈光之裏", 포산초간 268호간 "靈光之", 『論衡』「宣漢」 "明年, 祭后土, 靈光復至, 至如南郊之時.", 『漢書』「爰盎晁錯傳」 "靈光施四海."

의미를 각각 그 당시에 주로 쓰이던 문자로 표현하려했다는 점이다.

(5) 청화간『皇門』11호간 "師長"은『尙書』「盤庚下」 "嗚呼! 邦伯師長百執事之人, 尙皆隱哉!(아! 방백과 사장 모든 관리들은 바라건대, 다 근심할지어다)"에서도 볼 수 있는 용례이다. '師'는 본래 군대, 무장조직을 지칭한다. 하지만 "師長"은 군대 조직 뿐만 아니라 일반 행정조직의 장관을 지칭한다. 한편,『左傳』,『國語』 등에서 "大夫", "尊長"으로도 해석한다. 전래본 "正長"은 각급 행정기관의 장관을 뜻하며,『墨子』「尙同中」 "方今之時, 復古之民始生, 未有正長之時, 蓋其語曰天下之人異義(지금 옛날로 돌아가 백성이 비로소 나타나 행정을 맡는 장관이 없을 때 무릇 천하의 사람들이 주장을 달리할 것이라고 말할 것이다)" 등에서도 확인할 수 있는 용례이다. '師'와 '正'은 자형, 자음, 의미상 공통점은 없다. 하지만 두 용례가 서로 연계될 수 있는 근거는 각 용례가 지칭하는 직급의 범위에 있다. "正長"이 지칭하는 직급 범위는 "師長"보다 더 크다. 따라서 후대인이 "師長"을 군무장 조직의 수장으로 한정시켜 파악한 것이 아니라 각 기관의 장관을 지칭하는 용례로 파악하고 "正長"으로 변환한 것으로 추정된다.

4) 기타

앞서 소개한 세 가지 유형 외에도 전도(顚倒), 줄여 쓰기, 구두(句讀) 오류, 피휘 등의 차이를 확인할 수 있다. 구체적인 사례는 다음과 같다.

(1) 청화간『皇門』1호간 "元武聖夫"는 전래본의 "元聖武夫"와 대응한다. '聖'과 '武'가 뒤바뀌어 전수되었다.

(2) 청화간『皇門』6, 8호간 '邦'은 전래본에서 '國'으로 쓰여 있다. 한대(漢代) 이후 한고조 유방(劉邦)의 이름을 피휘한 것이다.

(3) 청화간『皇門』7호간 "胥訓胥教"는 전래본 "胥學"과 대응한다. 반복되는 어구를 하나로 압축하여 서술하였다.

(4) 청화간『皇門』8호간 "乃惟不順是治, 我王訪良言"은 전래본에서 어구가 전도되어 "王阜良, 乃維不順之言于是"로 쓰여 있다.

(5) 청화간『皇門』9호간 "其猶克有獲?"는 전래본에서 부정문 "其猶不克有獲"으로 변형되었다. 반어문을 부정문으로 변형시킨 것이다.

(6) 청화간『皇門』10호간 "厥辟厥邦"은 전래본에서 "厥家國"으로 쓰였다. '厥'의 중복을 피하고 '辟'와 '邦'을 '家'와 '國'으로 변환하였다.

'家'와 '國'은 "厥家國" 외에도 "勤王國王家"에서도 연용된다.

Ⅲ. 전래본『逸周書』에 보이는 난독 현상 용례 분석

앞서 살펴본 세 가지 유형을 통해서 알 수 있듯이, 전래본『逸周書』의 난독 현상은 문헌의 전래 과정에서 최초 작자가 사용한 자형과 그 자형을 통해서 표현하려 했던 의미를 후대인이 제대로 이해하지 못하거나 자신의 의도대로 바꾸는 과정에서 발생한 것이다. 이를 좀 더 심도 있게 고찰하기 위해서는 문헌의 전수 방식에 대해 잠시 언급할 필요가 있다. 초기 작자의 발언 혹은 찬술(撰述)에 의해 형성된 문헌이 현재 우리가 보는 판본까지 전해지는 과정은 상당히 다양하고 복잡하다. 지금과 같이 문헌이 제작됨과 동시에 확정되는 것과 달리, 선진 시기는 최초 작자가 제작한 내용이 그대로 전해지기보다 시대와 지역에 따라 다르게 기록되거나, 이와 관련 없이 편집자의 주관적 견해에 따라 변형되기도 했다. 무왕(武王)이 주(紂)를 정벌할 때 지은『太誓』, 성왕(成王)이 백금(伯禽)을 노(魯)에 봉했을 때 지은 책명(冊命)은 모두 운문(韻文)으로 개조되었는데, 『太誓』는『墨子』「非命下」와『孟子』「滕文公下」에서 인용되었고 후자는『詩經』「魯頌」,『詩經』「大雅」에 인용되었다.17) 또한 암송이나 구전(口傳)을 통해서 전수되는 문헌은 목적에 따라 다양한 형식으로 개조되었다. 암송과 구전의 전통은『左傳』에서도 찾아볼 수 있다.『尚書』,『詩經』등이 최초에 이와 같은 방식으로 전수되다가 사관의 출현으로 인해 서면으로 작성되기 시작했다.

『逸周書』의 난독 현상은 이와 같은 복잡한 과정 속에서 발생하였기 때문에 발생 시점과 경로 추적은 상당히 난해하다. 하지만 선행 연구를 살펴보면 알 수 있듯이,『逸周書』71편 중에서 난독현상이 발견되는 작품은 주로 서주(西周) 시기에 제작되거나 그 이후에 제작되었어도 서주시기 언어 습관이 반영된 부분이라면 해석하기 어려운 문자, 어휘 등이 출현한다. 이 점은 서주시기 작품인『皇門』을 청화간본과 전래본의 대조를 통해 확인할 수 있었다.

이와 같은 난독 현상은 비단『皇門』뿐만 아니라『皇門』이외의 다른 서주시기 작품에서도 찾아볼 수 있다. 객관적이고 과학적인 문헌 분석을 위해서는 시대가 다른 두 가지 판본을 비교, 대조하는 것이 필요하지만, 전국시대 판본이 존재하는『逸周書』「皇門」과『逸周書』「祭公」이외의 다른 작품은 전수 과정 중 형성된 판본이 없기 때문에 위와 같은 분석은 할 수 없다. 비록 작품이 다르더라도『逸周書』「皇門」,『逸周書』「祭公」과 유사한 용례 혹은 수사법이 있다면 부분적으로나마 난독현상을 해결할 수 있을 것이다. 본 절에서는 이와 같은 전제 하에 해석하기 어려운 몇

---

17) 張懷通,『逸周書新研』, 中華書局, 2013年 12月, 25쪽.

가지 용례를 분석해보기로 한다.

1.『逸周書』「世俘」"武王成辟四方, 通殷, 命有國"

첫 번째로 제시한 이 문장은 「世俘」편의 첫 구절로, 무왕(武王)이 천명(天命)을 부여받고 주(周)의 왕이 된 것을 서술하였다. 해석상의 차이를 살펴보면, 공조는 '成'을 "은의 포로를 잡아들이다"로 해석하였다. 진봉형은 "成辟四方"을 "천하를 다스리다"로 해석하였다. 한편 '殷'을 '衆'으로 해석한 반면, 다른 학자들은 상(商)을 지칭하는 고유명사로 해석하였다. "通殷命有國"에 대해, 반진은 "사방에 길이 통하여 천자를 알현하다"로 해석하였고, 진봉형은 "끝내 九夷八蠻에 길이 통하게 되었다", 주우증은 "은을 정벌하라고 했던 하늘의 명령을 열국(列國)에게 반포하다"로 해석하였다.

이 문장의 성격에 대해서도 장술조는 이 부분을 "武王成辟, 通殷集新命, 告厥四方曰"로 교정하였는데 『尙書』「顧命」 "克達殷集大命(은나라를 치고 큰 명을 모으셨느니라)"과 『詩』「大雅」 "其命維新(그 천명은 새롭다)"을 근거로 삼았다. 진봉형은 『逸周書序』에서 누락된 부분으로 추측하였다. 고힐강(顧頡剛)은 이 구절의 앞에 쓰인 "乙未"가 이 구절 다음에 소개하는 호경(鎬京)에서 거행된 헌부례(獻俘禮)의 일자보다 늦다는 점을 지적하고 고대 전적의 서사 습관과 맞지 않다고 여겨 후대인이 추가한 부분으로 간주하였다. 또한 그의 역주(譯註)에서는 이 부분을 삭제하였다.18) 이에 대해 장회통(張懷通)은 서주시기에 거행하던 헌부례의 절차와 부합하나 독자의 주의를 끌기 위해서 헌부례의 마지막 절차인 "賞賜"를 맨 앞으로 도치한 것이라고 했다.

비록 전래본 「世俘」편과 대조 가능한 판본은 없으나 이와 비슷한 구절을 다른 문헌에서 찾아볼 수 있다. 갑골복사 중 "咸辥~"의 '咸'은 '終'으로 해석할 수 있으며 '辥'는 "乂"와 밀접한 관계가 있다.19)『尙書』「君奭」의 "在太戊, 時則有若伊陟臣扈, 格于上帝, 巫咸乂王家(태무에 있어 이에 이척과 신호같은 이가 있어 상제에게 이르렀으며 무함은 왕가를 다스렸다)"중 "咸乂"와 "咸辥"는 동일한 표현이다. 따라서 "咸辥~"는 "결국 ~을 다스리다"로 해석할 수 있는데, 이와 "成辟"의 자형이 유사하다. 한편, 서주 금문 중 이와 유사한 내용으로『逨盤』의 "武王達殷, 膺受天魯命, 匍有四方, 並宅厥勤疆土, 用配上帝(무왕이 은을 정벌하여 하늘의 큰 명을 받고 사방을 차지했으며 아울러 그 영토에 자리잡고 상제에게 제사를 올렸다)"이다.20) "武王成辟四方"과 "匍有四方", "通殷"과 "達殷", '命'과 "膺受天魯命"은 의미상 통한다. 이와 더불어『史牆盤』(集成

---

18) 顧頡剛,「『逸周書·世俘篇』校注, 寫定與評論」,『文史』第二輯, 中華書局, 1963年, 1~41쪽.

19) '辥'와 '乂'의 관계에 대한 논의는 왕국유의『觀堂集林』에 수록된「釋辥」을 참고.

20) 鐘柏生等編著,『新收殷周青銅器銘文暨器影彙編』, 藝文印書館, 2006年 4月, 553쪽.

『逸周書』 난독(難讀) 현상의 원인과 관련 용례 해석-淸華簡『皇門』을 중심으로 201

10175)의 "訊圉武王, 遹征四方, 達殷畯民…"에서는 "遹征四方"과 "武王成辟四方", "通殷"과 "達殷"이 서로 호응관계를 이룬다.21) "達殷"은 『尙書』「顧命」 "用克達殷集大命"에서도 볼 수 있으며, 공안국(孔安國)은 이에 대해 "文武定命陳敎雖勞, 故能通殷爲周, 成其大命.(문왕, 무왕이 천명을 안정시켜 가르침을 펼치는데 유독 수고로웠기 때문에 능히 은을 공격하라고 연락을 하여 주나라로 삼았고 천명을 이루셨다)"로 해석하였다. 이를 통해서 "通殷"과 "達殷"은 서로 대응된다는 점을 증명할 수 있다.22)

위의 비교를 통해서 알 수 있듯이 "武王成辟四方"에 대한 두 가지 추측이 가능하다. 자형의 유사성으로 인해서 "咸辟"을 "成辟"으로 잘못 읽었을 가능성이 있으며 또한 후대인이 "匍有四方" 또는 "遹征四方"을 해석한 표현으로 후대인의 해석에 의해서 변형된 것으로 볼 수도 있다. 또한 "通殷命"은 "武王達殷, 膺受天魯命", "用克達殷集大命"을 줄여 쓴 부분으로 볼 수 있는데, 이 역시 후대인의 가공을 거친 부분이다.

---

21) 中國社會科學院考古硏究所編, 『殷周金文集成』(修訂增補本) 第七冊, 中華書局, 2000年 4月, 5485쪽.

22) [漢]孔安國傳, [唐]孔穎達疏, 『尙書正義』, 上海古籍出版社, 2007年1月, 724쪽.

2. 『逸周書』「克殷」 "商辛"

「克殷」에서 "商辛奔內, 登于廩臺之上, 屛遮而自燔于火(상왕 주가
성 안으로 도망쳐 늠대 위로 올라 옥으로 몸을 가린채 스스로 불속으로
뛰어들어 몸을 불살랐다)"와 같은 내용을 볼 수 있다. "商辛"은 "商紂"를
지칭한다. 「克殷」의 첫 문장에 제시된 "帝辛"과 동일한 명칭이다. 하지
만 실제로는 "商辛"보다 "帝辛"을 더 자주 볼 수 있다. 『史記』「殷本紀」
도 "帝乙崩, 子辛立, 是爲帝辛, 天下謂之紂.(을왕이 사망하고 아들 신이
즉위하는데 이 사람이 제신이며 천하는 주라고 일컬었다.)"와 같이 소개
하고 있으며 『國語』「周語下」에서 "商王帝辛, 大惡于民, 庶民不忍, 欣
戴武王, 以致戎于商牧(상왕 제신은 백성에게 크게 악행을 저질러 백성
들이 이를 참지 못하고 흔쾌히 무왕을 추대하여 상목에서 전쟁을 치르기
까지 했다)"의 "帝辛"도 '紂'를 지칭한다. 『竹書紀年』의 「帝辛」도 '紂'의
일대기를 기록한 것이다. 위자덕(魏慈德)은 갑골복사에서 '帝'의 용법에
대해 소개한 바 있다. 갑골복사 중의 '帝'는 '父'를 일컫는 칭호로 사용하
였는데, 왕족 계보를 지칭할 때도 직계에서만 사용했지 방계 친척을 지
칭하지 않았다고 하였다. 따라서 상대에 '帝'는 본래 '嫡'을 의미하며 적
서(嫡庶)를 구분하는데 쓰였다고 하였다. 또한 '嫡'은 '適'과 통용되며 두
자 모두 '啻'를 성부로 가지므로 '帝'와 '啻'도 통한다. 게다가 '啻'의 예서
체 '商'는 '商'과 자형상 유사하므로 혼동될 가능성이 많다고 하였다. 위

자덕의 분석을 토대로 살펴볼 때, "商辛"은 후대인이 '帝'를 혼동하여 발생한 용례로 볼 수 있다.

3. 『逸周書』「嘗麥」 "士師"

『逸周書』「嘗麥」은 서조 초기에 왕의 지시 하에 형법서를 편찬하고 시행하는 내용을 담고 있다. 이 과정에서 등장하는 각종 관직명은 서주 금문과 전래문헌에서도 볼 수 있다. 예를 들어, 처음 등장하는 "大正"은 『梁其鍾』(集成188) "身邦君大正, 用天子寵, 蔑梁其歷"와 같은 관련 용례를 볼 수 있다. 또한 『左傳』에서도 "大政"이 등장하는데 이는 "大正"과 동일한 관직명이다. 『左傳』「成公六」에서 혹자가 난무자(欒武子)를 질책하는 내용 중에 "당신은 대정으로서 백성들이 원하는 바를 짐작하여 일을 처리해야 한다"고 했는데, 대신으로서 해야할 의무를 강조하고 있다.[23] 「昭公六」에서는 자산(子産)이 한선자(韓宣子)의 꿈을 해몽하는 내용 중에서 대정이 지닌 권위를 강조하는 내용도 볼 수 있다.[24] 서주 금문에서 왕을 대신하는 직위로도 서술되고 있는 점과 『逸周書』「嘗

---

23) 『左傳』「成公六」 "或謂欒武子曰, 聖人與眾同欲, 是以濟事. 子盍從眾, 子為大政, 將酌於民者也. 子之佐十一人, 其不欲戰者三人而已, 欲戰者可謂眾矣. 商書曰, 三人占, 從二人, 眾故也."

24) 『左傳』「昭公六」 "對曰, 以君之明, 子為大政, 其何厲之有? 昔堯殛鯀于羽山, 其神化為黃熊, 以入于羽淵, 實為夏郊, 三代祀之. 晉為盟主, 其或者未之祀也乎."

麥」에서 형법서 제정을 처음으로 하달 받는 대신으로 등장하는 것도 이와 부합한다.

하지만, "士師"는 서주 시기 금문에서 관련 용례를 찾아볼 수 없다. 전래문헌 중에서도 『論語』, 『孟子』 등의 춘추전국시기 이후의 문헌에서만 볼 수 있다.[25] 『周禮』 「秋官」에서는 "士師는 국가의 다섯 가지 금지 법안을 관장한다"고 정의했다. 『論語』, 『孟子』에서 등장한 "士師" 역시 법관의 성격을 띠고 있다. 하지만 『逸周書』 「嘗麥」 "是月, 士師乃命太宗序于天時, 祠大暑, 乃命少宗祠風雨百享."에 쓰인 "士師"는 법을 관장한다기보다는 제사를 담당하는 관직으로 기술되어 있다. 손이양(孫詒讓)은 "'序'는 마땅히 '享'이어야 하는데 자형이 비슷하여 오류를 범한 것이다. 이하 기록된 제사와 관련된 업무는 형법서를 정비하는 것과 모두 관련이 없다."고 지적한 바 있다. "士師"의 성격에 대해 분석한 내용을 살펴보면, 장술조(莊述祖)는 "士師"를 "工師"로 수정하고 "百官府"로 풀이해야 한다고 했다. 당대패(唐大沛)는 "士師"는 연자(衍字)로 삭제해야 한다고 하였다. 한편, 정종락(丁宗洛)은 형법과 제사의 성격을 포괄하여

---

25) 『論語』 「微子」 "柳下惠為士師, 三黜. 人曰, 子未可以去乎? 曰, 直道而事人, 焉往而不三黜? 枉道而事人, 何必去父母之邦.(유하혜가 사사가 되어 세 번 쫓겨나자 혹자가 말하기를, '그대는 아직도 노나라를 떠나지 않았는가?' 라고 하자, 그가 답하기를 도를 곧게 하여 사람을 섬긴다면 어디를 가더라도 세 번 내침을 당하지 않겠습니까?도를 굽혀 사람을 섬긴다면 어찌 굳이 부모의 나라를 떠나겠습니까."; 『孟子·梁惠王下』 "士師不能治士, 則如之何?(사사가 사를 다스리지 못하면 어떻게 해야합니까?)"

설명한 바 있는데, "형벌을 심사하는 것은 천시를 따라야 하니 상맥(嘗麥)제를 올리는 시기도 바로 대서(大暑)가 이를 때에 둔 것이다. 따라서 이로 인하여 형법서를 만들면서 아울러 제사 관련 전적을 언급한 것이니 반드시 『周禮』의 제사가 춘관(春官)에 속하고 형법이 추관(秋官)에 속해야 하는 것으로 이를 의심할 필요는 없다."고 했다. 즉, 실제 문헌 용례와 달리 "士師"는 법관 이외의 관직명이 잘못 전수되어 정착된 용례일 가능성도 배제할 수 없다.

이를 종합해볼 때, 『逸周書』「嘗麥」의 "士師"는 『周禮』「秋官」에서 정의한 내용과 실제 춘추전국시기 문헌의 용례를 토대로 후대인이 보충한 관직명으로 추정해볼 수 있다.

Ⅳ. 결론

앞서 언급한 바와 같이 한 무제 이후 유교가 국교로 채택된 후 각종 전적을 정리하는 과정에서 『逸周書』는 다른 전적보다 주목받지 못한 나머지, 판본 정리 및 주석 작업이 제대로 진행되지 못했다. 여기에 서진시기 급총죽간의 일부가 추가되면서 서주시기에 형성된 「世俘」, 「克殷」, 「嘗麥」, 「度邑」 등도 모두 후대에 편찬된 위서로 간주되었다. 결과적으로 『逸周書』가 본래 갖추고 있었던 갖가지 언어 습관이나 시대적 배경, 사상적 특징에 대해 제대로 분석하지 않고 후대인의 주관적 판단으로 인해 왜곡된 채 전수되었다. 『逸周書』의 난독현상은 이로부터 파생된 결과로 볼 수 있다. 따라서 본고는 최근 공포된 淸華簡『皇門』과 전래본『逸周書』「皇門」을 비교하여 이러한 난독현상을 유형별로 분석하였다. 비교 과정에서 알 수 있었던 점은, 선진 시기 문헌의 전수과정에서 볼 수 있는 고문자 자형에 대한 지식 부족과 시대별 통가 습관의 차이로 인하여 발생하는 난독현상과 달리, 『逸周書』는 자형과 통가의 차이로 해결할 수 없는 난독 구문들을 다수 발견할 수 있었다. 필자는 이것을 "후대인의 가공으로 인해 발생한 차이"로 따로 규정했으며, 다시 세분화하여 "의미 보충", "누락", "해석에 의한 변형"으로 구분하였다. 이를 통해 파악한 유형을 『逸周書』「皇門」 외의 다른 작품에서도 적용하여 역대로 해결하지 못한 구문을 출토문헌과 전래문헌의 용례를 통해서 그 본의를 파악해 보고자 했다. 이와 같은 시도는 비록 판본간의 비교를 통해 얻은 결론보다 객관성은 떨어지지만, 전래본『逸周書』만이 존재하는 상황에서 시도해볼 수 있는 가장 객관적인 연구 방식이다.

참고문헌

鐘柏生等編著 2006,『新收殷周靑銅器銘文暨器影汇编』, (臺北, 藝文印書館).

中國社會科學院考古研究所編 2000,『殷周金文集成』(修訂增補本) 第七冊, (北京, 中華書局).

[漢]孔安國傳, [唐]孔穎達疏 2007,『尙書正義』, (上海, 上海古籍出版社).

顧頡剛 1963,「『逸周書·世俘篇』校注寫定與評論」,『文史』第二輯, (北京, 中華書局).

張懷通 2013,『逸周書新研』, (北京, 中華書局).

宗福邦主編 2003,『故訓匯纂』, (北京, 商務印書館).

王連龍 2010,『逸周書硏究』, (北京, 社會科學文獻出版社).

裘錫圭撰 2012,『裘錫圭學術文集』甲骨文卷, (上海, 復旦大學出版社).

[淸]吳任臣,『字彙補』,『續修四庫全書』經部, 小學類, 第223冊, (上海, 上海古籍出版社), 1996年版.

楊伯俊, 何樂士 2001,『古漢語語法及其發展』, (北京, 語文出版社).

復旦大學出土文獻與古文字研究中心研究生讀書會 2010,「淸華九簡硏讀札記」, 復旦大學出土文獻與古文字研究中心網, 2010年 5月 30日.

黃懷信 2011,「淸華簡『皇門』校讀」, 簡帛網, 2011年3月14日.

黃　征 2005,『敦煌俗字典』, (上海, 上海教育出版社).

黃懷信 1992,『逸周書源流考辯』, (西安, 西北大學出版社).

倪其心 2004,『校勘學大綱』, (北京, 北京大學出版社).

陳家寧, 趙雅思 2012,「從淸華簡與今本『皇門』看古書流傳與校勘問題」,『古文字

　研究』第29輯, (北京, 中華書局).

程千帆, 徐有富 1998,『校讎廣義』「校勘編」, (齊南, 齊魯書社).

[淸]顧藹吉編纂 1986,『隸辨』, (北京, 中華書局).

徐在國 2006,『傳抄古文字編』, (北京, 線裝書局).

Abstract

Study on Analysis of the causes of the obfuscation of "YiZhouShu" and related examples through "Huang Men" of Tsinghua Bamboo Slips

Kim, Jeong-nam

"YiZhouShu" was regarded as a memorial service because of the lack of edition and annotation, as well as the literature of the period of the Western Zhou Dynasty, the literature of the Spring and Autumn National Period, and parts of the *Jicong* bamboo sticks were added. Therefore, the obfuscation of *"YiZhouShu"* had not been solved since the language habits, the background of the times, and the ideological characteristics were not analyzed properly. But the recently announced Tsinghua Bamboo Slips reveals the true face of *"YiZhouShu"*. This obfuscation phenomenon was analyzed by type by comparing *"Huang Men"* of Tsinghua Bamboo Slips and the original *"YiZhouShu-Huang Men"*. First, unlike the dyslexia resulting from the lack of knowledge of torturer patterns seen

in the course of the transfer of advanced period literature and the differences in passivity habits of each period, *"YiZhouShu"* could find a number of obfuscation phrases that could not be solved by the difference between the graphic shapes and the syntax. This was defined separately as "differences caused by processing by future persons." It was further subdivided into "substantial replenishment," "missing" and "modification by interpretation." The purpose of the book was to find out the true meaning of the text, which could not be resolved in a generation by applying the type identified through the use of the original text and the original text. Such an attempt is the most objective method of research that can be tried in the presence of only the Hand-down document *"YiZhouShu"*, although its objectivity is less than that obtained by comparison between editions.

Key words: *"Huang Men"* of Tsinghua Bamboo Slips, the excavated documents, Hand-down document, the *YiZhouShu*, comparison of edition, language habits, Chinese ancient characters. custom for interchangeability.

交와 爻의 同源 관계에 대한 시론[*]

김 혁(경상국립대학교 중어중문학과 부교수)

I. 서론

20세기 이후 중국 古文字에 대한 연구는 唐蘭, 于省吾, 裴錫圭, 姚孝遂, 林澐, 龍宇純 등 학자들을 중심으로 글자 考釋과 字形에 대한 체계적인 분석이 이루어져 왔다. 또한 다량의 古文字로 기록된 出土文獻들의 지속적인 발굴로 인하여 고문자 연구를 보다 심도 있게 연구할 수 있는 계기가 마련되었고, 동시에 새로운 考釋의 도전을 형성하며, 기존의 考釋이 다시 새로운 자료와 연구를 통하여 보다 정교하고 정확하게 이루

---

* 본고는 『중어중문학』 제84집 (2021년 6월)에 수록된 「交와 爻의 同源 관계에 대한 시론」을 수정 및 보완한 것입니다.

어지는 일들이 많아지게 되었다.

　본 논문에서 연구대상으로 삼은 交자는 甲骨文의 발견 이후, 수많은 학자들의 연구를 통하여 字形과 字源에 대한 考釋이 어느 정도 통일된 견해를 이루었으나, 甲骨文에서의 考釋이 새롭게 바뀌었고, 이와 동시에 字源에도 의문점을 남기게 되었다. 본 논문에서는 交자에 대한 최신 考釋을 기반으로 交의 字源을 다시 분석하여 爻와의 관계를 중심으로 새로운 연구 결론을 제시하고자 한다.

II. 交자의 字源 문제

　孫海波의 『甲骨文編』에 수록된 交자의 甲骨文 字形은 아래와 같다.

圖1[1]

　한편 東漢 시기의 許愼은 『說文解字』[2]에서 交자에 대하여 다음과 같

---

1) 孫海波, 『甲骨文編』, 北京, 中華書局, 2004년, 423쪽.
2) 이하 『說文』으로 약칭.

이 설명하였다.

"大는 다리를 교차시켰다는 뜻이다. 大를 구성요소로 한다. 교차시킨 모양을 상형한 것이다. 交부에 속하는 모든 글자는 交를 구성요소로 한다(大, 交脛也. 从大, 象交形. 凡交之屬皆从交)."[3]

許愼의 설명을 분석해보면, 交의 의미는 다리를 교차시켰다는 의미를 가지며 다리를 교차시킨 모양을 상형한 글자로 해석된다. 『說文』의 글자에 대한 의미 해석은 일반적으로 글자의 구조와 연계하여 설명하는 경우가 많은데, 交에 대한 해석도 이러한 것에 해당한다. 위 『甲骨文編』에 나열된 甲骨文의 交자를 본 후대의 古文字 학자들은 許愼의 이러한 해석을 근거로 交의 자원이 정면으로 서 있는 사람이 다리를 교차하고 있는 모양이라는 주장을 펼쳤으며, 이 주장은 지금까지도 많은 사람들에게 거의 정설처럼 각인 되어 왔다. 漢字 字源에 관한 대중서적에도 아래와 같은 그림을 통하여 交의 造字意圖가 사람이 다리를 교차시킨 모양임을 구체적으로 설명하고 있는 상황이다.

---

3) 許愼, 『說文解字』, 北京, 中華書局, 2006년, 214쪽.

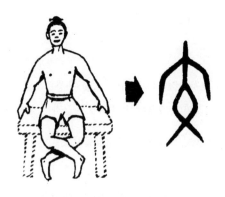

圖2[4)]

　　그러나 裴錫圭가 1983년에 발표한 「說卜辭的焚巫尫與作土龍」이라는 논문으로 甲骨文 交자에 대한 考釋이 완전히 뒤바뀌게 되었다. 裴錫圭는 과거 학자들이 火와 交로 구성된 글자로 생각하고 炌로 隸定한 甲骨文의 　　자를 熑으로 새롭게 隸定하였다. 　　자의 상단 편방인 　이 交가 아닌 黃이라는 주장을 제시한 것이다. 唐蘭이 黃자의 古文은 얼굴을 하늘을 향하여 들고, 복부가 팽만한 사람을 본뜬 글자로 『禮記·檀弓』에 나오는 "하늘이 오랫동안 비를 내리지 않으니, 내가 곱사등이(尫)를 햇볕에 오랫동안 쪼이게 하고자 하는데 어떠한가(天久不雨, 吾欲暴尫而奚若)?"에서의 尫의 本字라고 주장하였는데[5)], 이에 근거하여 黃자의 字

---

4) 李樂毅, 『漢字演變五百例』, 北京, 北京語言學院出版社, 1992년, 160쪽.

5) 唐蘭, 「毛公鼎"朱韍, 蔥衡, 玉環, 玉瑹"新解」, 『光明日報』, 1961년 5월 9일.

形 변화과정을 아래와 같이 도식화하였다.6)

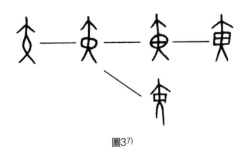

圖37)

　또한『春秋左傳』8)과『禮記·檀弓』의 기우제에 희생물로 사용된 곱사

등이(尫)의 내용과 甲骨卜辭에 등장하는 🏃(黃/尫)을 불로 태워 기우제

를 지낸 상황이 동일한 것도 裵錫圭의 설을 매우 튼튼히 뒷받침해준다.

따라서 🏃자는 交가 아닌 黃의 初文으로서, 곱사등이(尫)를 본뜬 글자인

것이 현재로서는 가장 합당한 학설이라고 생각한다.

　따라서 현재 우리가 볼 수 있는 고문자 자료에 출현하는 交자의 字形

은 甲骨文이 아닌 戰國文字 시기부터 출현한다고 볼 수 있으며, 交자의

---

6) 裵錫圭, 「說卜辭的焚巫尫與作土龍」, 『裵錫圭學術文集』(甲骨文卷), 上海, 復旦大學出版社, 2012년,
　　194-205쪽.

7) 裵錫圭, 「說卜辭的焚巫尫與作土龍」, 『裵錫圭學術文集·甲骨文卷』, 上海, 復旦大學出版社, 2012년,
　　197쪽.

8) 『春秋左傳』에는 "여름, 큰 가뭄이 들었고, 僖公은 무당과 곱사등이를 불로 태워 죽이고자 하였다(夏,
　　大旱, 公欲焚巫尫)."는 기록이 나온다. 楊伯峻, 『春秋左傳注』, 北京, 中華書局, 1995년, 390쪽.

造字原理에 대하여는 새로운 해석이 필요하다고 본다. 필자는 개인적인 연구를 통하여 交라는 글자의 근원이 爻자에서 왔다는 가설을 세웠으며, 본 논문을 통하여 두 글자의 관계를 분석하고 交의 字源에 대하여 새로운 해석을 시도하고자 한다.

Ⅲ. 爻와 交의 同源 관계

1. 交의 古文字 字形에 대한 분석 및 字源 재탐구

지금까지 발굴된 중국 출토문헌 자료를 통하여 보면, 交자는 戰國文字 시기부터 출현한다. 戰國文字부터 秦文字까지의 交자 字形을 나열하면 아래와 같다.

金, 金 郭店『性自命出』   矢 郭店『魯穆公問子思』

爻, 爻, 爻 郭店『五行』   爻 郭店『尊德義』

爻, 多, 爻 郭店『性自命出』

『望山』M2

『望山』M12

『包山』146

『仰天』7

『璽匯』669

『璽匯』310

雲夢『答問』

위 字形들을 세 가지 유형으로 분류하면 필획이 세 번 교차된 🔹, 두 번 교차된 🔹, 한번 교차된 🔹로 나눌 수 있다. 交자에 대한 기존의 학설들을 살펴보면 대다수의 고문자 학자들은 『說文』의 잘못된 해석을 그대로 쫓아 다리를 교차시킨 모양으로 해석하였다. 그 가운데 馬敍倫의 해석은 주목할 만하다.

"交의 의미는 다리를 교차시킨 것이 아니다. 그 글자 또한 大를 구성요소로 하지 않는다. 아마도 絞의 初文이라고 할 수 있을 것이다. 玄의 생략형으로 이루어져 있는 상형자이다. 交와 糾의 音은 동일한 見紐에 속하는 轉注字이다(交義非交脛。字亦不从大。蓋爲絞之初文。从玄省象形。交糾音同見紐轉注字)."9)

馬敍倫은 交가 絞의 初文이며 그 造字原理가 실타래를 본뜬 玄으로 이루어진 것으로, 줄이나 실을 꼬아놓은 모양을 상형한 것으로 여겼다. 필자가 보기에 馬敍倫의 해석은 交의 字源을 접근하는데 좋은 실마리가 될 수 있다고 생각한다. 季旭昇 역시 『說文新證』에서 交의 戰國文字 字形으로 보면 造字原理를 알기 어렵지만, 아마도 추상적인 필획으로 새끼줄을 교차시킨 모양으로 추정된다고 하였다.10) 季旭昇은 裘錫圭의 연구결과를 토대로 이러한 주장을 제시한 것인데, 이 역시 馬敍倫의 생각과 유사하다.

　필자는 交의 고문자 字形인 🔆·🔆·🔆 등이 爻자에서 근원했다고 보는데, 그 근거는 두 가지 측면에서 설명이 가능하다. 하나는 문자학적으로 字形의 同源分化로 설명할 수 있고, 다른 하나는 언어학적으로 단어(詞)의 同源分化로 설명할 수 있다. 좀 더 구체적인 논증은 아래에서 서술하도록 하겠다.

2. 爻와 交의 문자학적 관계

爻자의 甲骨金文 및 戰國文字 字形은 아래와 같다.

---

9) 馬敍倫, 『說文解字六書疏證·卷十二』, (古文字詁林編纂委員會編, 『古文字詁林·第8冊』, 上海, 上海敎育出版社, 1999년, 835쪽에서 재인용)

10) 季旭昇, 『說文新證』, 福州, 福建人民出版社, 2010년, 802쪽.

甲骨文

『合』6

『合』138

『合』139正

『合』3512

『合』7862

『合』9268正

『合』12570

『合』13705

『合』14196

『合』15015

『合』18808

『合』24428

『合』24909

『合』30518

『合』41692

『英』1999

金文

『父丁爻卣』

『爻爵』

『父乙爻角』

『爻且丁斝』

『爻盉』

『父乙爻鼎』

『爻作彝甗』

『爻父乙簋』

『爻父丁簋』

戰國文字

『古幣』31　　　『貨系』　　　『陶彙』5·382

위 字形 역시 爻자와 마찬가지로 세 가지로 분류할 수 있는데, 필획을 세 번 교차한 █, 두 번 교차한 █, 위 아래 교차한 필획이 겹친 ❖이다. █, █, ❖은 기본적으로 두 개의 필획을 교차한 것이 중첩된 것을 기반으로 하고 있다. 爻자에 대한 『說文』의 해석은 아래와 같다.

> "❖는 교차한다는 뜻이다. 易의 六爻의 머리가 교차한 것을 상형하였다.
> 모든 爻부에 속한 글자들은 爻를 구성요소로 한다(❖, 交也. 象易六爻
> 頭交也. 凡爻之屬皆从爻)."11)

『說文』은 爻의 造字原理와 의미를 『周易』에 근거하여 풀이하고 있다. 『周易·繫辭上』에는 "爻는 변화를 말하는 것이다(爻者, 言乎變者也)."12)라고 하였는데, 『說文』과 『周易·繫辭上』에 근거하면 爻는 交叉, 變化의 의미를 가진다고 할 수 있다. 吳大澂은 『說文』의 字形에 대한 설명에 근거하여 爻는 6개 필획이 서로 교차한 모양을 상형한 것이라

---

11) 許慎, 『說文解字』, 北京, 中華書局, 2006년, 70쪽.

12) 『周易正義』, 『十三經註疏·上冊』, 上海, 上海古籍出版社, 1997년, 77쪽.

고 하였는데,13) 이는 爻의 의미가 周易의 陰爻와 陽爻를 뜻하는 것으로
서의 爻를 근거로 字形을 설명한 『說文』의 해석을 그대로 따른 것에 불
과하다. 필자는 朱芳圃의 해석이 조금 더 爻의 실제 字源에 부합한다고
보는데, 朱芳圃의 주장은 아래와 같다.

> "乂을 중첩하면 爻이 된다. 글자의 구조는 火가 중첩되어 炎이 되고, 木
> 이 중첩되어 林임 되는 것과 동일하다. 아마도 직물의 문양이 교차된
> 것을 상형한 것인 듯하다. 甲骨文의 网자가 이것으로 구성되어 있는데,
> 이는 그 증거이다. 글자가 불어나 후기자로 殽자가 만들어진 것이다.
> 說文의 殳部에 '殽는 서로 뒤섞인 것을 뜻하는데, 殳을 意符로 肴를 聲
> 符로 한다'(重乂爲爻。字之結構, 與重火爲炎, 重木爲林相同。蓋象織文
> 之交錯。甲文网字从此, 是其證矣。孳乳爲殽, 說文殳部 : '殽, 相雜錯
> 也。从殳, 肴聲')。"14)

朱芳圃는 爻의 형태가 직물이 뒤섞여 교차된 모양을 상형한 것으로 보
았다. 그러나 필자는 爻가 실제 특정 사물이 뒤엉킨 모양을 본뜬 것보다
는 一・二・三・上・下처럼 指事의 원리로 만들어진 글자일 가능성이 더

---

13) 吳大澂, 『說文古籒補』, (古文字詁林編纂委員會編, 『古文字詁林・第3冊』, 上海, 上海敎育出版
社, 1999년, 766쪽에서 재인용)

14) 朱芳圃, 『殷周文字釋叢』, (古文字詁林編纂委員會編, 『古文字詁林・第3冊』, 上海, 上海敎育出
版社, 1999년, 767쪽에서 재인용)

크다고 본다. 이는 裴錫圭가 주장한 三書說의 表意字 가운데 抽象字에 해당하는 것이다. 裴錫圭가 제시한 抽象字는 추상적인 形符로 만든 것으로, 숫자를 표기한 ━(一)·〓(二)·〓(三)·〓(四), 위와 아래를 표기한 〓(上)·〓(下), 네모와 동그라미를 표기한 □(方)·○(圓), '회전' 또는 '돌다'는 뜻을 가진 단어를 표기한 🄰(亘/回), '얽히다'는 뜻의 단어를 표기한 🄰(糾), 작은 점으로 '작다'는 뜻의 단어를 표기한 ⼂(小)·⼂(少)등이 있다.

필자가 보기에 ⊗자 역시 抽象字에 해당하는 것이며, 추상적인 두 필획을 서로 교차시켜 '交錯'·'交叉'의 의미를 나타낸 글자로 해석하는 것이 합리적이라고 생각한다. ⊗은 朱芳圃의 말대로 ✕를 중첩한 것인데, ✕와 동일한 형태를 가지는 글자가 甲骨文에 있는데, 바로 五자이다. ✕(五)에 대한 『說文』의 해석 역시 陰陽 이론을 근거로 한다. 다음은 『說文』의 五자에 대한 풀이이다.

> "✕는 五行을 뜻한다. 二로 구성되어 있고, 陰陽이 하늘과 땅 사이에서 교차하는 것이다. 모든 五部에 속한 글자들은 五로 구성되어 있다. ✕는 古文 五자의 생략형이다(✕, 五行也. 从二, 陰陽在天地之間交午也. 凡五之屬皆从五. ✕, 古文五省)."[15]

---

15) 許慎, 『說文解字』, 北京, 中華書局, 2006년, 307쪽.

『說文』은 ⵝ(五)의 위 아래 필획을 하늘과 땅으로 보고, 가운데 ⵝ가 陰陽이 교차되는 것의 상징으로 풀이하였다. '交午'라는 풀이는 聲訓으로 正午의 시간이 해가 중천에 떴다가 다시 지는 때이므로 五를 午와 연결한 것으로 보인다. 아무튼 『說文』은 陰陽에 근거하여 ⵝ(五)의 ⵝ를 해석하고 있는데, 이는 許慎이 살았던 漢나라 당시의 사고방식이 반영된 것으로, 실제 甲骨文의 ⵝ(五)는 오늘날 漢字學의 연구방식을 토대로 접근해야 맞다. 于省吾는 甲骨文 ⵝ(五)자의 字形에 대하여 아래와 같이 해석하였다.

"ⵝ는 五자의 初文이다. ……중략…… 일반적으로 숫자를 기록할 때는 필획을 더해나가는 방식으로 만드는데, 4획까지 하면 이미 번잡하다고 느끼기 때문에 부득이하게 簡化할 수밖에 없다. 따라서 五자는 ⵝ으로 표시하였다. ……중략…… 五자의 字形 변화는 ⵝ에서 ⵝ로, 다시 ⵝ에서 ⵝ으로 변한 것이다. 위아래에 각각 더해진 가로획은 乂자의 甲骨文이 ⵝ의 형태로 쓰는 것과 쉽게 혼동되기 때문이다(ⵝ爲五之初文 ……중략…… 凡紀數均可積畫爲之, 但積至四畫已覺其繁, 勢不得不化繁爲簡, 于是五字以ⵝ爲之 ……중략…… 五字之演變, 由ⵝ爲ⵝ, 再由ⵝ而ⵝ, 上下均加一橫畫, 以其與乂字之作形者易混也)."16)

---

16) 于省吾, 『甲骨文字釋林』, 北京, 中華書局, 1999년, 97~98쪽.

于省吾에 따르면 甲骨文 ✕(五)는 초기에 숫자를 표기할 때, ━(一)·
二(二)·三(三)·三(四)로 하였고, 五는 번잡함을 피하기 위하여 ✕ 형태
의 부호를 사용하여 표기한 것으로 여겼다.17) 필자 역시 이에 동의한다.
꽈(爻)와 ✕(五)에 대하여 許愼은『周易』이나 陰陽五行의 관념으로 접근
하였는데, 수많은 고문자 자료와 고문자학의 연구 성과를 기반으로 접근
하면 꽈(爻)와 ✕(五)는 문자학적으로 전혀 관련이 없는 두 글자이다.

꽈(爻)는 추상적인 필획을 교차하여 '交叉'라는 의미를 나타내는 {爻}
를 표기한 것이고, ✕(五)는 필획의 개수로 숫자를 표기하는데 번잡함을
피하기 위하여 만든 단순한 부호일 뿐이다. 꽈(爻)자가 ✕을 두 개로 중첩
한 이유는 ✕(五)와의 혼동을 피하기 위해서였을 것이다. 交의 고문자 字
形인 ⿱⿻ ·⿻ ·⿱ 등을 보면 爻의 字形인 ▨·▨·◈과 연결하여 생각해볼
수 있고, 언어학적으로도 引伸과 分化의 관계가 밀접하다고 볼 수 있는
가능성이 매우 크다. 문자학적으로는 ▨·▨·◈의 형태가 ⿱⿻ ·⿻ ·⿱으로
변형되어 분화했을 가능성이 있는데, 아래 세 가지 근거를 들어 설명하
도록 하겠다.

① 五자의 변형
五자의 고문자 자형은 아래와 같다.

---

17) 실제로 六 이후의 글자들은 모두 假借하여 숫자 단어들을 표기하였다.

『陶彙』1·90　　　『合』17076　　　『何尊』

『尹姞鼎』　　　『包』2·15　　　『璽彙』3084

『郭店』尊德26

　　의 형태가 　로 변화했을 가능성은 五자의 字形 변화과정을 통하여
증명할 수 있다. 五자는 ✕형에서 시작하여 위아래에 가로획이 추가되어
　가 되었고, 西周中期부터 　처럼 ✕형태가 마치 꽈배기처럼 꼬이기
시작하였고, 戰國時期로 갈수록 　으로 변형되어 　·　의 字形으로
변화되었다. 이러한 변화는 　의 형태가 　로 변화했을 가능성이 있음을
보여주는 좋은 증거라고 할 수 있다.

② 古文字 異體字形에서의 근거

　　　(爻)가 　(交)의 모양으로 변형되는 과정에서 상단 부분의 ✕형태가
마치 文자의 형태처럼 변형되는 경우가 고문자 단계에서 종종 보인다.
上博楚簡『顔淵問於孔子』에 보이는 顔자는 　의 형태로 썼는데, 아래
처럼 '宀', '文', '言'으로 구성되었다.

(1호간 顔자)　　　　(3호간 顔자)　　　　(5호간 顔자)

위 세 字形에 동그라미로 표시한 부분은 가운데 가운데 '文' 偏旁이다. 이와 달리 1호간에 함께 등장하는 顔자는 가운데 '文' 偏旁이 마치 爻자 처럼 두 개의 ✕형태를 하고 있다. 아래는 위 세 字形과 다른 顔자의 異體이다.

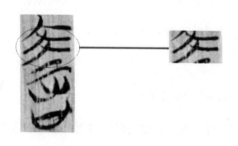

(1호간 顔자)

보이는 바와 같이 戰國文字에서 '文', '文' 등으로 서사 되는 文 字 形의 윗 부분이 人가 아니라 ✕ 형태의 모양으로 변형된 것을 볼 수 있다. 그리고 『中國璽印集粹』에 보이는 郗자는 𦥑으로 서사 되어 있는데,

왼쪽 상단에 위치한 구성 요소인 爻 偏旁의 모양이 戰國時代 璽印文字
에서의 '文' 字形인 夂(『璽彙』0668), ⿱亼乂(『璽彙』0282), 夂(『璽彙』
3852), 夂(『璽彙』5201) 등과 유사한 모양으로 되어 있다. 이를 통하여
╳형태가 마치 '文'자의 형태처럼 변형될 수 있음을 증명할 수 있다.

③ 楷書體 字形의 근거

╳(爻)가 ⿱亠乂(交)의 모양으로 변형되는 과정은 심지어 楷書體 단계의 異
體字에서도 나타난다. 楷書體 俗字에 보면 爻자 偏旁이 文 偏旁으로 訛
變되어 교체되는 현상이 종종 보이는데 이는 비록 古文字 단계를 벗어
난 형태에서의 변화이지만, 古文字 단계에서의 서사 습관이 지속된 것
의 반영으로 이해할 수 있다. 예를 들면, 學자 안에 있는 爻가 文으로 교
체되어 學(『隷辨 · 入聲 · 覺部』)으로 서사된 것이다.또 이와 유사하게 覺
자의 俗字 가운데 생략형으로서 覓으로 서사하는 경우가 있는데, 이 異
體字形의 변형으로 竟이 있다. 이 역시 爻가 文으로 변형된 예이다.[18]

---

18) 覺자의 예는 張永泉의 연구를 참고하였다. 張湧泉,『漢語俗字研究』, 北京, 商務印書館, 2010년,
76쪽.

3. 爻와 交의 언어학적 관계

위에서는 爻와 交가 同源 관계를 가질 수 있다는 것을 증명하기 위하여 문자학적 근거들을 제시하였다. 여기서는 두 글자의 音韻·訓詁學的 관계를 중심으로 두 글자의 동원 관계를 밝히고자 한다. 일반적으로 同源 관계를 가지는 글자들은 거의 대부분 기본적으로 동일한 어원을 가진다. 즉, 모든 同源字가 동시에 同源語가 되는 것은 아니지만, 대부분 동일한 관계를 가진다는 것이다. 과거 清代 학자들은 전통적인 小學의 영향으로 字와 詞에 대한 구분을 명확하게 하지 못하였다. 사실 同源字와 同源語는 전혀 별개의 다른 개념이다. 同源字는 동일한 形體에서 시작되어 字形의 分化를 통하여 형성된 글자들을 가리키고, 同源語는 語音이 서로 같거나 유사하고 동일한 語義에서 시작되어 의미적 分化를 통하여 형성된 단어들을 가리킨다.19) 예를 들어 女와 母는 여성을 본뜬 글자인 𣇄에 區別符號를 더하여 𣇄을 分化시켜 만들어진 두 글자로서 字形과 字義로는 관계가 있으나, 字音에서는 관계가 없는 同源字이다. 즉, 同源語는 아닌 것이다. 이와 같은 방식으로 分化된 同源字는 月/夕, 大/

---

19) 王力는 同源字를 字音과 字義가 모두 가깝거나, 字音이 가깝고 字義가 동일하거나, 字義가 가깝고 字音이 동일한 글자로 정의한다. 王蘊智는 이러한 개념 정의에 문제가 있다고 판단하고, 字와 詞를 명확히 구분해야하는 것처럼 同源字와 同源語에 대한 개념을 두 가지로 정의해야 한다고 한다. 필자는 王蘊智의 주장에 동의한다. 王力, 『同源字典』, 北京, 商務印書館, 1999년, 3쪽. 王蘊智, 『殷周古文同源分化現象探索』, 吉林, 吉林人民出版社, 1996년, 12~15쪽.

夫 등이 있다.

　同源字이자 同源語인 경우, 즉 字源과 語源을 함께 하며 分化된 글자들이 있는데, 본 논문에서 다루는 交와 爻가 그러한 예이다. 이러한 상황을 충족하려면 위에서 언급한 것처럼 동일한 形體에서 시작되어 字形의 分化를 통하여 형성된 글자이면서 동시에 語音이 서로 같거나 유사하고 동일한 語義에서 시작되어 의미적 分化를 통하여 형성된 단어를 표기하는 글자들이어야 한다. 이를 증명하기 위해서는 文字學의 논리를 통하여 글자의 字源을 밝히고, 音韻學과 訓詁學의 논리를 통하여 해당 글자들의 字音과 字義가 아주 가깝거나 같았음을 증명해야 한다. 이러한 예에 해당하는, 즉 同源字이자 同源語인 글자들을 예로 들면 아래와 같다.

① 卿/鄕

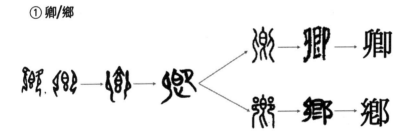

字形變化圖

上古音	中古音	現代音
卿: khraŋ(溪母陽部)	卿: khrɣiaŋ	卿: tɕʰiŋ
鄕: hyiaŋ(曉母陽部)	鄕: hiɛŋ	鄕: ɕiaŋ

音韻變化表[20]

卿과 鄕은 같은 글자에서 分化된 글자들이다. 본래 '잔치'를 뜻하는 {饗}을 표기한 글자인데, 훗날 鄕黨, 卿大夫 등의 의미로 확대되면서 두 개의 글자로 分化되었다.

② 或/國

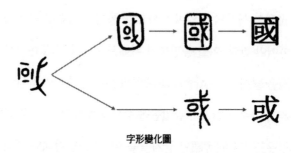

字形變化圖

上古音	中古音	現代音
或: gʷɯɯɡ(匣母職部)	或: ɦʷək	或: xuo
國: kʷɯɯɡ(見母職部)	國: kʷək	國: kuo

音韻變化表

國과 或은 같은 글자에서 分化된 글자들이다. 본래 '구역'을 뜻하는 {域}을 표기한 글자인데, 훗날 國家의 의미로 확대되면서 두 개의 글자로 分化되었다. 或은 假借되어 '혹여', '혹시' 등의 의미로만 사용된다.

---

20) 글자들의 上古音·中古音에 대한 재구는 모두 潘悟雲의 재구음을 기준으로 하였다. 東方語言學: http://www.eastling.org/sgycx_go.php

③ 間/閒

字形變化圖

上古音	中古音	現代音
間: kreen(見母元部)	間: kγɛn	間: tɕiɛn
閒: green(匣母元部)	閒: kγan	閒: ɕiɛn

音韻變化表

　間과 閒은 같은 글자에서 分化된 글자들이다. 본래 '틈', '사이' 등을 뜻
하는 {間}을 표기한 글자인데, 훗날 공간의 틈에서 시간의 틈(여유)로 확
대되면서 두 개의 글자로 分化되었다.

④ 命/令

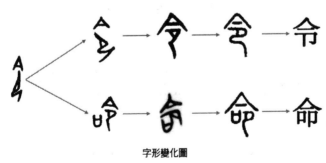

字形變化圖

上古音	中古音	現代音
命: mreŋs(明母耕部)	命: mʏiaŋ	命: min
令: [m]reŋ(來母耕部)	令: liɛŋ	令: liŋ

音韻變化表

命과 令은 같은 글자에서 分化된 글자들이다. 본래 '명령하다'는 뜻을 나타내는 {令}을 표기한 글자인데, 훗날 의미가 다양하게 引伸(法令, 부리다 등)되면서 두 개의 글자로 分化되었다.

⑤ 史/吏/事

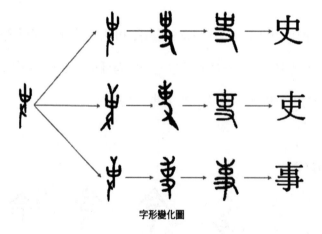

字形變化圖

上古音	中古音	現代音
史: sqrɯʔ(生母之部)	史: ʂi	史: ʂɿ
吏: [g]rɯs(來母之部)	吏: li	吏: li
事: skrɯs(壯母之部)	事: tʂi	事: ʂɿ

音韻變化表

史·事·吏 세 글자는 모두 한 글자에서 파생된 글자들이다. 甲骨文에
는 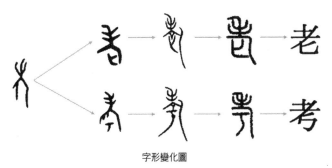와 ⿰가 출현하는데, 이는 손으로 사냥도구를 들고 있는 형상을 취하
는 圖形式會意字이다. 와 의 상단 부분에 가로획이 區別符號로 추가
되면서 (吏)와 (事)로 변형된 것이다. 손으로 사냥도구를 들고 일(事)
하는 것에서 職務라는 의미가 引伸되고 여기서 記事·官吏등의 의미가
引伸되며 史·事·吏 세 글자로 分化된 것이다.

⑥ 老/考

字形變化圖

上古音	中古音	現代音
老: [g]ruuʔ(來母幽部) 考: khluuʔ(溪母幽部)	老: lau 考: khau	老: lau 考: kau

音韻變化表

考와 老는 같은 글자에서 分化된 글자들이다. 본래 '노인'의 뜻을 나타
내는 {老}를 표기한 글자인데, 훗날 의미가 '연로하다', '깊이 생각하다'

등의 의미로 引伸되면서 두 개의 글자로 分化되었다.

이상으로 살펴본 卿/鄕, 或/國, 間/閒, 命/令, 史/吏/事, 老/考 등은 모두 한 글자에서 파생된 同源字이면서 音韻의 측면에서 가깝거나 유사하고, 의미적으로 관련이 있는 글자들이다. 이러한 방식으로 글자가 分化된 예가 바로 交와 爻라고 말할 수 있는 것이다. 交와 爻의 관계는 ⅝·⅝ (爻)에서 分化되어 🦶·🔨(交)가 만들어진 것이다. 文字學的 증거는 위에서 이미 제시하였으니 여기서는 音韻·訓詁의 증거를 제시하겠다. 먼저 두 글자의 音韻變化를 표로 나타내면 아래와 같다.

上古音	中古音	現代音
爻: graaw(匣母宵部)	爻: ɦʏau	爻: iɑu
交: kreew(見母宵部)	交: kʏau	交: tɕiɑu

音韻變化表

위 변화에서 알 수 있듯, 交와 爻는 거의 유사한 語音에서 시작되어 聲母가 동일한 조음위치인 喉音에서 ɦ, k로 분화되었다. 그리고 의미적인 측면에서 볼 때, '交叉'라는 뜻이 '陰陽의 交叉', '사람과 사람 사이의 교차(사귐)' 등으로 分化되면서 爻가 주로 陰陽의 交叉를 나타내고, 交는 일반적인 交叉 또는 사람의 사귐이라는 의미를 담당하게 된 것이다.

이를 근거로 古文獻의 문구에 대한 해석에 새로운 견해를 제시할 수 있다. 『逸周書·王會解』에 "外臺之四隅張赤帝, 爲諸侯欲息者皆息焉,

命之曰爻閭."과 같은 구절이 있다. 「王會解」의 주요 내용은 주대 성왕 시기 왕궁에서 개최됐던 조회 장면에 대한 묘사이다. 이 중 外臺의 네 모퉁이에 諸侯들이 쉴 수 있는 장소를 마련하는데 그 이름을 "爻閭"라고 한 것이다. 이 명칭에 쓰인 '爻'에 대하여 역대 학자들은 의구심을 제기하였다. 예를 들어, 陳逢衡은 제후를 爻로 칭하는 경우가 없다고 하며 安의 고문자 형태와 爻가 유사하므로 본래 安이었을 것으로 추정했다. 즉, 제후가 편안하게 쉬는 장소라고 한 것이다. 唐大沛는 제후들에게 爻로 칭한다면 문장 뜻이 통하지 않으므로 이를 友로 읽어야 한다고 하였다. 友를 爻로 誤寫한 것으로 본 것이다. 朱右曾은 外臺의 네 모퉁이에 이와 같은 장소를 마련한 것이 마치 괘효와 같으므로 爻閭라고 했다고 했습니다. 何秋濤는 爻가 서로 함께하다(交共)라는 뜻을 취한 것이라고 하였다.[21] 만일 본 논문의 분석에 근거하여 '爻閭'를 '交閭'로 읽는다면 의미는 한층 더 자연스러워질 수 있다. '交'는 '사귀다'라는 의미 외에 "모이다"라는 뜻이 있고, 閭는 '모여서 머무르다'는 뜻도 있다.[22] 즉, '다 같이 모여서 머무르는 곳', 또는 '모여서 편히 쉬는 곳'이라는 뜻으로 '交閭'로 명명한 것이다. 이것은 爻와 交가 분화되기 이전에 爻로 交를 표현했었던 상황을 증명하는 사례로 볼 수 있으며, 후대의 필사자가 이를 爻로 해

---

21) 黃懷信·張懋鎔·田旭東 撰, 『逸周書彙校集注』, 上海, 上海古籍出版社, 2008년, 818-819쪽.

22) 宗福邦·陳世鐃·蕭海波 主編, 『故訓匯纂』, 北京, 商務印書館, 2007년, 130쪽, 1190쪽.

석하지 못하고 爻자 그대로 필사한 것으로 볼 가능성이 있을 것이다.23)

　이상의 내용을 종합해볼 때, 交와 爻는 同源 관계를 가질 가능성이 매우 커 보인다. 交와 爻가 동일한 글자에서 分化되며 變化되어가는 과정을 도식으로 나타내면 다음과 같다.

Ⅳ. 결론

　본 논문에서는 交와 爻 두 글자가 同源 관계를 가진다는 가설을 세우고, 이를 文字學的 증거와 音韻·訓詁的 증거를 통하여 검증하였다. 交자의 字源에 대하여 기존의 학자들은 거의 대부분 『說文解字』의 해석에

---

23) 필자는 본 논문을 투고하기 전, 동아시아 출토문헌 연구회(https://cafe.daum.net/gomoonza)의 정기 세미나와 2019년 서강대학교에서 진행된 한국중어중문학 추계 연합국제학술대회에서 본 연구를 주제로 발표한 바 있다. 발표 뒤에 김정남 박사(단국대학교 일본연구소), 신세리 박사(조선대학교 중어중문학과)와의 토론을 통하여 많은 도움을 받을 수 있었는데, 戰國文字와 관련된 字形 근거와 古文獻에서의 용법과 관련한 내용은 이 두 분의 자료 제공이 있었음을 밝히며, 이에 대하여 심심한 감사를 표한다.

근거하여 '다리를 교차한 모양'으로 생각해 왔다. 그러나 甲骨文에서 交자로 알고 있던 글자 ⚡이 黃의 初文이라는 주장이 학계의 정설이 되면서, 交자의 字源에 대하여 새로운 주장이 제기될 수 있는 여백이 형성되었다. 필자는 戰國文字에서부터 출현하는 交자의 字形과 爻자의 古文字 字形을 살펴보는 가운데, 이 둘이 아주 밀접한 관계를 가지고 있다는 가설을 세우게 되었다.

文字學의 측면에서 보면 爻는 抽象字로서 추상적인 필획을 서로 교차시켜 '交錯'·'交叉'의 의미를 나타낸 글자로 볼 수 있다. 여기서 자연스럽게 언어학적 引伸과 分化를 통하여 交자가 파생되었다는 것을 생각해 볼 수 있는데, 이를 五자의 古文字 字形이 변형되며 마치 꽈배기처럼 꼬이는 현상과 戰國文字에서 ✕ 形體가 人의 形體로 변형되는 사례, 그리고 楷書體에서 '爻' 偏旁이 '文' 偏旁과 교체되는 사례를 통하여 ✕·🔳(爻)에서 ⚡·🔳(交)의 字形이 파생될 수 있다는 것을 文字學 논리로 증명하였다.

語言學의 측면에서 보면 하나의 글자가 字形·字音·字義의 分化로 인하여 두 개 이상의 다른 글자들로 分化되는 상황들이 존재한다. 字形 뿐만 아니라, 語音·語義가 引伸에 의하여 같거나 비슷한 語音·語義를 가지는 두 개 이상의 단어로 分化되는데, 그것이 글자에 반영되는 현상이다. 交와 爻가 그러한 상황에서 分化된 同源字라는 사실을 증명하기 위하여, 卿/鄕, 或/國, 間/聞, 命/令, 史/吏/事, 老/考 등의 同源 사례를 보이며 交와 爻의 상황과 유사함을 제시하였고, 두 글자의 音韻變化와 의미를 통하여 引伸 관계를 증명하였다.

交와 爻 두 글자가 同源 관계를 가진다는 필자의 가설과 그에 대한 文字學的·語言學的 증명에 아직 미흡한 부분이 있을 수 있다. 이러한 점에 대하여는 학계 諸賢의 많은 叱正과 助言을 바라며, 부족한 부분에 대하여는 후에 더욱 많은 出土文獻資料를 통하여 필자의 주장을 보완해나갈 것이다.

참고문헌

季旭昇,『說文新證』, 福州, 福建人民出版社, 2010.

古文字詁林編纂委員會編,『古文字詁林』, 上海, 上海敎育出版社, 1999.

李樂毅,『漢字演變五百例』, 北京, 北京語言學院出版社, 1992.

上海古籍出版社編,『周易正義』,『十三經註疏·上冊』, 上海, 上海敎育出版社, 1997.

孫海波,『甲骨文編』, 北京, 中華書局, 2004.

楊伯峻,『春秋左傳注』, 北京, 中華書局, 1995.

王力,『同源字典』, 北京, 商務印書館, 1999.

王蘊智,『殷周古文同源分化現象探索』, 吉林, 吉林人民出版社, 1996.

于省吾,『甲骨文字釋林』, 北京, 中華書局, 1999.

張湧泉,『漢語俗字研究』, 北京, 商務印書館, 2010.

宗福邦·陳世鐃·蕭海波 主編,『故訓匯纂』, 北京, 商務印書館, 2007.

許愼,『說文解字』, 北京, 中華書局, 2006.

黃懷信·張懋鎔·田旭東 撰,『逸周書彙校集注』, 上海, 上海古籍出版社, 2008.

裘錫圭,「說卜辭的焚巫尪與作土龍」『裘錫圭學術文集』(甲骨文卷), 上海, 復旦大
    學出版社, 2012.

唐蘭,「毛公鼎"朱韍, 蔥衡, 玉環, 玉瑹"新解」『光明日報』1961년 5월 9일.

東方語言學: http://www.eastling.org/sgycx_go.php

Abstract

A Study on the Etymology Relationship
between Jiao(交) and Yao(爻)

Kim, Hyeok

In this paper, we hypothesize that *Jiao*(交) and *Yao*(爻) have etymological relationships. In order to prove the hypothesis, we presented evidence in two aspects: graphonomy and linguistics. In terms of graphonomy, *Yao*(爻) is an intersection of abstract handwriting. That is meant to be crossed. The derivation and differentiation of meaning show that *Jiao*(交) is derived from *Yao*(爻). It was demonstrated through the twisted phenomenon of *Wu*(五) and the changing of ✕ to 𠆢 in the *Zhanguowenzi*(戰國文字). In terms of linguistics, there is a situation in which a single letter is differentiated into two or more letters, with its shape, pronunciation, and meaning differentiated. The differentiation of pronunciation and meaning is a phenomenon reflected in the letters. To prove this, the relationship between *Jiao*(交) and *Yao*(爻) was demonstrated through differentiation of pronunciation and meaning, showing a situation in which one letter, such as *Qing*(卿)/*Xiang*(鄉), *Huo*(或)/*Guo*(國), *Jian*(間)/*Xian* (閒), *Ming*(命)/*Ling*(令), *Shi*(史)/*Li*(吏)/*Shi*(事), *Lao*(老)/*Kao*(考), is differentiated into two or more letters. It is hypothesized that *Jiao*(交) and *Yao*(爻) have the same etymology in ancient characters and proved them in two respects: graphonomy and linguistics. There is still something lacking in my proof. I ask for advice from scholars in various fields. The shortfall will be complemented by the discovery of more data.

Key words: Jiao(交), Yao(爻), Ancient Characters, Etymological Relationships, Graphonomy, Linguistics.

주제어: 交, 爻, 古文字, 同源 關係, 文字學, 語言學

한중 '동소(同素)한자어'의 활용과 인지 사유

김정필(경상국립대학교 중어중문과 교수)

I. 서언

일본, 월남 등과 더불어 '한자문화권'에 속하는 우리나라는 우리 고유의 문자인 한글을 사용하고 있기는 하지만, 현재까지도 우리의 실재 언어생활에서 한자어의 영향은 여전히 엄청난 힘을 발휘하고 있다. 일반적으로 언어학에서 지칭하는 '동형어'는 '동형이의어'를 지칭하지만, 한중간 한자어의 의미 변화에서는 '동소역순어'의 변화 또한 범주에 넣어 '동소한자어'란 명칭을 통해 접근해 보고자 한다. 사실 '한자문화권'에서는 자국의 언어기호 이외에 '漢字'를 공용으로 사용하는 경향이 많아서, 한자어를 자국의 언어기호로 읽게 되면 '동음어'로 인해 오해(誤解)나 곡해(曲解)가 자주 일어난다. 최근 '심심한 사과'에서 한자어 '甚深'을 한글 '심심하다'로 잘못 인식하여 웃음거리가 된 것처럼, 작금의 한자어에 대한 이해는 단순히 개인의 언어 능력이나 한국어 문해력에도 영향을 미치고 있다. 이처럼 한국인의 일상 회화에서 한글과 한자어를 구분하지 못하여 나타나는 오해는 한자를 도입한 이래 지금까지 여전히 진행형이며, 최근에는 서구의 외래어가 유입되면서 어휘의 활용에 많은 혼란을 초래하고 있다. 이러한 한국인의 한자어에 대한 오해나 기타 외래어의 혼용은 단순히 일상생활의 현장에서뿐만 아니라, 한국인의 중국어 학습에도 많은 지장을 초래하고 있다.

대개 외국어 학습은 문자나 단어에 대한 깊이 있는 이해보다는 간략한 의미를 아는 수준의 담화중심의 정도에서 그치게 된다. 현재 한국인의 한자어에 대한 이해는 비록 기타 외국어 학습과는 차이가 있기는 하지만, 그렇다고 해서, 한글의 학습체계와 일치하지도 않는다. 사실 오랜 역사속에서 한국어의 한자어에 대한 인식은 여타 외국어와는 다르겠지만, 여전히 중국어를 근간으로 하고 있다는 점에서 모국어처럼 이해한다는 것은 쉽지 않다. 현대중국어는 형식면에서 좀 다른 문자체계인 간체자를 쓰고 있어서 기호가 다르다는 인식을 하게 되었지만, 여전히 '동형동의'의 한자어로 인식하는 경우도 많다. 그리고 본래 '동형동의어'에서 한중간 '동형이의어'의 형성이나, '동소역순어'의 발생, 그리고 다양한 '이형동의어'의 형성은 이미 오랜 시간 서로 다른 환경에서 다양한 요소가 개입되어 있기에, 두 언어 사이에서 나타나는 한자어의 의미 변화를 일률적인 규칙성으로 규명하기도 쉽지 않다. 특히 지금까지 한국의 국어교육이나 한자교육에서는 여전히 이러한 차이를 심각하게 다루고 있지 않으며, 일부 학자들의 부분적인 연구만으로는 현실의 변화에 큰 영향을 주지 못하고 있다. 뿐만 아니라 현대중국어는 이미 한국어의 언어구조와는 반대인 '술목구조'의 틀이 완성되었기 때문에, 사물을 바라보는 시각과 범주의 경계를 인지하는 방식이 달라져 있다는 점도 상기할 필요가 있다. 따라서 본문은 기존의 연구에서 제시했던 한중 간 한자어 의미 변화의 다양한 원인이 이러한 변화에 영향을 미쳤다는 데에 동의하면서도, 한국어나 중국어 내부에서 나타난 기존 어휘나 신조어의 생성과정에 나타나는 차이의 근원적인 요인은 '동소역순어'의 경향성에서 보여준 한중 언어구조의 상반된 시공간적 언어 사유를 기반으로 접근하고 있다는 점을 주장하고자 한다.

현재 한국어와 중국어 사이에서 사용하는 '동형한자어'의 의미 변화나 기능 차이는 오랜 역사 과정에서 형성된 것이기 때문에, 한자어와 한글, 그리고 여타 외래어의 유의성 문제까지도 고려하지 않을 수 없다. 따라서 한중 한자어의 '동형어' 문제도 '동형동의어'보다는 '동형이의어'의 차이에 대한 변별이 우선 고려되어야 하며, '이형동의어'나 '동소역순어'의 동의성에 관한 문제도 함께 고려하지 않을 수 없다. 왜냐하면 한자어뿐만 아니라 한자의 의미도 사회의 발전에 따라 변화하고 있는 상황에서 단순히 한자의 형태적 변화나 한자어가 지닌 의미의 유의성 비교만으로는 한국인의 한자 학습이나 중국어 학습에서 나타나는 오류를 쉽게 해결할 수 없기 때문이다. 다시 말해, 한중 동형어(동형이의어)의 의미가 어떻게 이질화되고 있는지, 또 구조적인 측면의 변화인 '동소역순어'의 동질화 과정 또한 그 방향성의 흐름을 통해 드러나는 인지구조의 차이도 고려되어야 할 것으로 보인다. 즉, A와 B라는 두 개의 형태소로 구성된 동형어 'AB'가 한중 간 '동형동의어'가 아닌 '동형이의어'로 이질화된 배경은 무엇이며, 또 중국어의 'AB'구조가 한국어에서 역순구조인 'BA'가 더 적합한 동의어로 대역되는 이유가 무엇인가를 찾는 것이 양국의 한자어 이질화 양상의 근원에 접근하는 길이라 판단된다. 예를 들어, 중국어 '階段'은 단순히 한국어의 '층층대, 계단'으로 번역되지 않으며, 오히려 한국어의 '동소역순'인 '段階'가 더 적합한 대역어가 되는 것은 바로 이러한 역순사유가 배경으로 작용한 것으로 보인다. 또 중국어 '介绍'가 한국어에서는 역순구조인 '紹介'를 사용하게 되는 것 등도 사건이나 대상을 인지하는 시간성의 순행과 역행의 상반된 어순구조의 대비를 통한 인지적 접근을 시도해 볼 수 있다.

사실 우리가 한글과 한자어, 그리고 외래어 사이의 유의어 변별에 취약한 또 다른 이유는 언어의 학습 과정이나 생활 회화에서 유의어의 의미자질이 지니는 상호 이질성보다는 동질성에 더 관심을 기울이기 때문이다. 특히 은유적 표현이 많은 한국어에서는 이러한 이질성이 적은 유의어의 의미차이는 일상 회화에 그다지 큰 영향을 주지 않기 때문이기도 하다. 물론 한자어를 이해하는 방식에는 그 반대의 현상도 살펴볼 수 있는데, 최근 매체나 SNS 등의 정보환경에서 잘못 사용된 한자어에 대해 서로 비판을 가하는 것을 볼 수 있다. 이것은 한국인들이 의식하든 못하든 간에 한자어 유의어 사이의 차이를 어느 정도 인지하고 있다는 사실을 알려주고 있다. 다만 이러한 유의어 사이의 경계를 어떻게 변별하여 사용하는가가 더욱 중요한데, 위에서 언급한 것처럼 '동의어'에 치중한 학습환경에서는 형태소로 기능하는 한자 자체의 발생 연원과 변천 과정을 정확하게 파악하는 것이 무엇보다 중요하다.

따라서 본문에서는 우선 기존 연구에서 한중 동형어(同形語)의 의미를 분류하는 '완전동의어', '부분동의어', '완전이의어' 등 세 개의 범주에서 벗어나, 각 형태소 내부의 의미자질이 보여주는 차이점을 통해 접근해 보고자 한다.1) 즉 '완전동의어'나 '완전이의어'의 존재 여부나, '부분

---

1) 임숙주(1997)에서 보여준 동형 한자어의 의미범주가 완전히 같지 않은 경우, 어떤 한정된 경우에서만 같은 경우, 각기 다른 의미를 가질 때도 있는 경우로 나누어 살펴보거나 또 정유진(2002)에서 보여준 중국어와 한국어 한자어 사이에서 의미가 축소되거나 혹은 의미가 확대된 경우, 또는 의미가 전이된 한자어 등으로 비교 분석하였다. 최금단(2007)에서는 한중일 AB형 동형동소 부분이의어만 추출하여 사전 의미를 비교 분석하였다. 비록 연구자의 개별적인 기준의 차이가 있으나, 대개는 유의어의 동질성이나 이질성이나 어법기능, 수사기교 등 다양한 기준이 가미되기도 하는데, 대표적인 예로, 채옥자(2004)는 한국어 학습용 어휘 목록을 기반으로 중국어 어휘와 비교를 통해 동형동의 이외에, 동형이의어를 '부분이의' '어휘적 이의', '문법적 이의', '통사적 이의', '완전이의' 등으로 구분하였고, 특히 '異義'에서 의미 차이

이의어'와 '완전이의어'의 구분과는 상관없이, 한중 간 '동형한자어'가 이질화된 배경을 통해 그 경계를 구분짓는 것에만 초점을 두고 분석해 보고자 한다. 따라서 본문의 구체적인 분석 방법은 동형이의어의 이질화 양상을 크게 '언어 환경과 사유 논리의 이질화', '시대 전환에 따른 지시 대상의 이질화', '비유의미의 확장에 따른 사유 방식의 이질화', '문체와 문맥의 차이로 인한 색채의미의 이질화'로 구분하여 두 언어의 인지 사유의 근원적인 차이를 살펴보고자 하였다.

II. '동형이의어'의 이질화와 한중 인지 사유

1. 언어 환경과 사유 논리의 이질화

우선 한자어의 언어 환경은 한자어 구조관계를 분석하는 내부구조와 중국어와 한국어라는 서로 다른 외부의 환경으로 구분해 볼 수 있는데, 한중 간 사유 논리의 이질화는 중국어와 한국어라는 서로 다른 언어 환경에서 한자어의 의미가 이질화된 배경을 고찰하는 것이다. 물론 이러한

뿐만 아니라 문법적 차이를 함께 제시하고 있다. 또 배재석·윤창준(2004)에서는 중국어와 대응하는 한국 한자어를 품사를 기준으로 동형동의, 동형이의, 이형동의로 나누어 고찰한 점에서 의미를 차이를 문법적 특징을 고려하여 분석하고 있다.

논리는 한자가 유입된 초기의 한국 한자어가 중국어와 의미가 같았거나 거의 유사했다는 전제를 통해 접근하며, 오랜 기간 서로 다른 언어 환경, 즉 의미, 음운, 어법, 수사 등 다양한 측면에서 변화된 양상들을 살펴볼 필요가 있다. 본문에 언급되는 어휘는 기존 연구에서 공동으로 제시되었던 예시를 활용하며, 기존 연구자의 설명이나 주장에 대하여 기본적으로 동의하며, 아울러 오류에 대한 비판을 가하는 방식으로 진행된다.

우선 왕신리(2016) 등에서 제시했던 한국어 한자어 '約束(약속)'과 중국어 '約束'은 내부의 의미범주의 경계가 서로 다른 방향으로 파생된 대표적인 한자어이다. 즉 중국어에서는 '제한하다, 구속하다'는 본래의 의미가 큰 변화 없이 그대로 활용되고 있지만, 한국어에서는 '拘束'이나 '制限'으로 바뀌어 번역된다. 물론 한국어에서 '約束(약속)'은 '다른 사람과 앞으로의 일을 어떻게 할 것인가를 미리 정하거나, 또는 그렇게 정한 내용'으로 제약이나 구속의 의미를 포함하고 있음을 알 수 있다. 다만, 한자어 '約束'은 本義인 '단단히 동여매다'의 의미에서 출발하였지만, 한국어에서는 동여매기 이전의 사람과 사람의 관계에 초점을 두고 있음을 알 수 있다. 이와 달리, 중국어에서도 본의를 그대로 간직하지는 않았지만, 두 참여자가 동등한 관계를 유지하기보다는 어느 한쪽이 '제한하거나 구속하는' 일방적이라는 점에서 한국어와 차이가 있음을 알 수 있다. 다시 왕신리(2016)에서 '사용맥락의 차이'로 귀납하고 있는 '乾杯'와 '同志' 두 한자어를 살펴보자. 우선 중국어 '乾杯'는 '술잔 안의 술을 모두 비우다'의 기본 의미만을 가지고 출발하였으나 중국어에서도 이미 '喝完杯中的酒(用于劝酒或庆贺的场合:완전히 비운 술잔)' 이외에도, '用作祝酒时用语(축하주로 사용할 때의 용어)'라는 의미가 사전에 등재되어 있다[2])는 점에서 또 다시 동질화되고 있음을 알 수 있다. 물론 한국에서는 첫 번째 의미보다는 '건강이나 행복 따위를 빌기 위하여'란 '축배(祝杯)'의 의미를 더 많이 사용한다는 점에서 더 많은 정도의 은유적 파생으로 파악할 수 있다. 사실 중국어에서 두 번째 의미가 사용되는 이러한 경우는 중국어에서는 한국어 의미의 역수입으로 인해 두 번째 의미가 수용된 것으로 볼 수도 있을 것 같다. 반대로, 중국어 '同志'는 그 활용성이 강화되면서 비교적 의미의 파생이 크게 확장되었는데, 본래 의미인 '목적 지향이 서로 같거나, 그러한 사람'을 지칭하는 말에서 사람들 사이에서 서로를 부르는 '일반적인 호칭'으로 변하였고, 다시 최근에는 '남성동성애자'를 비유하는 의미로 은유적 확장되었다. 하지만, 오히려 한국어에서는 정치환경의 영향으로 제한적인 범위로 사용되고 있다.

또 다른 '동형이의어'인 형용사 '深刻(심각)'은 중국어에서는 어떤 일의 상황에 관해서 깊은 인상을 받았다는 긍정적 심리 현상을 묘사하고 있으나, 한국어에서는 '상태나 정도의 중대함이나 절박함'이라는 의미의

---

2) 『현대한어사전汉典』, 상무인서관(제7판)에는 '잔을 비우다'의 의미만 있지만, 인터넷 사전 『汉典』에는 이미 두 가지의 의미 모두 등재되어 있다.

부정적인 상황을 나타내어 중국어 '严重'과 대역관계를 형성한다. 하지만 중국어에서 '深刻(심각)'은 '일이나 문제의 본질에 도달하다. 혹은 마음으로 느끼는 바가 있다.' 등으로 해석되어, 오히려 강한 긍정색체를 지닌다. 이처럼 한중 한자어 의미는 긍정과 부정의 색채의미가 상반되는 경우가 많은데, 이 또한 외부 언어 환경 차이로 인한 은유적 파생의 관점에서 접근해 볼 수 있다. 이러한 의미의 은유적 파생은 한국인과 중국인 또한 서로 양국 언어를 학습하면서 독해나 작문 과정에서 자주 틀리는 부분으로, 두 언어의 전형적인 인지사유의 차이를 보여준다. 예를 들면, 한국어에서 '問題가 深刻하다'라는 표현은 중국어에서는 '問題很深刻'이라고 번역해서는 안 되며, '問題很嚴重'으로 표현해야 한다. 반대로, 중국어의 '印象深刻'을 한국어로 '인상이 심각하다'라고 직역을 한다면, 한국인 독자는 '뭔가 좋지 않은 상황에 대해 언짢은 표정을 짓고 있는 모습을 지닌' 것으로 파악하게 된다. 또 중국어 '深刻的內容'에서는 오히려 '嚴重'을 쓰기보다는 '深奧한 내용'으로 번역하는 것이 좀 더 내용에 대한 정확한 이해라고 할 수 있다.

필자는 이러한 은유적 확장성을 한국어의 '쌍방관계성(양방성)'과 중국어의 '단일방향성(단방성)'의 인지 사유로 대비하여 살펴볼 수 있을 것으로 판단한다. 즉, 한국어에서는 '하려던 일을 도중에 그만두거나, 자기의 권리나 자격, 물건 따위를 내던져 버린다'는 의미로 상대방과 연관되어 있다면, 중국어에서 '抛棄'는 '버리고 상관치 않다'라는 의미로 상대방과는 무관한 사유를 하고 있음을 알 수 있다. 다시 말해, 한국어에서는 '자신이 하려는, 혹은 자신이 책임진, 자신이 소유한'이라는 수식어(한정)에 초점을 두고 있는 반면, 중국어에서는 '주체'의 행위 결과에 초점을 두고 있음을 알 수 있다. 또 한국어에서는 '(생명이나 신체, 재산, 명예 따위에) 손해를 보다'란 의미로 이해되는 '被害(피해)'는 대개 손해를 보게 된 결과보다는 배경과 정도가 상호 연계되고 있다. 하지만, 현대중국어에서 '피동형'으로 기능하는 것 이외에, 어휘로 사용되는 '被害'는 '상해를 입거나 살해되다(受伤害, 受杀害)'라는 의미를 지녀, 결과에 초점이 맞추어져 있음을 알 수 있다.

그러면 다시 왕신리(2016)에서 한중 '부분동형이의어'로 분류하고 있는 '家族'의 의미파생을 통해 중국어와 한국어의 인지 사유의 차이점을 고찰해 보자. 본래 '家族'을 형성하는 가장 근원적인 원인인 '혼인, 입양 등으로 형성된 부부를 중심으로 한 상하 혈연관계의 구성원'을 가리킬 때는 두 언어 모두 유사한 의미를 지닌다. 우선 한국어 '家族'은 좁은 의미에서 단지 한 집에서 같이 사는 '食口'라는 개념과 비슷하지만, 또 넓은 의미에서는 중국어 '親族(친족)'을 포함한 '이해관계나 뜻을 같이하여 맺어진 사람들'까지도 확대될 수 있어 그 의미가 중국보다 훨씬 광범위하게 사용된다. 특히 한국어에서 '家族'의 은유적 의미확장은 이해관계나 뜻을 같이하여 맺어진 회사, 단체 등에까지 미치며, 심지어 최근에는 다른 가족을 형성한 친족의 범위를 포함한 것에서 애완동물까지 가족으로 비유하는 은유적 파생을 하고 있다. 이처럼 양국에서 사용하는 한자어의 의미 차이가 지속적으로 벌어지고 있는 것은 사물을 바라 보는 인지초점의 차이와 더불어 漢字 중심의 중국어가 지니는 사실적 표현방식과는 다른 어휘 중심의 한국어 한자어가 지니는 은유적 언어 습관에 기인한다고 할 수 있다.

다시 '主人'의 사전적 의미는 크게 소유자(대상 혹은 사물의 소유자, 고용자 등)와 집주인(가장이나 남편 혹은 손님을 맞이하는 사람)의 두 가지 각도에서 출발하여, 손님의 접대자, 고용자, 소유자(재물 혹은 권리)로 확장되었음을 볼 수 있다. 즉 한국어3)나 중국어에서 '고용주'나 '소유자'로의 확대는 유사하나, 비유적으로 사용된 가장이나 단체장(집안이나 단체 따위를 책임지고 이끌어 가는 사람)에서 '남편'으로의 확대는 과거의 유교적 사대주의나 남성중심주의적 잔재가 중국어보다 한국어에 더 많이 남아있다고 판단해 볼 수 있다.

---

3) 한국어 사전에서 '主人'은 (1) 대상이나 물건 따위를 소유한 사람. (2) 집안이나 단체 따위를 책임지고 이끌어 가는 사람. (3) '남편'을 간접적으로 이르는 말. (4) 손님을 맞아 상대하는 사람. (5) 고용 관계에서 고용하는 사람 등으로 설명하고 있다.

2. 시대 전환에 따른 지시 대상의 이질화

일반적으로 언어의 발전은 문명의 발전에 따라 많은 새로운 어휘가 탄생하기는 하지만, 지칭과 지시 대상이 쉽게 바뀌지 않는 경우를 언어의 보수성이라고 한다. 언어의 보수성은 이종 문화 간에도 과학, 제도, 기술, 풍속, 관습 등 전반적인 내용에 대한 지칭은 상호 번역을 통해 자신의 언어에 사용하기도 하고, 또 시대적 변화에 따라 본래의 지시 대상이 사라지면서 기존 명칭이 다른 대상을 지시하기도 한다. 하지만 최근에는 국가 간 문화교류가 활발하게 전개되고 외국어 학습의 영향으로 인해, 동일한 지시 대상에 두 개 이상의 지칭(한국어와 외래어)이 존재하면서 유의성 문제는 더 큰 어려움을 초래하고 있다.

우선 한중 간 한자어가 지시하는 대상이 변화하는 특이한 경우가 보이기도 하는데, 이것은 문화의 발상지보다 전파의 속도가 느린 이주지의 특성도 그 이유의 하나가 아닐까 한다. 예를 들어, 한자어 '汽車'는 본래 '김이나 증기'를 나타내는 '汽'는 증기기관을 활용한 이동 수단인 '열차'를 표현하였는데, 현대중국어에서는 이동 수단을 추동하는 기관이 '증기'에서 '휘발유'로 바뀌면서 '汽車'의 '汽' 또한 '휘발성'의 엔진을 묘사하면서 '자동차'를 가리키게 된다. 하지만 어휘 중심의 한국어에서는 여전히 '汽車'가 다른 형태의 지시물인 '자동차'가 아닌 '열차'를 그대로 지시하고 있는 것이다.

사실 현대에 와서 두 개 이상의 객차를 연결하여 운행하여 '열차(列車)'라는 용어가 공통으로 사용되고 있으나, 중국어에서 열차는 '火车'라는 새로운 용어를 사용한다. 아마도 본래 '汽車'라는 용어가 열차를 운용하는 용도에 초점을 두었다면, 현대에 와서 사용하는 '火车'는 '汽'를 내는데 사용하는 불(火)을 시각적으로 형상화함으로써 한자 생성의 특성에 더 부합되는 것으로 파악할 수 있다. 이러한 중국어의 시각적 형상사유는 동작이나 관계에 초점을 두고 있는 한국어와 서로 다른 인지 사유를 보여주는 대표적인 하나의 사례로 볼 수 있다. 즉 과거에 나무로 불을 지펴 물을 끓이면서 나오는 '汽'를 통해 증기기관이 돌아간다는 작용의 원리를 통해 접근했다면, '火车'의 '火'는 불이 붙고 있는 형상을 묘사하는 중국어의 시각적 인지구조의 측면을 잘 보여준다고 할 수 있다. 또 다른 한중 지시 대상의 차이를 나타내는 한자어로는 관직명이었던 '大夫'가 과거의 지시 대상이었던 '관직'이 아닌 '醫師'라는 새로운 대상을 지칭하고 있는 중국어와는 달리, 한국어에서는 여전히 옛날 관직명을 그대로 지시하고 있다는 점도 유사한 각도에서 접근해 볼 수 있다.

그런데 '封套'의 경우에는 좀 더 다른 각도에서 접근해 볼 필요가 있다. 왕신리(2016)에서는 한국어에서보다 중국어의 의미확장이 더 크다고 설명하고 있는데, 필자가 고찰한 사전적 의미로는 거의 동의어에 가깝다고 할 수 있다. 즉 한국어에서 정의하는 '편지나 서류 따위를 넣기 위하여 종이로 만든 주머니'와 중국에서 지시하는 '书信或书籍的厚纸外

套(편지나 서적을 담는 두꺼운 종이 재질의 외부용 용기)'에서도 두꺼운 종이로 만든 용기를 의미한다는 점에서는 약간의 차이를 보여준다. 하지만 '封套'의 용도를 설명한 '百度'의 사전해석인 '封套的用途是将单页或样本插入封套内、形成整合的一套文件材料。'라는 의미를 통해 볼 때는 그다지 큰 차이가 드러나지 않는다. 따라서 일정한 시대적 흐름에서 이질화가 일어났다가, 다시 문화의 상호 침투에 따른 동질화로 나타날 수 있다는 점도 또 다른 각도에서 접근해야 할 것으로 보인다.

3. 비유의미의 확장에 따른 사유방식의 이질화

언어는 사유의 도구이자 인간 심리의 외부적 표현으로, 언어 활동은 인간의 심리적 영상을 외부로 형상화하는 것이라고 할 수 있다. 사실 언어 분석에서는 보이지 않은 다양한 인간의 심리를 시각적으로 묘사하기 위해서는 자연현상이나 수학적 기호와 같은 형상화된 요소를 대비하여 분석하게 되는데, 이러한 심리적 영상을 자연 경물이나 시각적으로 인지할 수 있는 다양한 사물을 빗대어 표현하는 것을 은유라고도 한다. 한중 두 나라는 서로 다른 역사적, 정치적, 사회적, 언어적 배경을 가지고 있기에, 비록 동일한 한자어라고 하더라도 심리적 영상을 시각화하는 방법도 서로 다를 수밖에 없다. 따라서 원래 동일한 의미로 인지하였던 한자어도 서로 다른 언어 환경에서 은유적 형상화가 서로 다른 방향으로 흐르면서 의미를 확장하거나 축소하는 등의 변화를 거치게 되는데, 한국어와 중국어 사이의 한자어 활용에서 의미 차이가 크게 벌어지게 된 것도 이러한 외부 환경과 인지 사유의 차이에서 비롯된다고 할 수 있다. 따라서 대개 의미의 파생 양상은 크게 두 나라에서 동시에 서로 다른 방향으로 일어난 경우와 한국에서만 의미파생이 일어난 경우, 그리고 중국에서만 의미파생이 일어난 경우 등 세 가지로 나누어 살펴볼 필요가 있다.

물론 이러한 비유적 의미파생은 지시 대상을 바꾸는 것 이외에도, 음색, 명도, 어감 따위의 미묘한 색채변화에 따라 의미뿐만 아니라 어법 기능, 수사 기교 등의 미묘한 의미변화를 하게 된다. 특히 중국어는 방언과 표준어, 문체, 비속어 등 내포적 차이 등으로 인한 의미파생도 생각해 볼 수 있다. 예를 들어, '生辰'은 한국어와 중국어 모두 '생일'이란 의미를 기반으로 깔고 있지만, 한국에서는 '생일'을 높여 이르는 존칭어로 사용되어 화자의 청자에 대한 심리적 특성이나 의도가 다름을 알려준다. 이러한 심리적 원인에 의한 의미 변화는 두 유의어 사이의 의미 유사도가 매우 높아서 이성적으로는 구분되지 않으며, 심리적인 연상작용으로 인한 의미의 전이(轉移 transfer)나 은유(隱喩 metaphor)의 작용으로 동시에 동일 지시 대상을 가리킬 수도 있다. 즉 사람들은 자기가 좋아해서 흥미를 느끼거나, 두려워서 직접적인 지시를 하기 어렵거나, 기대하거나 갖고 싶은 것을 다른 사물에 빗대어 표현하고자 하는 완곡의 심리작용이 은유를 만들어내고, 이렇게 개인적으로 만들어진 은유가 일반 대중의 공감대를 얻게 되면서 모두가 공유하는 의미로 정착을 하게 된다.

먼저 한국어와 중국어에서 모두 전이가 일어나긴 했지만, 서로 다른 방향으로 나타난 경우의 대표적인 예로 '結實'을 살펴보자. 본래 '結實'은 '식물이 열매를 맺어 여물었거나 혹은 그 열매'를 의미하였지만, 한국어에서는 '일의 결과가 잘 이루어짐'과 같이 식물의 결실과는 전혀 다른 방향으로 은유적 전이를 하였다. 하지만, 중국어에서는 '身体健壮 ; 坚固耐用(건장하다. 견고하다)'의 의미로 은유적 전이가 일어났고, 여전히 시각적 혹은 현상적 사고를 하고 있음을 알 수 있다. 또 '洗手'의 본의는 '손을 씻다'라고 해석할 수 있는데, 한국어에서는 그 범위가 얼굴을 씻는 것으로 확대되었고, 중국어에서는 '나쁜 짓에서 손을 떼다'라는 의미로 은유적 확장을 하였다.

또 한국에서는 은유적 의미파생이 일어났지만, 중국어에서는 큰 변화가 없는 경우는 앞에서 언급했던 '안팎'의 공간구조를 지칭하는 '內外'를 통해 살펴볼 수 있다. 한국어에서는 '남편과 아내'라는 의미로 확장을 하였지만, 중국어에서는 여전히 본래의 의미 그대로 사용하고 있다. 반대로, 중국에서는 은유적 파생이 일어났으나, 한국어에서는 본래의 의미와 큰 차이가 없이 사용되는 한자어로 '뒷문'을 나타내는 '後門'은 중국어에서는 '뒷구멍', '부정한 수단'으로 은유적 의미확장을 하였다.

4. 문체와 문맥의 차이로 인한 색채의미의 이질화

한국인들은 한자어 내부의 형태소가 지니는 순행과 역행의 구조적 현상에 대해 민감하지 못한 것이 사실이며, 특히 '한글'의 사용이 보편화된 이후로는 더욱 한자어에 대한 인지적 감각이 약해졌다고 할 수 있다. 또 한국어에서 한자어는 모두 명사성 어휘로 인지되기 때문에, 언제부터 어떠한 연유로 역순구조가 한국어와 중국어 사이에 상호 대역어로 사용되기 시작했는지는 더더욱 파악하기 힘들다. 물론 蜂蜜(벌꿀)/蜜蜂(꿀벌)'이나 '應對/對應' 등과 같이 '동소역순어'가 단순히 동의어가 되지 않는 경우가 많기 때문에, 역순동의어와 역순이의어 사이의 경계를 일관성을 가지고 말하기도 어렵다. 뿐만 아니라, 한중 한자어의 인식 차이는 중국어에서 동시에 사용되는 '互相/相互'나 '喜歡/歡喜' 등은 한국어에서는 하나만 사용된다는 점은 한자어 중심의 한국어와 한자 중심의 중국어가 지닌 또 다른 언어 인지를 유추할 수 있는 단서를 찾기도 쉽지 않다.

하지만, 다른 한중 인지초점의 차이는 그 용도에서도 드러나는데, 한국어에서는 한자어에 '하다/되다'를 부가하여 동사나 형용사로 파생된 경우에, 대부분 한자어가 모두 '하다/되다'가 모두 가능한 것으로 파악한 것이 많다. 하지만 정작 한자의 본래 의미에 근거한 한자어의 의미를 통해 볼 때, '-하다'가 부가되면 어색하지 않지만, '-되다'를 부가하면 어색한 경우, 그리고 그 반대의 경우를 볼 수 있다. 우선 '돕다'라는 기본의미를 바탕으로 깔고 있는 '幫助(하다)'를 한국어에서는 대체로 '다른 사람의 범죄나 부정행위를 도와주는 행위'에 한정하여 사용된다. 하지만, 중국어에서는 '替人出力、出主意或給以物質上、精神上的支援'라고 하여 '다른 사람의 물질적, 정신적인 지원을 하는 것'으로 해석된다. 이러한 경우를 장선우(2013)는 단지 문맥이 다를 뿐, 결합 어휘나 결합구조가 같다고 하였지만, 단순히 결합하는 어휘의 기능적 특성만을 따지고, 색채의미가 다른 어휘와는 결합하지 않는다는 점을 경시하였다. 다시 말해, 긍정과 부정의 문체차이는 양국의 언어를 상호 학습하는 과정에서 중국어 '幫助'를 한국어의 부정적인 이미지로 해석하거나, 한국어의 '幫助'를 중국어에서 긍정적인 이미지로 해석하면 안 된다는 것을 보여준다.

'安置' 또한 중국어에서는 '安放、安排、使人或事物有著落(사람이나 사물을 놓다)'의 의미로 긍정과 부정의 치우치지 않은 중성적 색채를 다루지 않는 것에 비해, 한국어 '安置하다'는 사람의 시신이나 불상 등 '소중히 다루어야 할 것을 모셔 둔다'는 의미로 '존경하거나' 혹은 '삼가한다'는 완곡 색채를 지니고 있다. 따라서 한국어 한자어에서는 결합하는 어휘의 문체색채 또한 제한적이라 할 수 있으며, 주어와 서술어의 관계 등 문맥의 안배도 고려해야 한다.

또 한국어에서 '工作'은 '工作道具'처럼 수식어로 사용될 때는 일상생활의 노력이나 기술에 필요한 작업을 뜻하지만, '工作하다'처럼 서술어로 활용될 때는 특정한 목적을 사전에 몰래 꾸민다는 부정적인 이미지를 드러낸다. 하지만 중국어에서 '工作'은 '從事體力或腦力勞動、也泛指機器、工具受人操縱而發揮生產作用。(정신 혹은 육체노동에 종사하거나, 기구나 도구를 조작하여 생산활동을 하는 일)'라고 해석되어, 한국어에 존재하는 '미리, 혹은 사전'이라는 단서 조항이나 시간적 제약이 없이 사용된다.

이처럼 한국어 한자어와 중국어 사이에 나타나는 의미의 파생이나 기능의 차이는 어휘의 사용에 따른 공기관계의 불일치 현상도 다양하게 드러난다. 예를 들어, 결합 어휘가 확연히 불일치하는 경우로 '案件'을 살펴보자. 한국어에서 '案件'은 '토의를 하거나 연구해야 할 사항'을 보편적으로 가리키는데 비해, 중국어에서는 '有關訴訟和違法的事件。(소송이나 위법에 관한 사건)'에 한정되어 사용함으로써, 刑事案件, 民事案件, 行政案件, 犯罪案件 등과 같이 법적인 부분에 제한되어 사용된다. 만약 중국어 구문을 한국으로 번역하기 위해서는 '事件'이나 '議案' 등 법적인 환경에서 사용하는 다른 어휘를 통해 접근해야 보다 정확한 번역을 할 수 있다.

또 초·중급중국어 학습 과정에서 흔히 보이는 '把握'도 상당한 의미 차이가 드러나는데, 한국어의 경우에는 '-하다'나 '-되다'가 붙어 '(사람이 어떤 대상의 내용이나 성질 따위를) 충분히 이해하여 확실하게 알다.'의 의미를 가진 동사로 사용된다. 하지만 중국어에서 '把握'은 '握'나 '拿(잡다)'와 유의어로 '(추상적인 것을)抓住(움켜쥐다)'라는 동사적 용법 이

외에도, 명사적 용법으로 '成功的可靠性(성공의 가능성)'을 나타낼 때는 '(没)有把握'의 형식으로 문맥을 형성한다. 만약 중국어 학습자들이 한국어에서 '在庫를 把握하다, 人員을 把握하다' 등과 같이 구체적인 사물을 표현하는 경우에는 '査點人數, 査點存貨'로 번역할 수 있어야 하기 때문에 한국어 한자어로 사용하지 않는 '査點(把握)'이나 '存貨(在庫)'와 같은 대역되는 어휘를 찾아낼 수 있어야 한다.

또 하나의 특이한 사항은 한중 동형이의어 중에서 결합 어휘나 구조방식이 서로 다르게 나타나는 경우인데, '安寧'의 의미는 글자의 의미 그대로 '(사람이나 나라가) 아무 탈이나 걱정이 없이 편안하다'의 의미를 지니고 있다. 하지만 한국어에서는 '안녕하세요?'처럼 안부인사에 사용되나, '안녕하다'라고 대답하는 경우는 거의 없다. 중국어에서는 '安寧'은 형용사로 "①秩序正常、沒有騷擾。②心情安定；寧靜。"으로 해석되어, "創造一個和平、安寧的環境"을 한국어로 번역하면, "평화롭고 안녕한 환경을 만들다"라고 하여 어색한 한국어가 된다. 만약 중국어에서 자연스럽게 사용되는 '安寧的世界, 安寧的環境, 安寧的心情, 安寧的情緒, 安寧的生活' 등을 한국어로 번역한다면, '安寧'보다는 '便安'이나 '快適' 등의 한자어를 사용해야 한다.

Ⅲ. 한중 '동소역순어'의 동질성과 역시간성

먼저 '동소역순어(同素逆順语)'란 이음절 한자어를 구성하는 두 개의 형태소 A와 B의 어순이 'AB'-'BA'처럼 역순구조로 대비된 구조방식의 어휘로, 필자는 '시간순서원칙(PTS)'에 근거하여 두 형태소의 시간구조를 순행과 역순으로 구분하여 의미의 경계를 파악하였다. 물론 '科學≠學科'처럼 두 개의 '동소역순어'의 의미가 완전히 다른 경우에는 한국어 한자어와 중국어에서 의미의 차이도 크지 않고, 양국의 언어에서 여전히 큰 의미파생 없이 사용되고 있다. 그런데 '運命'과 '命運'이나 '抱擁'과 '擁抱'처럼 역순으로 구성된 어휘는 때로 각 언어의 내부나 한중간 동의어로 사용되기도 하지만, 시간구조의 측면에서는 기점과 종점의 방향성이 정반대로 되어 있다는 점에서 인지 사유의 차이와 대비시켜 볼 수 있다. 기존 연구에서 한중 '동형이의어'나 '이형동의어'가 나타난 배경으로 '한국인의 한자어 창조'나 '고유한자어의 지속적인 사용', '일본어의 영향' 등 세 가지가 제시되고 있으나, 단순히 각 어휘의미의 변화 양상을 파악하는데 도움이 되나, 중국어 '동소역순어'의 형성의 근원적인 요인을 파악하기는 어렵다.

사실 고대중국어에서 '동소역순어'는 의미의 동질성보다는 이질성으로 활용된 경우가 더 많았다고 할 수 있으며, 이후 현대중국어와 한국어 한자어에서는 동의어로 파악하는 경우가 생기면서 단일화 현상이 나타났다. 이러한 '동소역순어'의 단일화나 형태소 내부의 의미자질에 변화가 서로 다른 언어 환경에서 나타남으로써, 한중 한자어 사이에 나타난 의미자질의 변화 또한 서로 다른 방향으로 가게 된 것이다. 따라서 내부 의미자질의 변화를 개별적으로 고찰하기보다는 '시간의 일차원성'이라는 객관적 기준에 따른 시간성 대비를 활용함으로써 왜 한중 한자어 사이에 '동소역순어'가 동질화가 이루어졌는지를 어순의 상관관계를 도상화하여 그 경계를 고찰하는 것이다.

1. 한중 '동소역순어'의 비단일화와 유의성

우선 한중 '동소역순어'는 여러 가지 경우의 수를 가지고 있는데, 첫째는 양국에서 두 개의 '동소역순어'가 모두 사용되고 있으나 '역순동의어'인 경우에는 단일화가 일어나지 않는 경우이다. 두 번째는 중국어나 한국어 한쪽에서만 두 개 모두 사용하지만 '역순동의어'가 동의성을 가지는 경우로, 이 또한 한쪽에서는 두 개의 '동소역순어'가 사용되고 있다는 점이다. 세 번째는 한국어나 중국어 모두 한 개만을 사용하지만 '동형동의어'인 경우나 역순구조가 '科學≠學科'처럼 완전히 다른 의미를 나타내고 있는 경우를 들 수 있다. 첫 번째와 세 번째의 경우에는 본고의 분석과는 약간의 거리가 있기에 제외한다. 또 다른 예로는, 亡身(한국어)과 身亡(중국어)은 비록 단일화는 일어났지만, '科學≠學科'처럼 완전히 다른 의미가 아닌 일정 정도에서 유사한 류(類) 범주를 지니고 있다.

먼저 비록 완전한 단일화가 일어나지 않았지만, '동소역순대역어'가 성립하는 경우를 살펴보자. 첫째 한국어에서 두 개의 동소역순어가 모두 사용되고 있으며, 중국어에서 한 개의 동소역순어가 모두 사용되는 경우이다. 우선 한국어에서 두 역순어가 모두 사용되고 있지만, 중국어에서는 한 개만이 사용되는 경우로 '配分'과 '分配'가 있다. 한국어에서는 두 어휘가 아직도 거의 유사한 의미로 사용되고 있으며, 중국어에서는 '分配'만이 사용된다고 한다.4) 사실 한국어에서 '分配'와 '配分'은 모두 동사형접사 '-하다'가 붙어서 '나누어주다'라고 해석되어 그 차이를 구별하기 어렵다. 하지만, 시간성 해석으로 접근해보면, 分配는 '나눈 이후에 배치하기'까지를 포함하여 '주다'를 포함하지만, 配分은 '일정한 배치를 위해 나눈다'에서 끝난다고 할 수 있다. 중국어 인터넷 사전 『汉典』에서 '分配'는 '按比例分发,尤指按比例分发给一个集团的成员'으로, '分'은 '일정한 비율로 나눔'으로, '配'는 '분별해서 주다'의 개념으로 나눠볼 수 있다. 즉 '나눔'이 먼저이고 '주다'로 순행하는 이동의 의미가 성립되어

---

4) 장선우(2013)에서는 한중 모두 단일화된 '동소역순어'로 보고 있다. 그는 "한자어 '配分'과 중국어 어휘 '分配'는 형태소가 도치되어 쓰인다. 한국에서는 '配分'과 '分配'가 '몫몫이 나누어 주다'라는 의미에서 同義語로 쓰일 수 있지만, 중국에서는 수학용어인 '配分法(배분 법칙)'을 제외하고는 '配分'이라는 어휘를 사용하지 않고 '分配'를 사용하고 있다. 경제용어로서의 '分配'는 韓中同形同義語라고 할 수 있다."라고 하였다.

[+이동]의 의미자질을 지니지만, 그 반대의 경우인 '配分'은 시간성에 위배되어 [-이동]의 자질을 지니게 된다. 국립국어원의 『표준국어대사전』에서도 '分配'는 '몫몫이 별려 나누다'로 특정 사물을 일정한 기준으로 나눈 것에서 '주다'라는 이동 개념은 보이지 않으며, '配分' 또한 동일하게 설명되어 있어 그 차이가 없다. 그런데 우리는 '배분하다'나 '분배하다'는 모두 '하다'가 지니는 실행의 개념으로 인해 '주다'의 의미가 표현되는 것으로 이해한다. 하지만 회화 속의 담화환경에서는, '배분하다'는 '나누다'의 초점이 강하게 작용하며, '분배하다'는 '주다'에 초점이 주어지고 있음을 알 수 있다.

그러면 우리는 '配分'과 '分配'의 차이를 어떻게 구분해야 할까? 사실 한국어에서는 모두 사용하고 있기에, 한국어에서는 동소형태소 '配'와 '分'을 모두 '나누다'라고 訓하고 있다. 하지만, '配'은 '짝 배'라고도 하며 짝을 이룬다는 것은 일정한 기준으로 맞추어 준다는 의미를 지니고 있으나, '分'은 단지 일정한 기준으로 나누는 것에서 그치게 된다. 따라서 '配分'과 '分配'를 구성하는 형태소의 의미자질에서 어떠한 차이점이 있는지를 살펴보아야 한다. 필자가 [±이동]의 의미자질을 통해 볼 때, 보기에는 '分'에는 [-이동]으로 이동의 개념이 없으며, '配'는 [+이동]의 각도에서 그 차이를 고찰할 수 있을 것으로 본다. 즉 '配分'에서 '配'는 비록 [+이동]의 자질을 지니고 있지만, 선행형태소로써 나누기 위한 기준으로 작용하기 때문에, 전체 어휘에서 이동의 강도가 약하다고 할 수 있다. 따라서 한국어에서도 '分配하다'는 '나누어 주다'의 이미지가 강하지만, '配分'은 나눈다는 것에 한정되어 사용된다.

또 다른 예로는, 한국에서는 '동소역순어'가 의미가 서로 다른 상태에서 모두 사용되고 있지만, 중국에서는 하나만 사용되면서 한국어와 '동형동의어'의 관계에 있는 경우이다. 대표적인 예로 '家出'과 '出家'가 있는데, 중국어에서는 '出家'만 사용되며 '弃舍俗家去做僧尼或道士'의 의미로, 한국어 '出家'와 '동형동의어'이다. 반대로, 중국에서는 두 '동소역순어'가 모두 사용되지만, 한국어에서는 한쪽만 사용되는 경우로, '相互'와 '互相'이 있다. 중국어에서 '相互'와 '互相'은 모두 상호 관계의 '서로'를 나타내고 있지만, 분명히 상호 관계를 맺은 대상에 차이를 두고 있다. 하지만, 한국어에서는 '相互'만으로 중국어의 '相互'와 '互相'을 모두 포괄하면서, '互相'은 사용되지 않는다.

또 '靑年(젊은이)'과 '年靑(젊다)'도 중국어에서 모두 사용되면서 의미는 다르게 나타나는 경우인데, 한국어에서는 '靑年'만 사용되고 '年靑'은 사용되지 않는다. 이 두 동소역순어는 한중 간 '동소역순대역어'로 사용되지 않으며, '靑年'이 '동소동형동의어'로 사용된다. 이와 유사한 사용환경이지만, 한중 간 '동소역순대역어'가 성립하는 경우로, '言語'과 '語言'이 있다. 이 또한 중국어에서 모두 사용되면서 의미가 다르게 나타나는데, 한국어에서는 사용되는 '言語'가 중국어의 '語言'과 상호 대역어가 된다.

2. 한중 '동소역순어'의 단일화와 동의성

현대중국어에서 '동소역순어'의 단일화 경향이 나타나고 있는 것은 주지의 사실이며, 또 중국어에서 단일화된 '어휘'가 한국어와 역순구조를 가진 어휘가 대역어로 나타나는 경향이 많다. 물론 한중 '동소역순대역어'에 해당하는 한자어가 현재까지는 비록 동형어에 비하면 그 비중은 많지 않지만5), 필자(2022)가 '시간성 원칙'에 기반한 분석을 통해 고찰한 바로는 이러한 경향성은 점차 확대될 것으로 판단된다.

첫째, '減縮'과 '縮減(縮減)'은 양국이 단일화 경향을 밟고 있는 대표적인 한자어로, 한중 간 '동소역순대역어'가 성립한다. 한국어에서는 '減縮하다'의 형식으로 사용되며, '예산을 감축하다, 인원을 감축하다' 등과 같이 '목술구조'의 형식으로 나타난다. 반면, 중국어에서는 '縮減'이 상용되며, '縮減費用(비용을 감축하다), 縮減産量(생산량을 감축하다)처럼 '술목구조'의 형식으로 나타난다. 사실 양국의 사전에는 '減縮'과 '縮減'이 모두 등재되어 있으나, 중국어에서는 '縮減'이 한국어에서는 '減縮'이 상용되고 있다.

둘째, '改修'와 '修改'는 한국어와 중국어 모두 단일화된 '동소역순어'

---

5) 장선우(2013)에서는 대체로 기본어휘에 속하는 전체 연구대상 어휘 1,728개 중에서 34개의 어휘가 한중 '동소역순동의어'에 해당한다고 하면서, 그중 10개 어휘를 선택하여 고찰하고 있다.

로 대비되고 있으나, 의미항목에서는 약간의 차이가 나타남으로 완전한 '동소역순동의어'로 파악하기는 힘들다. 왜냐하면 중국어의 '修改作文(작문을 첨삭하다)', '修改文稿(원고를 수정하다)'는 한국어의 '改修'로 번역되지 않는다. 또 한국어에서 사용되는 '수도를 改修하다. 가옥을 改修하다' 등은 중국어의 '修改'로 번역할 수 없다. 비록 한국어 사전에도 '修改'가 여전히 실려 있기는 하지만, 거의 사용되지 않는다. 또 최근의 중국어 실용사전에는 '改修'는 점차 보이지 않고 있다는 점에서 때로는 대역어로 사용될 가능성은 있다. 다만 '동소역순어'의 단일화 현상에서 본 한중 인지사유의 대비가 될 수 있다. 즉 시간순서원칙에 따르면, '修→改'의 구성은 시간순서가 자연시간의 흐름에 순응하는 반면, '改↦修'의 시간순서는 자연시간의 흐름에 역행한다는 측면에서 한중 인지사유의 대비가 가능하다.

셋째, '牧畜'과 '畜牧'도 한중 '동소역순대역어'에 해당하며, 각기 단일 어휘만이 사용되고 있다. 한국어에서는 '牧畜'의 형태소 牧(칠 목)과 畜(짐승 축)으로 되어, 단순히 訓讀된 의미만으로는 '술목구조'이자 명사로 기능하고 있다. 이와 달리, 중국어 '畜牧'은 饲养放牧较多的家畜等(많은 가축을 방목하여 기르는 일)로 해석되어, 한국어 한자어와 기본적으로 동의성을 가진다. 하지만, 한국어와 중국어 사전에 '牧畜'과 '畜牧'이 모두 같은 의미로 등재되어 있을 뿐, 실제로 한국에서는 '畜牧'은 거의 사용되지 않고 있다. 또한 중국어에서 '牧畜'은 거의 사용되지 않는다는 점에서 단일화로 가는 '동소역순대역어'로 간주할 수 있다.

넷째, 앞에서 언급했던 '抱擁'과 '擁抱(拥抱)' 또한 한중 간 대표적인 '동소역순대역어'로 파악할 수 있다. 한국어 '抱擁'의 형태소 훈독은 '抱(안을 포)'와 '擁(낄 옹)'으로 '안다'와 '끼다'를 형태구조의 어순과 시간 순서로 대비해서 살펴볼 수 있다. 우선 사전 해석을 보면, '사람을 또는 사람끼리 품에 껴안음'이라고 한국어에서는 '끼다'가 '안다'에 앞서 있음을 알 수 있다. 하지만 한자어는 '안다'가 먼저이고 '끼다'가 뒤에 나타나고 있는데, 한국어의 한자어 조합과 한글의 조합구조가 서로 다른 인지구조를 지니고 있다는 것을 보여주는 사례라고 할 수 있다.

또 다른 예를 보면, 중국어에서 '音聲'과 '聲音'은 비록 의미범주의 차이가 존재하기는 하지만, 오히려 한국어의 '音聲'과 중국어의 '聲音'이 '동소역순대역어'으로 동의성을 더 많이 지닌다. 좀 더 언어학적 관점에서 접근해 보면, 중국어에서 '동소역순어'를 구성하는 형태소 '聲'은 한국어의 '소리'와 그 범위가 유사하며, '音'은 사람의 음성에 한정해서 표현한다. 그래서 한국어에서는 어음과 관련된 용어를 '音聲學'으로 표현하지만, 중국어에서는 '語音學'이란 용어를 사용한다. 오히려 중국어 '聲音'은 한국어의 한글 표현인 '소리'나 한자어는 '音響'으로 대역할 수 있다는 점에서 서로의 인지 사유의 차이를 발견할 수 있다.

이밖에 決裁와 裁決(裁决), 密告와 告密, 慰安과 安慰, 運搬과 搬運(搬运) 등의 '동소역순대역어'도 이와 같은 방식으로 풀어나간다면 그 의미 경계를 파악하는데 도움이 될 것이다.

Ⅳ. 결어

한국어 한자어와 중국어 사이에 존재하는 다량의 '동형어'는 한국인 중국어 학습자나 중국인 한국인 학습자에게 장점이 되기도 하지만, 오히려 단점이 되는 경우도 많다. 이것은 현대에 오면서 양국에서 사용되는 동형한자어의 의미 차이가 생각보다 커서 생기는 경우인데, 어떤 동형어가 '유의어'이며, 어떤 동형어가 '이의어'인지에 대해 쉽게 변별할 수 없기 때문이다. 특히 대개 한국인들은 단지 한자어를 어휘개념의 각도에서 인지하기 때문에, 이음절 이상의 한자어가 지니는 형태소의 결합관계에 따른 의미 차이를 인지하지 못한 경우가 많다. 뿐만 아니라, 동형이의어의 경우에는 어떻게 다른지, 얼마나 다른지에 대한 언어 인지는 양국의 한자어 교육에서 습득의 정확도를 높이는 중요한 배경이 될 수 있다.

기존 연구에서 한국어 한자어와 중국어 사이에 '동형이의어'나 '이형동의어'가 나타나게 된 배경으로 제시되고 있는 '한국인의 신조어 창조'나 '고유한자어의 지속적인 사용', '일본어의 영향' 등은 특정 한자어에 영향을 미치기는 하겠지만, 위의 세 가지 원인이 단독으로만 영향을 준 것은 일부 한자어에 한정되는 경향이 많다는 점이다. 따라서 한중 한자어의 의미 변화가 나타나는 근원적인 이유를 찾기 위해서는 한자어 내부 의미자질이나 형태구조의 차이 등의 객관적 기준에 맞추어 살펴볼 필요가 있다는 점에서, 본문에서 분석한 형태 구조의 어순과 '시간의 일차원성'을 대비하여 고찰한 형태소의 내부 의미자질의 경계를 도상화하려는 시도는 나름의 가치가 있다고 판단된다.

또 한국어 한자어와 중국어에서 나타나는 '동소역순어'는 '동형어'의 어순을 서로 도치한 것으로, 한국어 한자어와 중국어 사이에서 동의성을 지니는 것이 상당히 많다는 점이다.6) 물론 모든 한자어가 모두 동소역순어를 형성할 수 있는 것이 아니라, '學習'와 같이 두 형태소가 지시하는 의미 사이에 시간순서가 명확하게 드러나는 경우는 역순구조의 한자어가 성립하지 않는 점을 참고할 필요가 있다. 또 시간순서가 명확하게 드러나지 않는 '동소역순어' 중에는 '相互'와 '互相'처럼 유의어도 있지만, 靑年(청년)과 '年靑(젊은)'처럼 의미 차이뿐만 아니라, 어법 기능(명사와 형용사)을 다르게 활용하는 경향이 많다. 서언에서 언급한 것처럼, '동소역순어'가 두 개의 사건을 서로 다른 시간성 인지 과정으로 파악할 수 있다는 것은 모국어 화자들도 거의 변별 과정도 없이 사용한다는 점이다. 하지만, 만약 형태소의 의미가 선명한 동적 과정을 지니고 있

---

6) 문영희(2002)에서는 한국어 한자어에는 4500여 개, 그리고 중국어에는 '800'여개의 '동소역순어'가 존재한다고 주장하였다.

으면, 형태소 상호 간 의미의 시간순서는 '기점(원인)→종점(결과)'의 순행의 흐름인지, 아니면 '종점(결과)→기점(원인)'인지를 좀 더 근원적인 측면에서 변별이 가능하다는 점이다. 즉 사물이나 사건의 인지 초점이 화자에서 시작하는지 아니면 청자 혹은 대상에서 비롯되는지도 사물을 관찰하는 화자의 태도와 밀접한 관련을 지니고 있다는 것을 발견할 수도 있다. 예를 들면, '往来'(한국어)와 '来往'(중국어)의 대비는 화자가 서로 다른 각도에서 이동현상을 관찰하고 있다는 점을 알 수 있다. 즉 한국어 한자어 '往来'는 '가다'를 선행형태소인 기점으로 삼아서 '화자 중심'의 인지구조로 설명할 수 있으며, 중국어에서 상용하는 '来往'는 '오다(来)'를 화자와 정반대의 '청자 혹은 대상'을 '인지적 기점'으로 삼고 있다는 점을 한중 인지 사유가 상반되고 있다는 이유로 삼을 수 있다.[7]

이처럼 이음절 한자어가 지닌 두 개의 형태소를 서로 바꾸어 새로운 어휘를 생성하는 구조방식은 일반적인 어법분석에서는 단순히 병렬구조를 가진 '대등관계'로 보는 경향이 많지만, '시간순서원칙'을 적용하면 여전히 우열을 가진 '선후'의 '구조관계'로 파악하게 된다. 특히 한자어 중심으로 이해하는 한국어에서는, 중국어에서는 서술어로 활용되는 동사나 형용사 등 모든 한자어를 명사(어)로 인식하고 있기 때문에, 한국어

---

7) 물론 한국어나 중국어가 두 '동소역순어'를 모두 사용하고 있지만, 상용하는 어순에는 차이가 있다는 것을 부인할 수 없다.

한자어에서는 여전히 '수식어+명사어'의 역시간성 구조방식을 가장 선호한다. 다만, 어휘의 형태구조 또한 구법관계로 인식하는 중국어에서는 '술어+목적어'의 어순도치는 '목적어+술어'가 아닌 '주어+술어'의 순서인 '절'로 이해한다는 점에서 여전히 순행시간을 선호한다는 점을 발견할 수 있다. 예를 들어, 초급중국어에서 쉽게 볼 수 있는 한중 '동소역순어'인 '介绍'와 '绍介' 또한 '시간순서원칙'을 적용하여 분석해 보면, '介绍'는 개입(介)이 먼저 진행되고 후행형태소인 '绍'가 다음 행위로 해석되며, '绍介'는 '绍'를 위해 '介'(개입)하는 것으로 파악할 수 있다. 이처럼 '시간순서원칙'에 근거한 분석은 두 행위의 시간 과정이 자연 시간의 흐름에 순응하면 '객관성'으로 파악하고, 만약 그 순서가 사건 과정이 자연 시간의 역행한다면 화자의 의도에 의한 '주관성'이 침투한 것으로 파악함으로써, 두 언어가 지니는 본질적인 인지구조의 차이를 변별할 수 있게 된다.

참고문헌

김 매, "한중 동소역서어의 의미연구", 국민대학교 대학원 석사학위논문, 2007

김정필, "한중 유의한자어의 어순구조와 동의성 비교분석", 동북아문화연구, 동북아문화학회, 2015

김홍진, "현대 한·중 한자어의 동형이의어·이형동의어 비교연구", 연세대학교 대학원 2006

남명애, 김영주 "한·중 이형동의 한자 어휘 대조 연구", 국어교육(127), 한국어교육학회, 2008

리우위, "한·중 동형이의어 의 비교 연구 : 이자형 한자어를 중심으로", 선문대학교 대학원 석사학위논문, 2010

문영희, "한국어와 중국어의 동소역서 이음절어 비교연구", 이화여자대학교 대학원 석사학위논문, 2002

박경아, "한중이형동의어 대조 분석", 동국대학교 교육대학원 석사학위논문, 2009

송 명, "한·중 동소역순어 대조 연구", 이화여자대학교 대학원 석사학위논문, 2018

왕신리, "한·중 동소한자어 비교 연구", 아주대학교 대학원 석사학위논문, 2016

윤비취, "한·중 동원관계 한자어 이질화에 관한 연구", 한국외국어대학교 대학원 석사학위논문, 2009

장선우, "한중 동형(同形) 한자어의 공기(共起) 관계 비교" 한자한문교육 제32집, 2013

JIANG TingTing, 김정남, "한·중 이음절 同素逆序語 연구", 우리말글 61, 우리말글학회, 2014. 06

田 于, "韓中日同素逆順語'社會-會社'考察 -以形成初期的語義關係爲中心", 한중인문학연구(71), 한중인문학회, 2021. 06

채 열, "韓·中 字順倒置 漢字語 對照 硏究", 전남대학교 대학원 석사학위논문, 2008

황신애, 최준호, "韓中 同素逆順語 "言語-語言" 考察 -韓中 文獻 資料의 通時的 考察을 통해-, 어문연구(語文研究)47-4, 한국어문어교육연구회, 2019

〈기타자료〉

국립국어원 『표준국어대사전』, 인터넷 사이트, https://stdict.korean.go.kr

百度 인터넷 사이트, https://www.baidu.com/

汉典 인터넷 사이트, https://www.zdic.net/2020